近世日本社会と宋学

増補新装版

渡辺 浩 [著]

東京大学出版会

NEO-CONFUCIANISM IN TOKUGAWA JAPAN
[Expanded Revised Edition]
WATANABE,Hiroshi
University of Tokyo Press, 2010
ISBN 978-4-13-030152-7

序

　本書を、「近世日本社会と宋学」と題する。宋学とは、単に、中国宋代の儒学の謂ではない。普通の用法に従い、宋代に確立し、以後東アジアにおいて巨大な影響力を持った儒学の主潮流を広く指す。
　例えば、『辞源』(修訂本。商務印書館、北京、一九八〇年)は、「宋学」を次のように説明している。

　　宋儒の理学を称して宋学と為す。漢学に別ちて言う。東漢以来、経を治むるに専ら訓詁を重んぜり。宋儒は則ち義理を以て主と為す。故に理学の称有り。又、其の性命を兼談するを以ての故に、性理学とも称す。『宋史』、周敦頤・程頤・朱熹等の人の為に特に「道学伝」を立つ。故に道学とも称す。後来、元明清の理学も宋学と称す。

　右にいう最広義である。但し、その中心が南宋の朱熹(一一三〇年―一二〇〇年)によって大成されたいわゆる朱子学であることは、無論である。
　宋学書は、遅くも十三世紀には日本に伝来した。以後、僧侶・公家の一部は、それを誦み、学んではいた。しかし、それが大量に輸入され、その和刻本も現れ、世俗の様々な人々に読まれるようになったのは、十七世紀以降である。その中には、宋学書に学んで、自分の生、人間関係、世の中、政治

の在り方を真剣に考える人もいた。そうして学びとった規範を実行し、模範を実現しようとする人々さえいた。本書は、こうした状況下に演じられた、外来思想としての宋学をめぐる受容と反撥・軋轢と変容のドラマを――ちなみに、類似のドラマは、近代を含め、日本史上くり返し演じられてきた――、徳川時代前半の儒学思想の展開を捉えようとする試みである。

本書で主に用いた方法について、「社会史」的であるとの指摘を、幾度か受けた。一面、そう言ってもよいかもしれない。しかし、本書を構成する論文執筆中に、そう意識したことはない。例えばマルク・ブロックの作品若干にはかねて親しんでいたが、『アナール』や「新しい歴史学」を特に読んでいたわけでもない。いかなる流行にも便乗したつもりはない。執筆中、私が書き抜いて座右に掲げ、学ぼうとしたのは――そのまま実行したわけではないが――、むしろ、京の儒者、皆川淇園（享保十九年―文化四年）の、ある意味で全く常識的な次の言葉である。

凡読古人之書。誦古人之言。須畧通其世。蓋如当時天下之大勢如何。民風如何。其国安危之勢如何。其国制職官位秩。何為貴何為賤。及其人世族本出何宗。其人身分高下及平生履歴皆如何之類。不可不審知也。（『問学挙要』備資第二）

私は、本書で主に用いた手法を、政治思想史、あるいは思想史一般において唯一絶対とも思わない。ただ、この場合――現在の研究状況下で、この対象の理解を深め、その歴史的展開を説明するには――、特に有効なのではないか、と考えたのである。

本書収載の二論文は、一度公にした旧稿に補訂を加えたものである。その原題および発表の場は、次の通りである。

(一)「徳川前期儒学史の一条件――宋学と近世日本社会」
　　（一）『国家学会雑誌』第九四巻第一・二号。一九八一年一月。
　　（二・完）同、第九六巻第七・八号。一九八三年八月。

(二)「伊藤仁斎・東涯――宋学批判と『古義学』」
　　相良亨・松本三之介・源了圓編『江戸の思想家たち』上、研究社出版、一九七九年十一月。

補訂は、論旨の補充・部分的な誤りの訂正・表現の改善を目指したものが主であり、基本的内容の変更はない。また、(二)の補訂は極く僅かである。

二論文は、少し重複もあるが、やや性格が異なる。(二)は、編者の要請に沿い、研究者を意識しつつも、主に一般の読者を想定している。(一)は、通常の学術論文である。先に書かれた(二)は、徳川時代前半の儒学史の流れ全体の再把握を意図しつつ、先ず、一例として仁斎・東涯をとりあげ、彼等がその流れの一部として解釈可能であることを示そうとしたものである。(一)は、(二)の結果にやや力を得て、右の流れの構図を私なりに基礎付け、描き出そうとしたものである。従って、この対象自体にこれまで馴染のない読者諸兄姉は――そういう方も本書を手に取って下さることのあったならば、の話だが――、(二)を先にされる方が、あるいは便宜であるかもしれない。

この、私の初めての研究書を公刊するに当り、先ず、丸山眞男先生に深甚な感謝の意を表したい。学部学生の時以来、先生から直接に、またその作品を通して、学んだことの量と質は、測り知れない。本書の成ったのも、根底において、何よりも先生の御蔭であることを、私はよく自覚している。本書の論文作成について直接御指導頂いたというわけではない。しかし、先生から様々の機会にうかがったことが、何時の間にか自分の考えとなって入っている点もあるかもしれない。それに、そもそも本書は、全体として、特に先生の『日本政治思想史研究』（東京大学出版会、一九五二年）を始めとする諸業績を前提し、それらから学び、それらと対話する試みにおいて、成立してきたのである。

次に、福田歓一先生にも、とりわけて深くお礼申し上げたい。やはり学部学生の時以来、思想史研究の手ほどきを、私は先生から受けた。研究対象は、先生の西洋政治哲学と大きく異なるが、実は先生に負う所は極めて大きい。

更に、松本三之介先生は、一貫して私の研究を真に寛容に見守って下さり、㈡の論文執筆の機会をも与えて下さった。学問的に多くを学ばせて頂いたことに加え、篤くお礼申し上げたい。

また、旧稿の補訂にあたり、特に、島田虔次先生、植手通有先生、友人ボブ・T・ワカバヤシ氏からの御指摘に助けられた個所がある。御好意と御親切に、特別な謝意を表する。

但し、右に掲げた恩師・先輩・友人のお名前は、本書の内容を当然に裏書きするものではない。本書の数多い欠点の責任は、無論、私だけが負うべきである。

序

私はこれまでに、学問を媒介にして、様々の職場・職業・年齢・国籍の方々と知り合うことができた。そして、直接間接の接触を通じて、不断に学び、刺激を受けてきた。一々お名前を挙げることは差し控えるが、この方々の恩顧も、私は忘れていないつもりである。

一九八五年六月

著　者

目次

序 .... 一

宋学と近世日本社会 ——徳川前期儒学史の一条件 .... 三

はじめに .... 三

第一章 徳川前期における宋学の位置 .... 六

 第一節 その「盛行」 .... 七

 第二節 幕府との関係 .... 三

第二章 宋学と近世日本社会 .... 三

 第一節 形式の適用 .... 三四

  一 「封建」 .... 三

  二 「士農工商」 .... 四三

  三 「華夷」 .... 四九

目次 vii

第二節 「士」
　一 「仁政」 .... 六一
　二 「君臣」 .... 六六
　三 「修己治人」 .... 七一

第三節 「家」 .... 九五
　一 「姓」 .... 一二六
　二 「孝」 .... 一三三
　三 「国家」 .... 一四〇

第四節 「礼」 .... 一五〇
　一 「家礼」 .... 一六一
　二 「王礼」 .... 一七九

第三章　儒学史の一解釈 .... 一八九

補論1　伊藤仁斎・東涯
　　　　――宋学批判と「古義学」 .... 二一五
　一 はじめに .... 二一六
　二 批判の対象 .... 二一七
　三 批判と主張 .... 二二二
　一 「道」 .... 二二二

二　「人情」「風俗」 …………………………… 二六
三　「仁」 ……………………………………… 二三
四　「王道」 …………………………………… 二六
五　「革命」 …………………………………… 二九

四　主張の背景 ………………………………… 二四一

補論2　「礼」「御武威」「雅び」 ……………………… 二五五
　　　　──徳川政権の儀礼と儒学

　一　儒学の「礼」 …………………………… 二五六
　二　徳川将軍をめぐる儀礼と儀式 ………… 二五九
　三　新井白石の改革 ………………………… 二六四
　四　吉宗による逆転 ………………………… 二六七
　五　むすび …………………………………… 二六九

増補にあたって ………………………………… 二七三

索　引

宋学と近世日本社会
―― 徳川前期儒学史の一条件

凡　例

一、引用文中の……は、特に断わらない限り、引用者による省略を意味する。
二、引用文中の傍点および括弧内の註は、特に断わらない限り、引用者による。
三、引用文中の旧漢字・変体仮名は、原則として通用のものに改めた。また、異体の漢字などを通用のそれに改めたり、振仮名を省略したり、あるいは極く例外的に新たに振仮名を付した場合がある。
四、漢文の引用は原則として読み下しにより、一々原漢文と註しなかった。

はじめに

　近世日本における、政治現象に関わる思惟の歴史において、主に儒者と呼ばれるこの国独特の専門家達によって織り成された儒学の歴史は、一つの重要な問題領域をなしている。中でも、この時代の前半、享保の頃までは、文字に書き述べられ、「学」と称された政治思想に話を限るならば、後半に比べると、ほとんど単彩的な印象を与える程、儒学の色合が濃い。ちなみに、徳川時代を慶長五年（一六〇〇）に始まり、慶応三年（一八六七）に終ったとすれば、享保十八年（一七三三）までが前半となる。八代将軍吉宗の治世一八年目のこの年は、荻生徂徠の歿後五年にあたる。江戸の町屋にようやく瓦葺が増えてきた頃である。(1)当時は既に多様な動きが始まってはいたが、それでも、石田梅岩は京の自宅で講席を開いたばかりであり、賀茂真淵は荷田春満に弟子入りした所である。安藤昌益は未だ八戸の史料に姿を現しておらず、(2)平賀源内は五歳の幼児であった。一方、狭い意味の儒学史内部において、今日でも少なくともその名はかなり一般的な、傑出した個性が次々と登場したのは、後半よりむしろ前半である（後の行論の示すように、おそらくそれは偶然でない）。中江藤樹・熊沢蕃山・山崎闇斎・山鹿素行・伊藤仁斎・新井白石・荻生徂徠はいずれもこの時期に属する。本稿はこの時期の

儒学の歴史を対象とする。

　もっとも、本稿の目的はその通史を描くことにはない。また、右のような当時の主要な儒者達の思想の分析それ自体にもない。本稿の目的は、ただ、これまで必ずしもそれに相応しいだけの分析と評価を得ていないと思われる、この時期の儒学史の展開の前提をなした一つの条件に注目し、その意義を幾分なりとも明らかにすることにある。それは、当時の中国・朝鮮では政治体制と表裏をなす正統的な思想として君臨していた宋学が、少なくともこの頃までの日本社会においては、一定の有利な事情を基に次第に拡まりつつも、同時になお様々な点で往々かなりの異和感を与える外来思想としてあったという条件である。本稿では、主にこの事の持つ具体的意義を広く――もっとも論点が多岐にわたるため多少とも概括的であることを免れないが――探りたい。そして、それに関連する限りにおいて、日本儒学の内容にも例示的に立ち入りたい。それは個々的にはほとんど自明の点も少なくない。しばしば論及されてきたいわば陳腐な論点も含んでいる。しかしそれらをも含めて、改めて総括的に把握することが、徳川前期儒学史のあの独自の展開を説明するために有効なのではないか、というのが筆者の見通しである。その観点からの時期区分の試みを最終章でしてみたい。

　これは、当時の日本儒学史それ自体に関心の薄い人々の眼には、あるいは迂遠な営為と映るかもしれない。しかし、筆者の見る所、右の問題の探究は、この国の近代を用意した時代の思想の展開を歴史的に理解するための一つの鍵であり、同時に異なる文化体系の産んだ思想に接して、それを自分の

物として受容すること、またあるいはそれを修正し、包摂し、時にはそれに対抗していくといった、世界史的にも決して過去の事でない思想のドラマの理解に、一つの参考例を提供しうるのである。

(1) 大石慎三郎『大岡越前守忠相』(岩波書店、一九七四年) 七三—六頁、参照。
(2) 安永寿延『安藤昌益』(平凡社、一九七六年) 三九頁、および三宅正彦『安藤昌益の思想的風土・大館二井田民俗誌』(そしえて、一九八三年) 五四頁以下「昌益年譜」参照。

第一章　徳川前期における宋学の位置

徳川時代の儒学史・思想史は往々朱子学の叙述から始められる。それも当然ではある。確かに林羅山は朱子学者であった。藤樹も、素行も、仁斎も、徂徠も、朱子学から出発した。しかし、藤樹以下の個々の主要な思想家が朱子学から出発した事実は、その頃、㈠一般に、また武士身分内に限っても、朱子学更により広く宋学が広範に普及し、受容されていたことや、㈡幕府権力と結びついて「体制教学」「正統イデオロギー」などとなっていたことを意味しない。また、㈢思想の内容や構造において、徳川初期の政治や社会の在り方に特に対応するものだったとするのも難しい。これら諸点に関しては、既に少なからぬ指摘があるが、なお必ずしも通説となっていないようであるので、議論の順序として、まず以下において簡単に確認しておきたい。

(1) 徳川初期における朱子学の社会的存在意義を重視する代表的な論考として、丸山眞男『日本政治思想史研究』（東京大学出版会、初版一九五二年、新装版一九八三年）がある。しかし、その英訳書 (*Studies in the Intellectual History of Tokugawa Japan*, University of Tokyo Press, 1974) のための著者の序文（新装版所収）には、その点に関連して若干の訂正が示唆されている。

第一章　徳川前期における宋学の位置

第一節　その「盛行」

まず第一に、少なくとも徳川時代初期、概ね十七世紀の終り頃まで、朱子学・宋学が、本来そうであった所の全人的な修養と教養の体系としても、その一面である、倫理と政治に関わる教義・教説としても、また自然・人間を包括する物の見方・考え方としても、当時の日本社会を広く被って、あるいはそれに深く浸透して、受容され普及していたなどと解することはできない。侍の身分に限ってても同じである。

徳川時代初期、広い文化的関心の昂まりの中で、古来文化的畏敬の対象だった隣接する大帝国の「学問」に何らかの興味を持った人々も、当然、いた。彼等は、まずは当時の中国・朝鮮からの渡来本（「唐本」「韓本」）やその和刻本に接するのが普通であった。従ってその意味で、まず当時の中国で圧倒的な、そして朝鮮で独占的な地位を占めていた「程朱の学」を学ぶ者が自ずから多数であった。独学の中江藤樹が、寛永元年（一六二四）、一七歳の頃、まず『四書大全』を読んだのは（『藤樹先生年譜』）、その例である。山崎闇斎も「往時、師友の導き無く、大全を反復し」たと回顧し（『文会筆録』）、伊藤仁斎も、一六、七歳の頃朱熹の四書を読んで疑問を覚えたものの「然れども家に他書無く、語録（『朱子語類』）の抄録、『晦菴先生語録類要』か）、或問（『四書或問』）、近思録、性理大全等の書」を熟読したという（『同志会筆記』『古学先生文集』巻之五）。事実、寛永の頃以来、「泰平」の進行とともに、出版

業も繁栄に向かい、仏書や日本の古典と並んで漢籍も――もっとも仏書に比べれば元禄期に入っても遥かに少数だが――、次々と出版されていたが、特に元禄前までは、経書類において程朱系の書が他を圧していた。史書でも、『資治通鑑綱目』『伊洛淵源録』『宋名臣言行録』等、朱子学に基づく物が多数を占めていた。しかも当時まで禅寺で学ばれていた儒学も、その中国における思想的な交渉からして当然に宋学であった。律令制度以来の伝統を承けた博士家においてさえ、既に足利時代から古注と新注の折衷の図られていたことは、指摘のある所である（和島芳男『中世の儒学』〔吉川弘文館、一九六五年〕）。

この条件下で、例えば漢唐の訓詁学や陽明学に比べ、「程朱学の徒」の多かったことは、自然である。無論程兄弟と朱熹の思想のみが学ばれたわけではない。『大全』等を軸に、彼等を承けた宋元明と李朝の諸儒を含めて、また時に陽明学者のそれと並んで、当時までの中国・朝鮮の宋学者の著作が、雑多に流入し、読まれたのである。この意味において、特に仁斎・徂徠の学が出現して広く波紋を投げる以前の徳川時代は、一見宋学が相対的に盛行していたという様相を呈する。

しかし、当時はそもそも儒学を学ぶ者の数が極く限られていた。書籍もひどく高価だった。儒学の教説、その思考法の社会的通用度も、中国・朝鮮は勿論、徳川時代後半と比べても甚だ浅く、限定されていた。

少し時の流れを遡って見てみよう。

永禄八年（一五六五）生れの江村専斎は、「老人少年の時、洛中に四書の素読教る人無之、公家のう

第一章　徳川前期における宋学の位置

ち山科殿知れりとて、三部を習ひ、孟子に至りて、本を人に借し置たりとて終に教へす、実は知さる也」と、戦国時代後期における日本文化の中心地の有様を語っている（《老人雑話》[7]）。無論、その頃各地に盤踞した支配者達は「他国を奪取せんと欲するに依りて、人数を殺す事、常の習ひ」（《信長公記》[8]）とし、剝き出しの暴力による全国争覇戦に忙しかったのである。信玄家法が『史記』『孫子』『三略』等と並んで『論語』『孟子』等の断片的引用による権威付けを試みていることの示すように、彼等も、大帝国の周辺国家としての歴史から古来文化的な畏敬の対象であった中国の「聖人の教え」への漠然たる敬意を時に抱き、「学問」の必要も時に口にしたであろう。しかし、概して、下剋上での し上ってきた戦国大名達は、儒学・儒教思想に疎縁だった。運命としての、また、因果応報を与えるものとしての、諸教折衷的な「天道」の観念は普及していたが、だからといって彼等の組織が「天命」を受けた「天子」「聖人」のそれと観念されていたわけではない。その政策が儒教的理念に導かれていたとも、言い難い。

そして、その部下達も、戦さでの「功名」を求めて山野を馳せ廻っていた。彼等とて不断に戦闘に従事していたわけではない。しかし、まぎれもなく「武辺」こそが侍を侍たらしめるものと意識されていた。主君の命令の下に、傷害・殺人を犯すことが、その生と精神の焦点であった。彼等はそのことにおける自己の「功名」を証拠立てるため、殺害した敵の頭部を切断し、本陣に持参する風習を持っていた。その戦さで真先に討ち取ったそれを「一番首」、大物のそれを「よき首」と呼んで誇った。追撃の際のそれは「追首」として卑しめた。成果は「首帳付」と称する役人が記録し、大将自ら「首

実検」をして確認し、論功行賞を行った。当時の記録は、「頸数二千七百余討ち捕る」「翌日頸御実検候ひしなり。頸数数三千余あり」などと伝えている。島原陣図に至るまで、当時の合戦の絵図に横たわる屍体には、往々首が無い。彼等の仕事、彼等の生の質が想像されよう。無論、首を失った方についても「身を殺して以て仁を成す」（『論語』衛霊公）ものと観念されたわけではない。荻生徂徠は、「戦国の平士は、当時（現在の意味）の鳶の者の様成ものに候。侍大将は人くらひ犬の様成事に候。」と評している（『鈐録外書』）。

この時代の侍達が、知識としても倫理としても、儒学とほとんど無縁だったことは疑いあるまい。

侍達によって編成された大名組織同士の、全国を舞台とする戮り取り勝ち抜き戦は、やがて大坂の陣によって最終的な結着を遂げた。動員兵力は冬夏延べ五〇万人を越え、夏の陣の大坂方戦死者だけで一万四千余り（『大坂物語』）とも『長沢聞書』ともいわれる（ちなみに、日清戦争の日本側兵力は一七万、死者は一万七〇四一である）。「泰平」が訪れた。しかし、当時、それがその後二五〇年間続くと知っている者は誰もいなかった。従って大名も、家来達も、その意識を直ちに改めようとはしなかったし、事実改まらなかった。むしろ「治に居て乱を忘れず」（武家諸法度、慶長二十年）、来たるべき次の戦さへの待機の姿勢を保つことが要求されたのである。彼等は、次第に名目化していく常時臨戦体制の建前の下、いわばたまたま戦さの起きていない状態の永い永い持続の中に閉じこめられたのである。事実上の「泰平」の持続は、確かに彼等をさえ、「文」に惹きつけていった。し

第一章　徳川前期における宋学の位置

し、あくまで漸次的にだった。一方で例えば、寛文三年（一六六三）に幕府が禁止するまで主君への殉死が——それは本来、一種の後追い心中である——全国でとめどなく流行したことは、現実に「殿の御馬前で討死」する機会を奪われた侍達の心理の一面を窺わせる。慶安四年（一六五一）、三代将軍家光の殉死者の中には時の老中が二名含まれている。また彼等は兎角意地を張って喧嘩し、殺し合い、自害すること、しかもそれを侍らしさの表現、「男道」の現れとして評価することを容易に止めなかった。「あたまをはられて堪忍致者が、何とて主の役に立べき」（『甲陽軍鑑』）という意識が彼等の本音としてある限り、「奉公人の武道をたしなめと申せば、喧嘩数寄になる。いかにも人よくせよと申せば、武士道無心懸になる」（同）、「当世のわかき侍に、武士道を吟味し、剛なる心がけをたしなむべしといへば、はうばいづきあらく、少の事にも小ひぢをはり、眼をみはりうでだてをし、詞をちらし、いはれまじき悪口して、けんくわずきとなり、犬、猫、庭鳥のよりあひのごとし」（『可笑記』、寛永十九年刊）というあるディレンマは必然的に発生するのである。元禄近くになって著された井原西鶴の武家物も、なおこうした事態を描いている。「口惜や、畳のうへの、のたれ死、目出た過たる、御世に生れて」というある武士の辞世の歌も想い出されよう。

明暦三年（一六五七）生れで江戸育ち、譜代大名の重臣の子新井白石は、「臣等が幼き時に見し武士に書数のことなど知りしものはわづか十人の中一人もあるかなしか」だったと回想している（《進呈の案》）。無論、その四、五〇年前に『三河物語』を著した大久保彦左衛門忠教は、確かにあれで当時の侍としては相当なインテリに属したのである。

従って、「偃武」以後永い間、侍達の多くが、宋学どころかそもそも「学問」一般、更には書物に接すること自体に無関心で、それを学ぼうとする同僚にむしろ反撥し、嘲笑さえしたのは、決して不思議でない。彼等には、文字から得た知識・教養によって自己の生を導くという習慣など、なかった。寛永元年(一六二四)の夏、医者の招きで京から訪れた禅僧が、伊予大洲の城下町で『論語』を講じた。しかし、「大洲ノ風俗、武ヲ専ラニシ、文学ヲ以テ弱也トス。故士人コレヲ聞モノナ」かったという。その家中の若き中江藤樹は、「人ノ誹謗ヲ憚テ、昼ハ終日諸士ト応接シ」、深夜人目を忍んで儒書を読むという隠れキリシタンのような苦労をしている。大洲の特殊事情ではあるまい。大洲を離れた六年後(寛永十七年)にも、藤樹は「世俗のとりさたに学問は物よみ坊主衆、あるひは出家などのわざにして、士のしわざにあらず、がくもんすきたる人はぬるくて武用の役に立がたしなど云て、士のうちにがくもんする人あれば、却てそしり候ぬ」と記している(『翁問答』)。肥前鍋島の一家来したという(『葉隠』)。元禄頃になっても、たまぐ〜武士の中に好む者あればそし」るという指摘がある(熊沢蕃山『夜会記』)。勿論、つとに禁中並公家諸法度が天皇に和歌と儒学を勧めたことは、こうした意識と鮮やかに見合っている。

全般に無学な当時の侍の多くは、「学問」を、一種高尚閑雅な教養と見做していたようである。しかもそれは、「学問」への当時の一般的な関心の質からして、単なる無知とは言い難い。前記のよう

第一章　徳川前期における宋学の位置

に、広い文化的関心の昂まりの中で、儒書を和刻しても利潤の挙がりうる状態にはなっていたが、その儒書を、自己を導き天下を導くべき思想の書として読む者は稀だった。多くは一種の文化的スノビズムの対象としていたようである。当時決して庶民的読物ではなかった仮名草子の一つ『可笑記』（寛永十九年刊）は、「人をふるまひ申に、其しなおほしといへども、第一客人の中よからん相伴をもよほすべし、さてざしきのくまぐ\〳〵、廊下べんじよのすみぐ\〳〵までちりうちはらひ、てうづ水せい\〳〵とたよよはせ、床にかけ物ものふりて、花さびしく匂ひしめやかなるこそゆかしければ、此外四書、七書、かながきの養生論、つれ\〳〵、甲陽軍鑑、すゞりれうしの類置たるもよし」と教え、「家にありたき物は、よまず共四書、七書、法語、和漢の集」と勧めている。室内装飾の一部としただけでなく、実際に読んだ者も、多くは、文化的崇敬の対象である中国の古典を学ぶこと自体に満足したのであろう。より進んでも、多くは自ら漢詩文を綴り、博覧を誇る程度に止まり、その生の倫理とはしなかったようである。寛永十七年（一六四〇）松永尺五は、「我朝ニ釈迦ノ道繁昌シテ、上下尽ク帰依ス。儒道ハアリトイヘドモ、文字言句ノ沙汰ノミヲシテ、或ハ書ヲヨミ、或ハ詩ヲツクルヲ、儒道ト思テ、コレニヨツテ三綱五常ノ行ヒタヘテ、孝悌忠信礼義廉恥ノ法理学ヲ人ニシメシヒロムルコトナシ。」（『彝倫抄』）と嘆いている。それは、儒を業とする者の有様であり、またそのパトロン達の風尚であったろう。山崎闇斎も、京に出た初めの頃、「世の所謂儒者」が「記覧に務めて、しかも聖賢の博学の言に寄せ、詞章を為して、しかも詩書は道を載すの文に託す。是を以て綱常の道遂に明かならず」（『闢異』、正保四年）と罵っているが、実はその彼も、当時、「トキニ其頃ハ学問ノヤウヤク端ノヒラケ

カ、ル時デ、誰一人志アル者モナク、当地ノ町人ヤ医者ナドガ茶ノ湯ノカタデニ講釈聞クト云フ様ナコトデ、其間フトコロモタヾ徒然草ハドウシタモノデゴザリマスノナント云クラキノコト」であったために、「ヅンド俗ナリニ平和ニソロ〲ト教」えざるをえないでいたのである（闇斎の孫弟子若林強斎の談話）。ちなみに、林羅山は『徒然草』の注釈書を著している。『野槌』全一〇巻）。井原西鶴が「音曲鳴物」「連歌」「俳諧」「立花」「鞠」「茶の湯」「碁」「楊弓」等と並べて、遊芸、稽古事の一つとして「物読は宇津宮（遯庵）に道を聞」きと挙げた（『西鶴織留』、元禄七年刊）のも、決して皮肉としてではあるまい。

ただ、大名の間には、早くから統治の助けとして儒書に接する必要を説く者もいた。既に徳川家康は「我好て書物を読せ聞に、天下国家を治るものは四書をよく〲見聞せずんばならぬ事なり。是も長々しき事にてならずんば、孟子をよく〲味ふべし。但し人にもよらんか、我は左様に思ふなり。」と述べたという（『本多平八郎聞書』）。その影響か、黒田長政・板倉重宗の『遺書』にも類似の条項がある。戦国生き残り藤堂高虎も「孔子の道を心に掛、日本にては吾妻鏡式条抔も聞可レ申事」と子に伝え（寛永二年）、土井利勝は「勤の間には、学問をも可レ被二心掛一、文盲にては事の道理不レ分、其所よろしく、忠孝もかけ、下を憐む心も、うとく成事に候、仁義礼智信悉く空敷成行、自然と自の嘲を得事と可レ心得、学び知て、聖賢とも意味を察候はゞ、目出度事と可レ被レ存事」と「遺訓」している（寛永五年）。なお遠慮がちとはいえ、治者たる者「学問」にも心掛けるべきだという意識が少なくとも一部にはあったわけである。戦さでの勝利ではなく、事実上領内統治こそが大名達の主要課題となった時、そうした考えの拡まる基礎はできていたといえよう。しかし、そうした文書も書き遺

していない大多数の大名の意識は、右の者達より「遅れ」ていたと推測するのが無難であろう。延宝七年（一六七九）、山崎闇斎は「今ノ諸国ノ家老ヂヤノ、又ハ一国一城ノ主ニ至テモ、多クハ自ラ云、必学デ聖賢ノ道ヲ知ラデモ見事政モナルモノヂヤ、学ズトモ苦カラヌ、ナンド云。」と指摘している（『大学垂加先生講義』）。新井白石は、綱吉の代（延宝八・一六八〇年―宝永六・一七〇九年）以前には儒学への無知が蔓延し、「しかるべき人々も儒の事申沙汰し候ものをば天学の徒（キリシタン）となされ候某が物覚えて候初まではしかぞ候き」と回想している（『本佐録考』）。今日と違い、社会的地理的にコミュニケーションの網が細かく分断されていた当時、一部の大名のまだ遠慮がちな儒教への関心が、そう容易に広く波及したと解してはならないのであろう。

但し、池田光政・保科正之・徳川光圀の如く、儒学に傾倒するばかりか、それをその統治に活かそうとする有力大名も、この時期に現れた。しかし、彼等の強烈な個性が知られ、また後に希代の「名君」に祭り上げられたこと自体の暗示するように、二百五、六十大名中、彼等は明らかに、ひどく変った存在であった。その下に仕える侍達も、きっと時に困惑させられたのであろう。池田光政は「家中士共、（光政が）百姓計ヲ大切ニ仕、士共ヲハ有なしに仕候と申由ニ候、拟々愚知千万なる義ニ候。」（承応四年正月二日）などと何度も嘆いている。その遺言（天和二年五月一日）も、「家中の者共の風儀、業作一切心に不ㇾ叶候」と、悲痛である。概して、儒学の知識は次第に拡がったが、それと現実政治への適用は、また別であった。敏腕老中松平信綱は、「平生」、「儒者の申様にて国の政務はならぬ物也拟又兎や角と申事を評議して却て政務の害に成よしを申され」たという。

無論、藩学・藩校などは当時極く特異なものであった。近年の研究によれば、存否不明、設立年代不明を除くと、慶応三年（一八六七）までに二一五藩が藩学を設けるに至ったが、その内一八七藩、約八七％が宝暦―慶応年間の設立である。貞享四年（一六八七）までに設立していたのは僅か四藩、正徳末（一七一五）までも計一〇藩に過ぎない。しかも概して初期のもの程、規模は小さく課程は単純であった。慶安三年（一六五〇）五月六日、池田光政は大老酒井忠勝から「大勢あつまり候所もよう悪く候間、御しめ可有候」と警告されたが、それは当時他に例のなかった岡山藩校（花畠教場）が異様不穏と見えたのではないかという説がある。確かに当時、やがて藩校がほぼ全国に設立されることを予測している者はいなかったであろう。

徳川時代に入ってから、儒教への関心は尻上りに昂まり、遊芸の一つとしてにしろ四書の素読を習う者も増えていった。大名・武士・町人等の中から真剣な宋学信奉者も現れている。しかしそういう人々はやはり例外であった。儒学を業とする者もまだまだ少数であった。無論、宋学が服従の調達、秩序の維持に重要な役割を果していたなどとは考えられない。一般に儒学・儒教の社会的普及度の量と質は、浅く限定されていた。徳川時代はある意味で激動の時代である。明治以降に幕末を振り返ることによって形成された、儒教的色彩の濃い徳川社会の像を、前に遡らせることには、慎重さを要する。

ただ、徳川時代前半においても、変化があった。享保六年（一七二一）に武士等を除いて約二六〇〇万人に達した全国人口は、近年の推計によれば、慶長五年（一六〇〇）頃僅か約一二〇〇万人乃至

一〇〇〇万人だったという。この驚異的な人口増加は、どこまで単に量的か、どの程度質的だったかはともかく、「高度経済成長」なくしては、不可能であったろう。「元禄時代」開花の背景である。そしてこの時期、「好学」の五代将軍綱吉の治世は、儒学の普及においても一つの画期をなしたらしい。「犬公方」に民のために「仁政」を施すつもりがあったとは信じ難いが、少なくとも彼が「学問」を奨励したのは事実である。新井白石は「……某ひそかに憲廟の御事吾道に於て功ありし御事と存候は此御代よりして儒といふ道も世の中にその一筋のある事とはほとりの国のいやしきが類も心得候事はなり来り候」(『本佐録考』)と指摘している。荻生徂徠も「御先々前御代(綱吉代)ニ学文ヲサバカリ御好ミ遊バサレタリ。依ッ之学問モ流行ル様ニ成」ったという(『政談』)。天和二年(一六八二)には、「忠孝をはげまし、夫婦兄弟諸親類にむつまじく、召仕之者に至迄憐愍をくはふべし。若不忠不孝之者あらバ、可為重罪事。」という所謂忠孝札が全国に立てられている。また、貝原益軒が宋学的な諸『訓』を次々と著して、当時の標準でのベストセラー作家(初版数千部?)になったのも、彼の七、八〇歳代であり、即ち元禄末以降に属する。

そこで、以上の叙述から、徳川時代の前期、少なくとも綱吉の頃まで、宋学が、学問としてにしろ、政治と倫理に関わる教義教説としてにしろ、また物の考え方としてにしろ、広く普及し受容されていたなどと解することは、表見的相対的「盛行」にかかわらず、できないと結論することは許されよう。

(1) 山井湧他校注『日本思想大系29、中江藤樹』(岩波書店、一九七四年)二八七頁。

(2) 日本古典学会編『山崎闇斎全集』第一巻(ぺりかん社、一九七八年)一六六頁。

(3) 息子東涯による「先府君古学先生行状」(『古学先生文集』巻之首)には「専ら性理大全朱子語類等の書を読み……」とあり、ここにいう「語録」は、『朱子語類』を指すとも考えられるが、貝塚茂樹氏の考証からすると、正確には明代に編せられた『晦菴先生語録類要』かもしれない。貝塚茂樹「朱子と仁斎」『日本思想大系67、民衆宗教の思想』(一九七一年)付録「月報」所収。

(4) 鈴木敏夫『江戸の本屋』上(中央公論社、一九八〇年)一二三頁の、今田洋三論文による表を参照。鈴木正三(天正七年—明暦元年)も、「癸元にて、此比仏法の興り可レ申瑞相数多見候」として仏法興隆を示す社会現象を列挙し、その中で「仏書の類、殊外うれ申候」と述べている。「反故集」、宮坂宥勝校注『日本古典文学大系83、仮名法語集』(岩波書店、一九六四年)三二四頁。当時儒書がブームだったとしても、仏書はより一層ブームだったのである。

(5) 中村幸彦「漢籍の伝来と和刻」『和刻本2』による。水田紀久他編『中国文化叢書九、日本漢学』(大修館書店、一九六八年)二六四頁。

(6) その典型的な例として、慶長九年、二二歳の林羅山が作製した彼がそれまでに読んだ本の目録を参照せよ。「羅山林先生集附録巻第一、年譜」(京都史蹟会編『羅山先生詩集』第四巻〈平安考古学会、一九二一年〉)五一—一二二頁。

(7) 『改定史籍集覧』第一〇冊(一九〇一年)三頁。なお、大江文城『本邦儒学史論攷』(全国書房、一九四四年)六八—九頁は、この逸話について、教える人がなかったのは無学の故でなく、自由な講授が許されなかったためであり、かつ、伝統を重んずる家学では、家点本を人に貸せば教えることができなかったに過ぎないと説明する。しかし、仮にそうであるとしても、京都においてさえ、儒学を学ぶことが極めて困難だったことは、明らかに窺える。

（8）桑田忠親校注『改定信長公記』（新人物往来社、一九六五年）三五六頁。

（9）武士達は、「泰平」の二〇〇年余を経ても、このような風習を、忘れ去りはしなかった。文久元年（一八六一）五月の英国公使館（江戸高輪の東禅寺）襲撃に際し、迎え撃った幕府別手組の侍某は、「何の某なり敵を打取たり、一番首の高名御記し下さるべしと息せきつゝ血刀を提ながら流血淋漓たる生首を携て詰所の椽側に置た」という。福地桜痴『懐往事談』（『明治文学全集11、福地桜痴集』（筑摩書房、一九六六年）二八四ー五頁。また、鳥羽伏見の戦においても、幕軍は敵を斬ると一々首をとり、腰に下げたという。東京日日新聞社会部編『戊辰物語』（岩波文庫、一九八三年）三〇頁。

（10）前掲『改訂信長公記』、一九五、五八頁。

（11）今中寛司他編『荻生徂徠全集』第六巻（河出書房新社、一九七三年）六三二頁。

（12）もっとも赤松広通（永禄五年—慶長五年）のような、儒学に強い興味を持ち、藤原惺窩を援助した大名がいなかったわけではない。阿部善雄『日本朱子学と朝鮮』（東京大学出版会、一九六五年）五六ー七、一二五ー四八頁参照。また、慶長九年、松永尺五（当時一三歳）は、豊臣秀頼（当時一二歳）に招かれ、大坂城で書経を講じたことがあるという。「尺五堂恭倹先生行状」、『続々群書類従』第一三（一九〇九年）一三五頁。しかし、これらの散発的な例は、全体的な観察を覆すものではあるまい。

（13）岡本良一『大坂冬の陣夏の陣』（筑摩書房、一九六四年）一六六頁。

（14）遠山茂樹『日本近代史I』（岩波書店、一九七五年）二〇一頁。日清戦争との比較は岡本氏前掲書によるが、数字はこれによった。

（15）三上参次『江戸時代史』上巻（富山房、一九四三年）四六二頁。

（16）磯貝正義・服部治則校注『甲陽軍鑑』下（人物往来社、一九六六年）二二〇頁。

（17）同書、六一頁。

(18) 『徳川文芸類聚』第二（国書刊行会、一九一四年）一三八—九頁。
(19) 三輪執斎『執斎先生雑著』所引。井上哲次郎他編『日本倫理彙編』巻之二、四八七頁。
(20) 宝永三年。市島謙吉編『新井白石全集』第六（一九〇七年）二七〇頁。
(21) 斎木一馬他校注『日本思想大系26、三河物語・葉隠』（一九七四年）所収の、斎木一馬「『三河物語』考」参照。
(22) 『藤樹先生年譜』、前掲書、二八六—七頁。
(23) 同書、二八七頁。
(24) 同書、八五頁。
(25) 前掲『三河物語・葉隠』、一二三九頁。
(26) 正宗敦夫編『増訂蕃山全集』第五冊（名著出版、一九七八年）一六八頁。
(27) 仮名草子の流通につき、今田洋三『江戸の本屋さん』（日本放送出版協会、一九七七年）三三頁、参照。
(28) 前掲書、七四、一五一頁。
(29) 石田一良校注『日本思想大系28、藤原惺窩・林羅山』（一九七五年）三〇四頁。
(30) 『日本倫理彙編』巻之七、三七四頁。
(31) 山口春水筆記『強斎先生雑話筆記』、森銑三他編『続日本随筆大成』一二（吉川弘文館、一九八一年）九三頁。そうした事情のためか、闇斎はその「家譜」では、それから一〇年程後の明暦元年を正式に「講席を開」いた年としている。阿部隆一「崎門学派諸家の略伝と学風」（西順蔵他校注『日本思想大系31、山崎闇斎学派』）（一九八〇年）五六二—三頁、参照。
(32) 野間光辰校注『日本古典文学大系48、西鶴集』下（岩波書店、一九六〇年）三三三頁。
(33) 奈良本辰也校注『日本思想大系38、近世政道論』（一九七六年）二七頁。

第一章　徳川前期における宋学の位置

(34) 石井紫郎校注『日本思想大系27、近世武家思想』(一九七四年) 二〇、三四頁。
(35) 『日本教育文庫、家訓編』(同文館、一九一〇年) 三九九頁。
(36) 同書、三八八頁。
(37) 前掲『山崎闇斎学派』、四〇頁。
(38) 享保八年。前掲『新井白石全集』第六、五五〇頁。
(39) 藤井駿他編『池田光政日記』(国書刊行会、一九八三年) 二九六頁。
(40) 前掲『近世政道論』、六五頁。同様の言は『日記』にもくりかえし現れる。
(41) 新井白石「白石先生紳書」巻三、『新井白石全集』第五(一九〇六年) 六五五頁。
(42) 石川松太郎『藩校と寺子屋』(教育社、一九七八年) 二八—九頁。
(43) 尾藤正英『日本の歴史19、元禄時代』(小学館、一九七五年) 一二二—三頁。引用は前掲『池田光政日記』、一五七頁。
(44) 正徳五年(一七一五) 刊の、藤井懶斎『閑際筆記』にも、次のような記述がある。「或ル人閒、国君郡主之儒学ヲ好者、多ハ皆不ㇾ久、廃コトハ何耶。曰礼文ㇾ之其身ヲ倹束スルニ苦ㇾ一ナリ。衆欲難ㇾ遂ニ二ナリ。異政ノ上ニ聞ヲ憚三ナリ。諸臣厭ㇾ之者衆シテ勧者寡四ナリ。武事怠緩ノ嫌ヲ避五ナリ。」『日本随筆大成』第一期第九巻(吉川弘文館、一九二七年) 二二五頁。
(45) 参考のために、長沢規矩也監修・長沢孝三編『漢文学者総覧』(汲古書院、一九七九年) に収載された四九三〇名から、歿年についての記載の全く無い者(八〇一名)、年号のみの記載等により正確な歿年が不明である者(三四六名)、一五四九年以前死歿の者(六名) および一九一〇年以降死歿の者(二二七名) 等を除いた三五四八名について、一〇年ごとの死歿者数を数えてみた。これを表であらわせば、次の通りである。なお、簡単のために、旧暦使用期間については、その旧暦の年がおおむね重なっている西暦の年で示す。即

ち、一六〇〇─〇九とは、慶長五年から慶長十四年まで、の意味である。

期　　間	死歿「漢文学者」数
1550-59	1
60-69	0
70-79	0
80-89	0
90-99	1
1600-09	4
10-19	8
20-29	4
30-39	10
40-49	14
50-59	18
60-69	18
70-79	23
80-89	32
90-99	43
1700-09	46
10-19	58
20-29	72
30-39	101
40-49	91
50-59	101
60-69	106
70-79	124
80-89	160
90-99	172
1800-09	200
10-19	189
20-29	201
30-39	218
40-49	215
50-59	272
60-69	292
70-79	240
80-89	209
90-99	176
1900-09	129
計 360 年	3,548名

無論、時代が下る程、記録が残っているという面もあろう。しかし、それにしても「漢文学者」の初期の少なさと尻上りの増加は印象的である。

(46) 速水融氏の推計である。新保博他『数量経済史入門──日本の前工業化社会』（日本評論社、一九七五年）四二─九頁。
(47) 前掲『新井白石全集』第六、五五〇頁。
(48) 吉川幸次郎他校注『日本思想大系36、荻生徂徠』（一九七三年）四四二頁。
(49) 辻達也「『政談』の社会的背景」（同書所収）七七八頁参照。
(50) 前掲今田洋三『江戸の本屋さん』、五五一─八頁参照。

第二節　幕府との関係

　以上のような状態の中で、多くは浪人・医者・禅僧等から出身あるいは転身した専門の儒者達は、大名等に雇われたとしても、「物読み坊主」として、医者等と同じく、まともな武士とは格の違う特殊技能者として扱われるのが通例だった。事実、彼等は往々頭を丸め、あるいは医者と似た孔子頭と呼ばれる総髪をしていた。「予年来嘆く事あり。学問を一芸として、儒者医者仏者天文者軍法者歌者俳諧師陰陽師碁所の類と、一同に思ふは、口惜き事也」（佐藤直方『学談雑録』）といった憤懣はしばしば漏らされている。熊沢蕃山が池田光政にひきたてられて一時備前国政に与ったのは、後々まで喧伝された事実の逆証するように、全くの例外である。この侍達の社会では、「学者」はその特殊性故に一面で尊重されたとしても、通常現実政治からは隔離されていた。時代が下っても、「儒者なるゆゑ、世事は知らぬはず、政事など青表紙の儒者などゝなることにてはないなど、用にたゝぬものゝやうに思はれ」（堀景山『不尽言』）、「我邦の学者は、世と関係せざること贅疣（こぶといぼ）の如く」である（井上金峨『匡正録』、安永四年）という嘆きは絶えない。また、藩校もこの時期にはほとんどなかったのだから、彼等が、彼等を往々軽侮している普通の侍達に教えを説く機会が当然に用意されていたわけでもない。「文教政策」や「教化」の任に当ったなどと解するのは難しい。従って、この時期、仮

に大名に「御儒者」が雇われていたとしても、そのことに思想的意義を見出すのは、慎重でなければならない。例えば、大名家の抱えに儒者も含まれたことは、儒教が「体制を支えた」ことを直ちに意味しない。

幕府においても同様である。

剃髪し、法印として四代の将軍に仕えた林羅山も、幕政において、博識と文筆能力を利用される以外、特別な影響力は持っていない。彼は将軍と接しても、「侍講」というよりは、「御伽衆」の一人だった。(7) また、政治との直接的関わりを別としても、幕府における林家の存在を根拠に、「法を以て理を破るも、理を以て法を破らされ」(武家諸法度、慶長二十年)と言い切った家康が、その築き上げた体制の維持強化のために特に「性理の学」を採用したなどと解することはできない。(8)「朱子学と申は公儀にてかしこくも東照宮已来御用ひの事」(川路聖謨)というのは、林家の自己宣伝や、特に「朱学之儀、慶長以来御代々御信用之御事」とした所謂寛政異学の禁によって後世に固まった神話であろう。山鹿素行の配流や熊沢蕃山の追放を、朱子学を正統思想とする体制による異端排撃などと解釈できないことは、既に指摘のある所である。(11)

将軍綱吉の命による所謂湯島聖堂の新築(元禄四年)や、彼のそこへの訪問は、確かに林家、そしてその「家業」たる「学」の権威を高めたであろう。しかし、やはりそれも幕府が朱子学を「体制教学として正式に採用」したことなどを意味しない。一方で幕府は寺社をも建て、将軍が参詣している。現に幕府の「御儒者」の一人、朱子学者室鳩巣は次のように噂している。

頃日も承候へば先年孔子堂御建立候事、憲廟（綱吉を指す）に御子無之故、大学頭申上候て孔子はもと尼丘山に祈り候て御生被成候間、御祈禱の為に、聖廟建立被成候はゞ、御子出来可申旨にて御建立にて候（書簡、正徳三年）

それは「いわば一種の寄進」（和島芳男）であった。確かに、「上意の趣は今般昌平坂聖堂新規御建立に付其方を開基に遊ばさるべく云々」と称し」たといい、聖堂での講釈の聴衆の少なさに「深川の地蔵」と比べて嘆いたという話は、それに照応する林家の意識を何程か示唆しよう。往々古代中世以来の権威を誇る仏寺の甍が、全国の町々で城につぐ大きな曲線を空に描いていた当時──ちなみに幕府の三奉行中、仕事は少ないものの寺社奉行の格が最高とされた──、法印を始祖とする林家のそうした野心と得意は、必ずしも不自然ではあるまい。なお湯島の聖堂と塾がその後も林家経営の私的施設に止まったことは、『徳川実紀』が「昌平坂の学舎。寛政より前はいまだ官に帰せず」と認める通りである。林家当主に「大学頭」の称が許された所で、幕府に「大学」があったわけではない。似つかわしい官名とは考えられたのであろうが、例えば津の大名藤堂氏も往々「大学頭」を称していた（『寛政重修諸家譜』巻九〇〇）。

従って、少なくとも所謂寛政異学の禁以前においては、仮に「公儀は朱子学を御用ひ」「御流儀」「御家流」という程の意味でしかなかったであろう。それ故、林家の存在は、吉宗が荻生徂徠を用いたよう「将軍家の剣術は柳生流」「御弓は小笠原流」というのと同じく、将軍が別の流儀の儒者を並行して利用することを妨げない。諸大名が別の流儀を学ぶことを妨げ

るものでもない。儒者同士の経書解釈の争いも、医者の治療法の是非の争い同様専門業界内部のことだから、「御威光」や治安に関わらない限り、幕府の関知する所ではない。室鳩巣が将軍吉宗に、伊藤仁斎の「学問」は「異学」であると語ったことがある。しかしそれは、(幕府や林家とは無関係に一般に)「和漢ともに古来程子朱子を用申候処、源助 (仁斎の通称) 事は自分の見を以程朱を譏り申候、兎角学文は程朱の学を正統と仕候御座候」というのが理由である。無論そう言われても吉宗の方は、こうした学派の正統争いには関心を示していない (以上、室鳩巣書簡、享保八年)。なお林家は、例えば神道方の吉川家に比べれば、確かに家格も高く、家禄もかなり大きい (慶安元年で九一〇石余、寛文十年で一一一〇石余、貞享二年・元禄十三年に二〇〇石ずつ加増。『寛政重修諸家譜』巻七七〇)。しかし、一方、将軍の剣術師範柳生家は大名である。また、将軍に仕えた医者を「官医」と呼んだ例からすれば「官学」も元来は単に「将軍家御用」を意味したに過ぎないのかもしれない。

所謂寛政異学の禁 (寛政二年五月) は確かに一つの画期であった。その波及効果によって、非朱子学者達は、一時苦しい立場に置かれもした。しかし、その時に儒学それ自体を痛罵する国学の方は何等問題とされなかったことは見落してはなるまい。正に禁と同年、数ヶ月後には本居宣長『古事記伝』の一之巻が刊行されている。そこに含まれた「直毘霊」において、宣長は「(儒教に) いはゆる聖人も、ただ賊の為シとげたる者にぞ有ける」とまで言っている。全般的な思想統制がなされたわけではないのである。また一方で、町人百姓は当時の中国・朝鮮にはありうべくもない寺請制度によって、依然として形式上仏教徒であることを強制されていたのである。

第一章　徳川前期における宋学の位置

言うまでもなく、徳川将軍を頂く当時の政治社会体制は、本来儒学とはあまり関係無しに成立したものである。体制成立期にその指導者が朱子学者を抱えたことを、体制に対する朱子学の本質的適合性の現れとするのは、彼に過大な洞察力を想定することになろう。また逆に、羅山が将軍に仕えたからといって、その思想内容が幕藩体制にぴったりと適合し、彼は幕藩体制のよきイデオローグだったと決めてかかるのは、彼の立場の過大評価であろう。綱吉が林家の地位を高めたのは事実だが、それは特に朱子学を幕藩体制の正統思想に選定したことを意味しまい。また、実際の影響力や儒者の地位からしても、少なくとも彼の時期までに、当時の政治、当時の権力が、特に宋学に結びついたものとしてあった、あるいはそう一般に理解されていた、とは言い難い。

従って、政治権力、就中幕府との関係から、宋学の当時の体制に対する特別の親和性を始めから前提することは許されないであろう。また、当時の儒者の宋学批判に、幕府や体制の危機の現れや、それらへの批判の態度を見出すことも、この点からはできまい。

なお、本章冒頭で述べた宋学の位置に関する㈢として、その普及度や幕府権力との実際の関係とは無関係に、ともかくただその思想の内容や構造において、初期に「盛行」した朱子学・宋学は特に当時の体制に論理的・抽象的に適合乃至照応するものだった、という見解もありうるかもしれない。これは、朱子学自体の解釈にも関わるが、いずれにせよ無理が大きいと思われる。

例えば、朱子学は安定した体制に適合性があるとも言われる。しかし、そうだとしても、戦国の争乱、下剋上の記憶が生々しく、大名の改易・転封も頻りで、将軍死去の度に緊張感の流れた初期の方

が、「泰平」が続き、家筋の固まった後の時期よりも安定的な意識形態に適合的だと論証するのは容易ではあるまい。少なくとも歴史的事実に即していえば、おそらくむしろ、例えば人は生れ付き、五倫に沿う「本心」を内在しているといった教説の広範な普及は、おそらくむしろ、例えば貝原益軒の諸『訓』や石門心学の流行等をみた十八世紀（の特に半ば）以降に属するのである。

また、初期と限らず、一般に朱子学・宋学が徳川時代の体制に適合的だったとする見解もあろう。後述の如くその面もあろう。しかし、中国の文化と社会に深く根ざして十二世紀までに形成された思想の方が、例えばそれを批判して当時の日本で生れた諸儒学に比べ、本質的に当時の日本の体制に適合的だったとするのは無理がないであろうか。禅宗教学との拮抗の内に生れ出たあの高遠な形而上学が、二本差しの侍、算盤片手の町人の生に特に相応しい思想だったのであろうか。忠孝の教えが適合的だとしても、それならば特殊に朱子学・宋学である必要はあるまい。むしろ宋学には、この体制に適合し難い面も少なくないことは後述の通りである。単純に適合的だったとするのは一面的ではないだろうか。適合と不適合の両面に、具体的に注目する必要があるのではないか。後述の如く、おそらく正に適合的と見える点において、同時に甚だ不適合な点が見出されるのである。

そうであるとすれば、これまでの叙述から、少なくとも、徳川時代前半における儒学史の展開を理解するにあたって、朱子学・宋学の現実の日本社会との関連における（何らかの意味での）支配的地位を前提条件として置くことには疑問の余地がある、と結論することは許されよう。朱子学（的なるもの）の「支配」・「確立」がまずあって、次にそれに対する批判が生れたとするのは、おそらく無理

第一章　徳川前期における宋学の位置

である。そのような図式で儒学史を解くことは、多分困難である。現に、宋学が一方で拡まり、それなりに受容されていく過程において、同時にその修正や批判も生じているのである。だとすれば、宋学は種々の修正を蒙りつつ、むしろその事によって日本社会にある程度拡まったのであり、しかもその批判者たる古学等の展開によって、儒学は一層日本社会に浸透していったのだ、と見ることはできないであろうか。古学出現をも含めて、その全体が、長期にわたってじっくりと展開された外来思想の受容・修正・包摂とそれへの対抗のからみあった巨大で複雑な過程なのではないであろうか。

こうした疑問に答え、近世日本儒学史の展開を解明するためには、改めて儒学就中宋学と徳川時代前半の日本社会との適合と不適合、そこに生じた受容と反撥の諸相を、具体的に吟味することが必要であろう。

次章は、その試みを課題とする。

（1）ちなみに、栗田元次『江戸時代史上』（総合日本史大系第九巻〔一九二七年〕六九七頁）は、次のように指摘している。「されば佐久間立斎が『文学を習ひて小禄にも取っかんと思ふものならで学ぶ者甚だ鮮空なり』と言った様に、儒学の興隆にも牢人の貢献、更に露骨に言へば牢人の就職運動としての努力が与って力あったのである。」

（2）例えば、『古事類苑』文学部二二「漢学」の「儒家剃髪」の項の諸史料参照。

（3）井上哲次郎他編『日本倫理彙編』巻之七、三九一頁。また、享保の朝鮮通信使の一員申維翰は、「四民のほかにも、別に儒学、僧徒、医学がある。しかし、国俗として、医はすなわちその功が活人にあるゆえに、医をもって上となし、僧徒がこれに次ぎ、儒は末である。いわゆる儒者は、学ぶに詩文をなすが、科挙試に

よる仕進の路がない。ゆえに、ようやく声誉を得たところで、各州の記室にとどまる。」と述べている。『海游録』（姜在彦訳、平凡社、一九七四年）三〇〇頁。

(4) 滝本誠一編『日本経済大典』第一七巻（啓明社、一九二九年）三六〇頁。

(5) 『日本倫理彙編』巻之九、三六九―七〇頁。冢田大峯「解慍」（安永四年）も、「某は学者なり、某は儒者なり、斯ち俗外の物なり、斯ち巫医の比なり」という考えや、「公侯大夫士、適ま学を好むと称し、更に儒者なる者を求めて之を好むが如き者」も、「徒らに之をして書籍を講読せしむるのみ」という実状に、憤っている。関儀一郎編『日本儒林叢書』第一巻、四、一三頁。

(6) 例えば、堀勇雄『林羅山』（吉川弘文館、一九六四年）を参照。

(7) 同書、一二五六頁。

(8) 例えば、和島芳男「江戸幕府の朱子学採用説について」（神戸女学院大学『論集』第一巻第三号、一九五四年）、同『日本宋学史の研究』（吉川弘文館、一九六二年）二八七―三一八頁を参照。

(9) 「川路聖謨遺書」、安政五年。『川路聖謨文書』第八（日本史籍協会、一九三四年）一三一頁。

(10) 林家の自己宣伝の実例として、例えば、和島芳男「近世における宋学受容の一問題――羅山の講書に関する告訴一件をめぐって」（森克己博士古稀記念会『史学論集、対外関係と政治文化』第三（吉川弘文館、一九七四年）三八二―三頁を参照。

(11) 例えば、堀勇雄『山鹿素行』（吉川弘文館、一九五九年）、和島芳男「寛文異学の禁――その林門興隆との関係」《『大手前女子大学論集』第八号、一九七四年》を参照。

(12) 『兼山秘策』所収。滝本誠一編『日本経済叢書』巻二（一九一四年）二七七頁。

(13) 和島芳男『昌平校と藩学』（至文堂、一九六二年）五二頁。前掲『日本宋学史の研究』、三三五頁も同じ。

(14) 近藤正治「聖堂と昌平坂学問所」（福島甲子三他編『近世日本の儒学』（岩波書店、一九三九年）二〇四

第一章　徳川前期における宋学の位置

(15) 室鳩巣書簡、正徳三年。前掲『兼山秘策』二七七頁。

(16) 室鳩巣書簡、享保三年。同書、三七一頁。

(17) 『新訂増補国史大系』第三八巻、四頁。昌平校教授だった佐藤一斎も、寛政の改革で「昌平阪の私学」が「官」のものに改められたと理解している。『言志四録』相良亨他編『日本思想大系46、佐藤一斎・大塩中斎』(岩波書店、一九八〇年) 二七〇頁。

(18) 冢田大峯「意見書」(『寛政異学禁関係文書』、『日本儒林叢書』第三巻、二四—五頁) を参照。

(19) 前掲『兼山秘策』、六一七頁。

(20) 将軍用に毎年宇治から運ばれる茶を「官茶」と呼んだ例もある。五井蘭州『瑣語』、『日本儒林叢書』第一巻、四四頁。

(21) 大野晋編『本居宣長全集』第九巻(筑摩書房、一九六八年) 五五頁。

(22) なお、貞享四年(一六八七)十月に発せられた「諸寺院条目」は、「王法仏法御兼帯太切之御掟法ニ候間、仏法不帰依之輩有之ハ、仕方無之様ニ可申付、其上ニモ不相用輩之者、御役所江相断、急度可為曲事」としている。法制史学会編『徳川禁令考』前集第五(創文社、一九五九年) 二三頁。このような事情故に、次のように主張する者さえいた。「さて神国に生れては　天子も公家も大名も　百姓商人諸職人　唯宿なしの其外は　乳のみ子までも是非ともに　仏道まなぶ国法は　源　神慮によることぞ　儒道や神道知らぬとて　吟味も咎もなければ共　仏道学ぶかまなばぬか　銘々判のそのうへに　菩提所請合印形は　神国神慮の証拠なり」。著者不明『善悪種蒔鏡和讃』(『日本教育文庫　宗教編』(同文館、一九一一年) 六七四頁。

(23) 例えば、朱子学を「幕藩体制維持の神学」と把え、「近世封建生活」と朱子学の「照応関係」を証明しようとしたものとして、石田一良「徳川封建社会と朱子学派の思想」(《東北大学文学部研究年報》第一三号

(24) 例えば、三宅正彦「江戸時代の思想」(石田一良編『思想史』Ⅱ、体系日本史叢書〔山川出版社、一九七六年〕)は、朱子学の不適合の面にも注目している。しかし、「戦国武士の意識と朱子学的思惟との色濃い共通性」(八三頁)を認め、「以上のように朱子学の思想は、現実の階級的身分秩序を不可変の所与とし、それを維持する主従制原理・家父長制原理を絶対的真理と考え、主従制原理を皇帝権力絶対化に帰結させていく傾向性をもつ。朱子学は、基本的に幕藩国家の思想形態として適合性をもつといえよう。」(七九頁)と「適合性」を簡単に前提してしまうなど、疑問がある。

(25) なお、尾藤正英氏の指摘の通り、広く「儒学は近世の社会において、どのような役割を果していたのか」という問題は、今も「実は未解決のまま」であろう。児玉幸多編『近世史ハンドブック』(近藤出版社、一九七二年)三三四頁。確かにこれは、単純な解答の出る問いではなく、これからも、時代・身分また思想の次元ごとの様々な方向からの個別研究が積み重ねられねばなるまい。単純な、儒教が近世日本の政治体制の「イデオロギー」だった、あるいはそれを「支えた」といった把握は、中国・朝鮮との相違が説明できないというだけをもってしても不充分であろう。その「支え」方が問題である。しかし反面、少なくとも一定程度冠婚葬祭にまで儒教的な礼の実行された中国・朝鮮との比較から、性急に「日本では単なる学問に止まった」「建前に過ぎなかった」などと結論するのも、疑問である。建前は「単なる建前」であっても、最小限、正面きってそれに反する行為には説明を必要とするという効果は持つのであり、それなりの機能を果すのである。例えば、「仁政」の建前の一般化した社会とそれすらない社会では、政治の仕方が全く同じではありえない。

第二章　宋学と近世日本社会

およそ外来の思想を単にハイカラな教養として知識に採り入れるというだけであれば、そこに適合や不適合、受容や反撥を論ずる意義は小さい。正確な原典理解と、全く別個の生活上の価値基準とが両立もしよう。徳川時代初めの少なからぬ「学者」もそうであったろう。しかし、少数にしろ、宋学を思想として受けとめ、真率に自己の精神と行為の規範とし、政治と社会の原理としようとする者の現れたとき、そこには数々の矛盾・軋轢・衝突が生じたのである。少なくとも本稿の対象とする徳川時代前半の日本社会には、この中国の思想の移植に有利な、適合的な条件もあったが、同時に、当時の日本社会はその直輸入で全て事足りる程中国社会と同質的ではなかったからである。当然それらに立ち向かい、解決していく方法は、原典には書かれていなかった。日本で儒学を（多少とも）思想として受けとめた者が、自分で解決しなければ教えてくれなかったのである。

例えば、政治社会の構成・性質を説明する基本的な範疇の形式だけを借り用いようとしてもそうであった。大凡は可能であるものの、それは新たに厄介な思想的問題さえ惹起したのである。

第一節　形式の適用

一　「封建」

まず政治体制の形式に関してである。

宋学を育み、従って宋学の前提をなしているのは、皇帝に全国支配権が集中し、直接には皇帝の官吏達が短任期の地方官となって全国を統治する政治体制である。中国伝統の二分法によるならば、郡県制に属する。李氏朝鮮も同じである。一方日本の大名も、あくまで「帰国の御暇を賜る」などと表現が、江戸から国元へ赴くことが、任地への赴任ではなく、あくまで「帰国の御暇を賜る」などと表現されたことの示すように、これを郡県制とは見做し難い。しかし、対概念の一方の、唐虞三代にあった（とされる）封建制には、確かにかなり合致しよう。しかも、柳宗元『封建論』のような説もあり、朱熹も「天下の制度には利ばかりで害がないという道理はない（天下制度無全利而無害底道理）」との見地から必ずしも封建制自体を理想とはしない意見を述べてはいる（『朱子語類』巻一〇八第一七条）ものの、通常それは郡県制より高く評価されていた。指摘のあるように、当時の日本社会が儒教的用語を以てしては何とも名状し難いような体制にはなく、ともかく一応封建制に全体として重ね合わせ

第二章　宋学と近世日本社会

えたことは、儒学の受容に有利な条件をなしたであろう。天子・諸侯・卿・大夫・士・庶人という階層化された社会像も、当時の身分社会に親和的であろう。

しかし、両者には当然様々な差異も存在した。それは「天子」の問題である。封建制とは「天子が土地を分けて諸侯を建てる制」（諸橋轍次『大漢和辞典』）だとすれば、「天子」とは徳川将軍でしかありえない。大名に「御判物」乃至「御朱印」を代替りごとに給付して土地を「宛行」い、「領知」せしめたのは間違いなく将軍なのであるから。大名を諸侯と、（特に徂徠あたりからの流行かと思われる）大名もしくはその「国」を藩と洒落て呼ぶことも、暗黙にそれを前提している。しかし、それでは京の「禁裡様」は何者なのであろうか。禁中並公家諸法度は彼（女）を「天子」と呼んでいる。しかも形式的にせよ彼（女）が征夷大将軍の号を授け、例えば東海道を西進することを「上る」と表現する習慣も続いている。それからすれば「国守ヲ称シテ諸侯ト為ス」のは「疎妄」である（浅見絅斎『称呼弁』）ということにもなろう。いずれにせよ、彼（女）は無視し難い。

では、やはり天皇が「天子」であろうか。中江藤樹は、身分ごとに孝の細目を説いた『孝経』を引いて、「人間尊卑の位に五だんあり。天子一等、諸侯一等、卿太夫一等、士一等、庶人一等、すべて五等也。てんしは天下をしろしめす御ら門の御くらゐなり。諸侯は国をおさむる大名のくらゐ也。卿太夫はてんし諸侯の下知をうけて国天下のまつりごとをする位也。士は卿太夫につきそひて政の諸役をつとむる、さぶらひのくらゐ也。……」（『翁問答』）と説明している。この「天子」はある註釈者の

ように天皇を指すと解しうるかもしれない。しかし、そうであるとすれば、この『孝経』を導入して当時の日本人を「啓蒙」しようとする作業は、徳川将軍を論理に組み込めず、政治社会の実態を把えていない点で、甚だ不充分たることを免れまい。藤樹はそれを知りつつ何らかの配慮から、抽象的に「天子の孝」を説いて済ませたのかもしれない。あるいは「天子」の中に漠然と天皇と将軍の両者を含めたのかもしれない。しかしいずれにせよ、儒教の教説を説く一前提としての当時の天皇と将軍の世への比定に、厄介な問題のからまることは明らかである。

国体史観の名残りもあってか、今日なお天皇から将軍への政権の「委任」や「信託」が自明のように説かれる場合がある。それで当時の天皇と将軍の関係が明快に説明できていたかに聞こえる。しかし、石井良助氏などの指摘もある通り、それは、徳川時代中期以降に有力化した一解釈に過ぎない。本稿の対象時期に、当事者達を含めて、普通そのように意識していたとは考えられない。将軍権力の正統性根拠は天皇に在ったなどと簡単にはいえない。権力と権威や、「実務的部分」と「尊厳的部分」の分業でもない。将軍自身の「御威光」はすさまじいものであった。

本来、天皇と将軍の関係は儒教的用語でも、(幕初から幕末まで、日本を訪れた西洋人が首をひねっているように)西洋の政治用語でも、説明しにくい、形式上甚だ曖昧なものである。「(江戸幕府の)政権は実力をもって獲得したものであって、決して朝廷より与えられたものではない。朝廷が家康をもって征夷大将軍に任じたということは、たんに朝廷において、形式的にかれを武家の棟梁たることを承認し、これにふさわしい称号を与えただけのものに過ぎない。家康に対して武家の棟梁と

第二章　宋学と近世日本社会　37

しての権限を付与したのではない」（石井良助『天皇』）。現に、「大政奉還」はいとも厳粛になされたが、「大政授与」の儀のなされた事実はない。それでもなお形式的にせよ天皇が将軍号を授けた事実に注目するならば、同時に、形式上幕府が「武家」と並んで「禁中並公家」に「法度」を下していたこと、更にそれによって「武家之官位者、可為公家当官之外事」と定め（第七条）、それ以降朝廷の官職録たる『公卿補任』には将軍の名さえ登載されておらず、その意味で形式上将軍号すら朝廷から独立していたことに着目しなければ、均衡を欠こう。

ちなみに、少なくとも前半期の幕府の意識においては、家康が将軍号を受けた慶長八年（一六〇三）——今日なお往々徳川時代の始期とされる——は、近代史の画期ではなかった。幕府に近い儒者はそれを、あるいは関ヶ原の勝利（慶長五年）、あるいは大坂の陣の勝利（慶長二十年）に求めているのである。幕命による林家の『本朝通鑑』は大坂の陣直前で筆を擱いている。新井白石が徳川綱豊（後の家宣）に提出した『藩翰譜』（元禄十五年）は「関が原の戦終て後天命一たび改」まった（「凡例」）ことを以て慶長五年以降を記載範囲としている。荻生徂徠が吉宗の下に差し出した『政談』には「関ガ原御陣ヨリ大坂御陣迄ハ天下ノ諸大名彼ノ方ヨリ帰服シ奉リシカドモ、未ダ天下ヲ知食タルト言、名目ハ附ラレネバ……」とある。

従って、新井白石の、将軍は朝鮮に対して「日本国王」と称するべきであるとの主張も、必ずしも明治人山路愛山の勘ぐったような（『新井白石』（民友社、一八九四年））、為にする政略ではあるまい。白石にしてみれば、実情に即したごく素直な呼称であったろう。彼においては、閑院宮家設立を図った

ような、「もとこれ武家のためにたてられ」た「北朝」(『折たく柴の記』)に対するそれなりの「尊皇」意識と、将軍は「天命」を直接受けて天下を治めている「国王」だとの解釈が両立しているのである。白石の主張に当時反対もあったのは事実である。また、その頃既に「将軍家は天子の御名代」といい(西川如見『町人嚢』、元禄五年)、「天子ヲ崇ヘ天子ノ御名代トシテ、天下ヲ東ヨリ御下知アルハ、古西伯ノ事体ノナリ」と説明する(浅見絅斎『割録』、宝永三年)者も確かにいた。「しかし、これも、天皇が将軍に政権を委任した事実があるからとて、政治を行なっているのである、という法理を考え出しただけのことに……将軍は天皇の代理人として、こう考えたのではない。現状説明のために「論理的と」」である(石井良助『新編江戸時代漫筆』)。それ故、一方で次のような主張も現れるのである。

朝鮮は唐の正朔を奉候故、清の皇帝に遠慮候て、朝鮮国王と称し申候、左候へばとて朝鮮の刑政は自国の所レ主にて清より構不レ申候、日本の武家も、京都皇帝へ遠慮にて、日本国王と称し申候、是又只正朝を奉じ申迄にて、刑政は悉く江戸より出申候、朝鮮の格と同事に御座候、若上に清朝無レ之候はば、朝鮮も帝と称し候て何事可レ有レ之候哉、日本も上に天子無レ之候はば、兎角刑政を主る人天子と申物に候へども、右の訳に候故帝号は遠慮被レ遊、王と被レ称候事当然之儀に奉レ存候、(室鳩巣書簡、正徳三年)

今ノ大将軍ハ、海内ヲ有チ玉ヘバ、是則日本国王也、サレバ室町家ノトキ、明ノ永楽ノ天子ヨリ、鹿苑院殿ヲ日本国王ト称シテ、書ヲ遣リ玉ヘリ、当代ニハ、東照宮ヨリ山城天皇ヲ憚ラセ玉ヒ、謙退ニ過テ、王号ヲ称シ玉ハズ、謙遜ハ誠ニ盛徳ノコトナレドモ、国家ノ尊号正シカラザレバ、

第二章　宋学と近世日本社会

文字ニアラハシ、書籍ニ載ルニ及デ、何トモ称シ奉ルベキ様ナシ（太宰春台『経済録』、享保十四年）[20]要するに問題は、そもそも「将軍大臣と申ものに、諸侯を朝し刑政を主り申儀可ㇾ有ㇾ之候哉」（室鳩巣前掲書簡）[21]という所にあった。より一般的には、「すべて当時（現在の意）の事共、漢語をもてうつし得がたし」（新井白石『折たく柴の記』）[23]という所にあった。

ここは、政治観・ナショナリズム・普遍主義と特殊主義等の問題にも関わる将軍と天皇を巡る諸思想の歴史や「尊王論発達史」の叙述の場ではない。しかし、徳川日本において、一見単純自明な中国古代の「封建制」への形式的比定さえ、一面で儒教受容の好前提をなしながら、他面容易ならざる紛議の発端をなしたことは既に明らかであろう。[24]もっとも少なくとも初めの段階ではこれは一種の擬似問題状況といえるかもしれない。現実の中の矛盾が理論闘争の形をとったというよりは、直接には漢語的表記法が問われたことの示すように、矛盾はむしろ外来の思想と現実との間にあったからである。

しかし、そうでありながら、正にその矛盾が、日本の儒者達に舶来「学問」の直輸入に安住することを許さず、それぞれの背景から独自にそれを応用し修正しつつ論争することを促したのである。しかし、かもおそらくそれが、やがて現実の側の変質をもたらす一要因となったのである。徳川時代を通じ、「禁裡様」が自ら完全な無為にありながら、否、むしろそれ故に、その輝きを徐々に加え、遂には疑いなき「王」へと祭り上げられていったことは、周知の通りである。隠れていた本質が自然に顕現していったのではない。それは、新しい思想そして政治の状況の中で、これまでもその時々の歴史状況によって古代以来変遷しつつ残存してきた制度が、新たな意味を付与されていった過程であろう。

(1) 「藩」の語は、白石の『藩翰譜』や、『折たく柴の記』中の「藩邸」の語（松村明他校注『日本古典文学大系』95、戴恩記・折たく柴の記・蘭東事始』[岩波書店、一九六四年]二〇四、二二七頁）が先駆ともされるが（例えば、林屋辰三郎「藩──発想と実態」参照。『近世伝統文化論』[創元社、一九七四年]所収）、例えば木下順庵は既に、徳川綱豊（後の家宣）を、「宗藩甲府君は学を好み、善を楽しみ」と呼び（「賜五経四子記」、『錦里先生文集』巻一六）、また「肥州細川公は西海の大藩也」とも述べている（「静女赤心図」、同『文集』巻一六）。そして、荻生徂徠の『徂徠集』には「貴藩」「弊藩」「親藩」「外藩」「大藩」「一藩」「藩大夫」「藩有司」「藩門」等の語が現れている。

(2) 徳川時代の天皇に関する近年の研究としては、例えば以下を参照。朝尾直弘「幕藩制と天皇」（『大系日本国家史』三[東京大学出版会、一九七五年]）、『歴史評論』三一四・三二〇号所収の諸論文（いずれも一九七六年）、衣笠安喜「幕藩制下の天皇と幕府」（後藤靖編『天皇制と民衆』[東京大学出版会、一九七六年]所収）、北島正元編『幕藩制国家成立過程の研究』（吉川弘文館、一九七七年）所収の諸論文、深谷克己「近世の将軍と天皇」（『歴史公論』六二号[一九八一年]・一〇七号[一九八四年]所収の諸論文、『講座日本歴史』六[東京大学出版会、一九八五年]）。

(3) もっとも、三浦浄心『慶長見聞集』巻之二「江戸を都といひならはす事」（『江戸叢書刊行会、一九一六年]）四六─八頁）は、「今江戸より京の人を召、又京の人江戸へ着ては、昨日罷上り候今日のぼり候と申さるゝや、かく京の人をはじめ、諸国より江城へのぼるといへば、江戸は都にあらずや」と指摘している。そして「真斎と云人申されけるは、天に二ツの日なし地に二人りの王なし、朝祭ことなくして都といはんはひが事也、天下に王も一人り、都も一ツならずでは有べからずといふ、此義尤事はり也、然りといへとも、天下を守護し将軍国王まします所、などか都といはざらん」」という。

(4)『忠孝類説、附称呼弁』(一八七〇年刊)。尾藤二洲も「今の大名、或ひは自から称して侯と曰ふ者有り、此れ真に借候也。」と述べている。『称謂私言』、関儀一郎編『日本儒林叢書』第八巻、一五頁。

(5) 山井湧他校注『日本思想大系29、中江藤樹』(岩波書店、一九七四年)二七頁。

(6) 同書、頭註。

(7) 同書、二八頁。

(8) 石井良助『天皇——天皇の生成および不親政の伝統』(山川出版社、一九八二年)。同『新編江戸時代漫筆』下「天皇のこと」(朝日新聞社、一九七六年)。また、滝川政次郎「法制史上よりみた幕府政権」(『歴史読本』臨時増刊、一九七九年六月、六九頁)には、「また江戸初期においては、徳川幕府の権力は徳川氏がその実力によって自ら獲得した権利であると考えられていたと思われるのであって、将軍は天皇の全面的委任によって、司法、行政を専行し得るのだという考えは、国学が発達して勤王論が起こり出した江戸中期以後に生じた思想ではないかと思う。」とある。また註(2)前掲朝尾直弘「幕藩制と天皇」、一八九—九二頁を参照。

(9) 二二五—六頁。

(10) 註(2)前掲朝尾論文、二二七—二〇頁参照。

(11)『新井白石全集』第一(一九〇五年)一頁。

(12) 吉川幸次郎他校注『日本思想大系36、荻生徂徠』(一九七三年)三〇六—七頁。なお、同書三一四頁の「上一人ヨリ下百姓・町人迄モ……」の「一人」は、三一八頁の「上一人」の用法からみても、頭註にかかわらず、天皇ではなく将軍を指すと解する余地があるのではないか。なお、明らかに将軍を「上御一人」と呼んだ例として、例えば、海保青陵『稽古談』(塚谷晃弘他校注『日本思想大系44、本多利明・海保青陵』(一九七〇年)二八四頁。

(13) 山路愛山『史論集』（みすず書房、一九五八年）一八一‐九頁。

(14) なお、『読史余論』（松村明他校注『日本思想大系35、新井白石』（一九七五年））三六九頁の、足利義満が「天子より下れる事一等にして、王朝の公卿・大夫・士の外、六十余州の人民等、ことごとく其臣たる」ことの明らかな「名号」をたてるべきであったとの主張を参照。註(4)前掲尾藤二洲『称謂私言』九頁も、「皇上を謂ひて天皇と為し、大君を謂ひて国王と為す」ことが「実に時体の宜を得」ていることは認めている。

(15) 註(1)前掲『日本古典文学大系95』、二二九頁。

(16) 中村幸彦校注『日本思想大系59、近世町人思想』（一九七五年）一三八頁。

(17) 倉本長治編『近世社会経済学説大系七、浅見絅斎集』（誠文堂新光社、一九三七年）四一九頁。

(18) 下、八頁。

(19) 『兼山秘策』所収。滝本誠一編『日本経済叢書』巻二（日本経済叢書刊行会、一九一四年）二七六頁。

(20) 滝本誠一編『日本経済大典』第九巻（史誌出版社、一九二八年）三八八頁。

(21) 前掲書、二七五頁。

(22) 三宅観瀾も、(直接には鎌倉・足利の将軍についてだが)「其官は則ち之を朝命に受け、其位は則ち臣列に在り。而して凡そ天下の土地財租、皆自ら之を有し、守を置き吏を署し、征討生殺、廃立大事に至るまで又皆自ら之を専らにす」と指摘し、「周漢より宋元に迄るまで、君臣の事蹟、未だ之が類有るを見ず」と述べている。「将軍伝私儀」(『観瀾集』所収)、『続々群書類従』第一三（一九〇九年）四三二頁。

(23) 前掲書、三七七頁。

(24) なお、把え方には違いがあるが、天皇の問題と朱子学の受容とをからめた叙述が、三宅正彦「日本における中国哲学の受容と変容の歴史」（本田済編『中国哲学を学ぶ人のために』（世界思想社、一九七五年））、同

「江戸時代の思想」（石田一良編『思想史』Ⅱ、体系日本史叢書〔山川出版社、一九七六年〕）に含まれている。

二 「士農工商」

「封建制」の下における身分に関しても、ズレの問題がある。身分を通用語法に従って「制度的に固定し、世襲的で、他への移行が認められなかった」「人間の地位の上下の序列」（『広辞苑』第三版）と定義するならば、しばしばそう説かれるにもかかわらず、朱子学・陽明学は身分道徳の思想ではない。少なくとも科挙制の確立した宋代以降では士と庶人の別さえ「世襲的で、他への移行が認められな」いものではなかったからである。もっとも実際上、極度の貧困は「科業」に励む余裕さえ与えないであろう。しかし第一に、ともかく政治制度の建前として世襲であるか否か、支配層となるための資質が「家」か「学問」かは重要な意味を持っている。第二に、科挙の公開性は決して単なる建前ではない。例えば、何炳棣氏の研究（Ping-ti Ho, *The Ladder of Success in Imperial China—Aspects of Social Mobility, 1368–1911*, Columbia University Press, 1962）が示す通りである。島田虔次氏も次のように指摘している。

……多くの小説や伝記の語るところは、この科挙の平等主義が相当程度まで事実上の平等主義であったこと、つまり相当な下層社会から科挙によって士大夫層にくりこまれてゆくことはけっしてまれな現象ではなかったことが知られるのである。清朝の末頃、いわゆる改革運動・革命運動が激しくなってきたとき、孫文、章炳麟（しょうへいりん）、康有為、梁啓超らの、いわゆる志士たちの間に共通な

認識は、中国には「秦漢以後、階級（生まれによる身分）はない」ということであった。もちろん、この説は今日の歴史家からは、秦漢以前、すなわち周代のいわゆる「封建」をヨーロッパのフューダリズムに単純に等置したところからくる謬説、とあっさり片付けてしまわれるかもしれないが、しかし当時の志士たちに共通なこのような認識を、彼ら自身の実感をも裏切ってしまっている完全な誤り、とすることもできないように思われる。《朱子学と陽明学》中国では反清朝の革命家においてさえ、「門閥制度は親の敵（かたき）」（福沢諭吉『福翁自伝』）ではなかったのである。このことは、日本と中国の所謂近代化の過程の相違とともに、その前近代の質的相違を示唆しよう。

しかも、士大夫達は城下に集住させられていた侍達と違い、通常自ら地主であり、往々商人でもあった（後の点は朝鮮では事情が異なる）。明朝の亡命者朱舜水に対して、当時「彼はえらそうな学者づらをしているけれども、実際は、むこうのたばこ屋か何かであるという」が、それは、中国では「たばこ屋にかぎらぬ、何か商店の主人が同時に学者であり官吏であることは、何等不思議でなく、むしろ普通のことであった」（吉川幸次郎「受容の歴史――日本漢学小史」）ことを解しない喜劇に他なるまい。

従って、「封建」同様、社会層の形式的把握に関しても、宋学の母体たる宋代以後の中国との直接的比定には難があった。通常これはやはり古代中国に重ね合わせて解釈することによって解決された。そこでの比較的明確な士・庶人の別は、兵農分離後の日本に確かに通ずる。また、宋の李綱は、道

家・釈氏と対照しつつ、儒家の特色として「其の民は士・農・工・商」と主張することを挙げている（『三教論』）(6)が、それに似て当時の日本は、空間的にも武家地・町方・在方が分離し、町方は更に大工町・鍛冶町そして呉服町・青物町等に分れていた。そこでは、確かに、「士は卿太夫につきそひて政の諸役をつとむる、さぶらひのくらゐ也。物作るを農といひ、しょくにんを工と云、あき人を商と云。この農工商の三はおしなべて庶人のくらゐなり。」（中江藤樹『翁問答』(7)）という説明も、受け容れ易かったであろう。(8)

しかし、当時日本で「士農工商」という身分序列が公定され、それが形式上儒学の理想社会と丁度一致し、従って儒学受容の好条件をなしたなどと解するのは、おそらく当を得ない。そもそも本来「士農工商」の語自体、序列を意味したかには疑う余地があろう（例えば、比較的叙述の詳しい『管子』乗馬第五、小匡第二〇を参照）。それを別としても、当時の日本には「士農工商」という身分及びその序列は無かったと考えられるからである。内容的相違を別にして、侍を士と見做し、民はそれ以下とされた、という限りでは無論問題はない。しかし、まず第一に、工と商との身分の別はない。「この時代の身分制度は、俗に士農工商というが、これは儒者の観念から設けられた区別で、実際は武士と百姓と町人との三身分に大別される」（辻達也『江戸開府』）(9)。荻生徂徠が「今世ハ工・商混ジテ一ツニナリ工ヲモ商ヲモ町人ト是ヲ名ヅク。」と言う通りである（『鈐録』）(10)。第二に、百姓と町人の間では、無論侍との間におけるような差はないものの、今日の通念に反して、どちらかといえば町人が、制度上、上位とされていたと考えられる。例えば「町人は平日でも脇差を帯びることが許され、百姓は重き吉

凶の事や旅行の際だけ許されていた」（石井良助『新編江戸時代漫筆』[11]）。帯刀（刀と脇差の双方を腰に帯びること）が、苗字と並ぶ侍身分の顕著な特権だったことからすれば、その象徴的意味は無視し難い。

また大石慎三郎氏も「……農民と町人（城下町町人）が公式の場で座る場合、……町人の方が上座を占めるのが一般で、したがって強いていえば通説とは逆に江戸時代には町人の方が農民より身分的には上位におかれたとするのが正しいのである。このことは町人を支配する役人（幕府の場合は勘定奉行、藩の場合は郡奉行）とでは、かならず町方担当のほうが上位に位置づけられていたことからも推測できよう。」と指摘している（『江戸時代』[12]、括弧内も大石氏）。そして、「村に生れて町の人柄羨むべからず。農人は身卑けれ共心卑からず、町人は人柄よけれ共利得の上にて判断するゆへ心賤し。」（常盤潭北『百姓分量記』[13]）といった百姓向けの教訓からすれば、実際の百姓達の意識も、そうした慣行と照応していたのではあるまいか。

寛政十一年（一七九九）、藤田幽谷は、「古より士農工商として農は士に次たるものとこそ申候に昔は農より士になれども今は郷中の農人は土百姓とて人是を賤しめ商売をして金をたむれば俄に郷士に成」ると述べ、全体に町人が格上の扱いをされる事態に種々の実例を挙げて憤っている（『勧農或問』[14]）。

ところが、その百年前にも、「此四民のうち工と商とをもつて町人と号せり。いにしへは百姓より町人は下座なりといへども、いつ比よりか天下金銀づかひとなりて、天下の金銀財宝みな町人の方に主どれる事にて、貴人の御前へも召出さるゝ事もあれば、いつとなく其品百姓の上にあるに似たり。」との指摘がある（西川如見『町人囊』、元禄五年）[15]。しかし、町人が、「貴人の御前へも召出さるゝ事」は、

第二章　宋学と近世日本社会

元禄時代に始まったことではない。秀吉・家康とも多くの昵懇の商人がいた。秀吉の大坂城中での茶会における豪商の席次は、五万石から一〇万石の大名に相当したという。おそらく、儒者達のいう「古(いにしえ)」はただ観念の中にのみ在るのである。近世日本には本来「士農工商」の身分制度があり、儒教の身分観と一致したと見るのは、それ自体、後世から儒者の眼を通して眺めたことによる誤解であろう。また、実際には「士農工商」への言及も、身分差別論としてよりは、分業論もしくは単なる職業論としてなされる場合が多い。身分差別の根拠として援用されるとき、それはむしろ世の現状を批判する理想論として立ち現れざるをえなかったのである。

(1)　岩波書店、一九六七年、一六頁。括弧内及び傍点も島田氏。
(2)　『福沢諭吉全集』第七巻（岩波書店、一九五九年）一一頁。
(3)　例えば、本文前掲 Ping-ti Ho, The Ladder of Success in Imperial China, pp. 81-6 参照。既に北宋にあっても士人が商行為に従事したことは、王安石の「方今制禄大抵皆薄、自非朝廷侍従之列、食口稍衆、未有不兼農商之利、而能充其養者」の語に窺える。「上皇帝万言書」、『王文公文集』巻第一所収。また、木田知生「北宋時代の洛陽と士人達——開封との対立のなかで」（『東洋史研究』三八巻一号、一九七九年、七五頁）も「官僚士大夫のこうした商行為への接近は、宋代以降、如何ともし難い公然の事実となっている。勿論、旧来から官僚士大夫が販売に従事して庶民と営利を争うべきでない旨の不文律があったわけで、史料中にもその趣旨が度々強調されているのだが、如何んせん、遵守されていない。」と指摘している。
(4)　『吉川幸次郎全集』第一七巻（筑摩書房、一九六九年）三三頁。
(5)　勿論それを解さない者ばかりだったわけではない。例えば、西川如見は、「唐土は四民の差別、本朝のごとく定めたる家業高下の次第なく、士にして農商を営むあり……」と述べている。『百姓嚢』、享保六年自

宋学と近世日本社会　48

(6)『諸橋轍次著作集』第一巻「儒学の目的と宋儒（慶暦至慶元百六十年間）の活動」（大修館書店、一九七五年）三八二頁所引。

(7) 山井湧他校注『日本思想大系29、中江藤樹』（岩波書店、一九七四年）二七頁。

(8) なお、別の漢字をあてる場合も含めて、「しのうこうしょう」という語は、室町時代に流布し始めたらしいとの指摘がある。中井信彦『町人』（『日本の歴史』21（小学館、一九七五年）三八頁。『日葡辞書』にも Xinôcôxô と見え、「サブライ、ノウニン、ダイク、アキビト」と説明されている。土井忠生他編訳『邦訳日葡辞書』（岩波書店、一九八〇年）七七二頁。

(9)『日本の歴史』13（中央公論社、一九六六年）四六二頁。

(10) 今中寛司他編『荻生徂徠全集』第六巻（河出書房新社、一九七三年）二三一頁。

(11) 上（朝日新聞社、一九七九年）六八頁。また、同書六五頁には、「それに、士農工商などというのも、おそらく、学者などが言い出したことで、幕府の法令にもこの語は見えていませんが、庶民の総称として用いたもので、幕府が公に庶民を士農工商に分かつ旨宣言したのではないだろうと思います。」とある。

(12) 中央公論社、一九七七年、九一頁。

(13) 中村幸彦校注『日本思想大系59、近世町人思想』（一九七五年）二七七頁。

(14) 菊池謙二郎編『幽谷全集』（一九三五年）一三五―六頁。

(15) 前掲『日本思想大系59、近世町人思想』、八七―八頁。

(16) 小和田哲男『戦国武将』（中央公論社、一九八一年）五二頁。

(17) 例えば、如儡子『可笑記』（『徳川文芸類聚』第二（国書刊行会、一九一四年）三八―九頁）、鈴木正三『職人日用』（宮坂宥勝校注『日本思想大系59、近世町人思想』八七―八頁）、宮本武蔵『五輪書』（渡辺一郎校注（岩波文庫、一九八五年）一五―七頁）、鈴木正三『職人日用』（宮坂宥勝校注『日

本古典文学大系83、仮名法語集』(一九六四年)二七六頁、松永尺五『彙倫抄』(石田一良他校注『日本思想大系28、藤原惺窩・林羅山』(一九七五年)三〇四頁、山鹿素行『山鹿素行全集思想篇』第七巻(岩波書店、一九四一年)九頁以下、井原西鶴『武家義理物語』(横山重他校注〔岩波文庫、一九六六年〕一七頁、荻生徂徠『徂徠先生答問書』(『荻生徂徠全集』第一巻〔みすず書房、一九七三年〕四三〇頁、三井高房『町人考見録』(『日本思想大系59、近世町人思想』一七六頁、永井堂亀有『笑談医者気質』(『校訂気質全集』〔帝国文庫、博文館、一八九五年〕八五一頁)。

三　「華　夷」

政治体制、社会制度の主要範疇に並んで、形式だけの導入さえ更に複雑な問題を惹起したものとして、国際関係あるいは世界像の基礎範疇たる「華夷」の思想がある。これは、当時始まった問題ではない。古代以来である。しかし、本格的な導入をはかればはかるほど問題はそれだけ大きく浮上する。これを直輸入すれば、日本は「東夷」ということになる。中国の「聖人の道」を信ずる以上、中国を世界の中心、「華」と認め、一方「東夷」と自認して済ませるのも一つの筋ではある。「孔子已ニ日本ニ生レ玉ヘバ其教ニ従テ中国ヲ中国トシ夷狄ヲ夷狄トスヘシ」ということになろう(佐藤直方「中国論集」)。しかし現に、「唐」と日本を並列的に「国」と考え、日本国に自己を同一化する意識も決して稀でなかった以上、時にそれが抵抗を感じさせることは避け難い。しかもこれは古代中国に遡っても解決しようがない。もう一つの東国、朝鮮におけるように、清朝は明朝と違って夷狄であって中華ではない、従って今では我国こそが天下唯一の「小中華」である、と主張するのは一つの解決であっ

たろう。しかし、どう見回しても、そう主張できる程の儒教文化の実態は、当時の日本にはなかった。そこで日本の儒者はこの問題を自ら解決しなければならなかったのである。

例えば、初期の代表的な儒者、林羅山・林鵞峰・中江藤樹・熊沢蕃山・木下順庵は、いずれも天皇の祖先は『論語』で「至徳」と称えられた、文王の伯父、呉の泰伯だとの説に肯定的な関心を示している。羅山「神武天皇論」(『羅山林先生文集』巻第二五)、鵞峰「擬対策文、太伯」(『鵞峰先生林学士文集』巻第五八)、藤樹『翁問答』(第九四問)、蕃山『三輪物語』巻第一、順庵「泰伯論」(『錦里先生文集』巻一七)。その裏には、日本は夷狄であるとしても単なる夷狄ではないと論証したい気持もあったのであろう。ちなみに、隣国朝鮮については、武王によって殷の箕子——やはり『論語』で仁者と称えられている——がその地に封建されたという建国伝説があった(『史記』巻三八)。

「華夷」の規定を一応認めた上で、なお、問題は現実の道徳性の如何にあると強調する者もいた。「中夏より物を習はし(ママ。「習はむ」か)事をいむ人侍り。いかなる意得にて御座候や」という問いに対し、「中夏は天地の中国にして、天気明に地精こまやかなり。故に万事万物の名人出て、東西南北に教る道理なり。東西の人は、是を習ふを義とす。……もろこしの人も聖賢を師とし、日本の人も聖賢を師とす。日本の人に、もろこし人よりもまされるあり。教るを以てすぐれたりとする也。」と答えた蕃山はその例であろう(『集義外書』)。雨森芳州も、「国の尊きと卑しきとは、君子小人の多きと少きと、風俗の善悪とにこそ因るべき。中国に生れたりとて、誇るべきにもあらず、又夷狄に生れたりとて、恥づべきにしも

第二章　宋学と近世日本社会

あらず。」と教えている（「たはれぐさ」）。中華思想の、地理概念の面よりは文化概念の面を押し出し、普遍的規準の下に華夷双方の人を置いて、抵抗感を柔らげる手法である。
より歩を進めたものとしては、周知の山鹿素行の『中朝事実』がある。彼は思いきって日本を「中華」「中国」と呼ぶ。「四時行はれ寒暑順ひて、水土人物それ美にして過不及の差なき」が「天地の中」であり、その意味で「万邦の衆、唯だ中州（日本を指す）及び外朝（中国を指す）のみ天地の中を得」ているからである。そして彼は、『日本書紀』の記事に縦横に儒教の道徳・政治論を読みこみつつ、「凡そ外朝の三皇五帝禹・湯・文・武・周公・孔子の大聖なる、亦中州往古の神聖とその揆一なり。故にその書を読むときはその義通じて間隔するところなく、その趣向猶ほ符節を合せたるがごとく」であると主張した。水土人物において中国に匹敵し、しかも儒教渡来以前に同じ教えが既に実行されていたことを「証明」して、問題の解消を企てたのである。
また伊藤仁斎は、「蓋し聖人の心は即ち天地の心、遍覆包涵、容れざる所無く、その善を善とし、その悪を悪とす。何か華夷の弁有らん。後の春秋を説く者、甚だ華夷の弁を厳しくするは、大いに聖人の旨を失せり」（『論語古義』）と、厳しい華夷の弁自体に反対している。息子伊藤東涯に至っては「聖人に華夷の弁無し。華夷の弁を為すは、後儒の偏見なり」と一層明確である。「中国は已に開くるの蛮夷」、「蛮夷は未だ開けざるの中国」に過ぎず、問題は一人一人の「徳」と「才」だからである（「聖人無華夷弁論」）。
更に、浅見絅斎は、闇斎を承けて、凡そ自分の生れた国が即ち「中国」であり、他国が即ち夷狄で

あるとの説を強く唱えた。彼は素行・仁斎がなお認めていた「中華」概念に含まれた人種的地理的文化的道徳的内容を一切撥無し、全くの形式的観念とした。そしてそのことによって、一瞬にして日本を（日本人にとって）比類なき「中華」へと上昇せしめたのである。彼によれば「国ハ少サク卜何ガ違ハフト、同シ日月ヲ唐人ニ指図ヲ受モセズニ戴テ居ル国ニ、唐人ガ夷狄ト書テ置タ程ニトテ、寔早ハゲヌ様ニ覚テ居ルハ、人ニ唾ヲカケラレテ、得拭ハズニ泣テキルト同シ事」、「我ガ生レタ国程大事ノ中国ガドコニアラフゾ」、「唐」の聖人が日本を夷狄としたのも「ソレハ唐ノ聖人ハ唐カラハサフ云筈、日本ノ聖人ハ又此方ヲ中国ニシテ、アチヲ夷狄ト云筈」なのである。「ソレデハスレアフガ」と思うかもしれないが、「各其土地風俗ノ限ル所、其地ナリ〴〵ニ天ヲ戴ケバ、各〻一分ノ天下ニテ、互ニ尊卑貴賤ノ嫌ヒナシ」（以上『靖献遺言講義』）。この特殊主義と普遍主義の奇妙な総合の意味では各国は平等である。「ソレガ義理ト云モノ」、「名分」というものなのである。それ故、その意味では各国は平等である。しかしともかくこれも、文化・道徳・政治の実態からして儒教の基準による中華とは称しにくい夷狄の国の儒者の、華夷思想の挑戦への一対応ではあった。それもおそらく比較的成功した部類であろう。後期水戸学や国学には、この（いわば）自国中華主義の発想が往々見られるのである。

以上は例示に過ぎない。その方向も多様である。しかし右に登場した主要な儒者のいずれの論理も、結果として華夷思想に由来する反撥を弱めつつ「聖人の道」自体の真理性を擁護する効果を持つ点で共通している。それぞれが、「夷狄」社会の儒者ならではの思想展開なのである。

なお、これと深く関連する日本儒学独自の思想課題として、神道の解釈があった。宋学はその好敵手たる仏教に対して執るべき態度は――「異端」の最たるものとして――詳しく教えている。当時武士の意識にも仏教の影は濃く、藤樹のように三教一致論の影響を受けた人もいるが、概して宋学を学んだ者にとって排仏論は動かし難い。しかし、神道に関する教えは唐本には載っていない。しかも当時の日本には渡会延佳(元和元・一六一五年―元禄三・一六九〇年)、吉川惟足(元和二・一六一六年―元禄七・一六九四年)等の神道家が現れて儒学を採り入れた神道を活潑に説き始めていた。神社も、寺と習合しつつも多数の参詣者を集めていた。慶安三年(一六五〇)には、伊勢神宮へ向けて近世最初のお蔭参りが発生している。宝永二年(一七〇五)のそれの参宮者は、約三三〇万乃至三七〇万人に達したともいう。神道の解釈とそれへの態度の決定は、日本で宋学を学んだ者にとって一つの課題となったのである。

特に儒学の勢力の未だ弱かった十七世紀に次々と所謂儒家神道の生み出された一因はそこにあろう。それによって、反仏教の思想同盟が形成されるからである(他方、仏教の側からすれば、儒教・神道ともに「俗」の側にあるという見方も伝統的である)。例えば、林羅山の「理当心地神道」がある。羅山は「神道と儒道と如何にして之を別たん」という問いに、「我より之を観れば理は一のみ。其の為異なるのみ」と答えている(「随筆」二、『羅山林先生文集』巻六六)。即ち、「神道ハ即理」であり、従って宋学の人性論からして、「神」とは人の「心」の「理」の別名とされる。「心ノ外ニ別ノ神ナク別

ノ理ナシ」、「善ヲスレバ我ガ心ノ神ニ随フ故ニ天道ニ叶フ。悪ヲスレバ我心神ニ背ク故ニ罪ヲウク。諸神ト人ノ心ノ神ト本ヨリ同理成故」である。「天地開時ノ神」「国常立尊」は、（彼は直接はそう述べないが）太極にあてはめられ、「人ノ本心ニテ万ニ通ズルモ皆国常立尊」となり、三種の神器は「勇信知」の象徴とされ、その伝授は「堯舜禹の容命」に類比される（「神祇宝典序」、前掲『文集』第四八、正保三年）。この、信仰というよりは理知的な読み替えとしての「神道」がどれ程影響力を持ちえたかはここでは問わない。しかしともかく羅山の宋学は、こうして神道をその論理の内にからめとったのである。

「天地の神道は唐日本共にかはりなし。儒通（ママ。道であろう）のをしへ神道のつたへとて別々に思ふは道を知らざるものゝ言也」（『神道大義』）という熊沢蕃山の手法もこれに似る。ただ彼は一層明確に「天照皇太神」は泰伯であるとし、「天照皇のわたり給ひしむかしは、此国いまだ文字なく書なし。故に知仁勇の心の徳を三種の象にかたどりて、修身斉家治国平天下の心法を示し給へり。これ我国神道の淵源也。」（『三輪物語』）と説明している。

山崎闇斎において朱子学の熱烈な信奉と両立している「垂加神道」も、同じ視角からの解釈が可能であろう。彼は、「儒書ニドウ云テアラフト、何ト云テアラフト、ナニト云事ハナイ。日本ノ神代ノ道ガコウゾ。」（『神代巻講義』）と述べて直接の附会を否定しているが、彼の神書解釈に基づく「神道」の主な教えは、結局彼の朱子学のそれと類似の内容に帰着している。例えば、「土」が「シマ」って「金」となるような、内に凝集した「心持」としての「ツヽシミ」（同）は、彼のとりわけ強調する「敬」

に似る。その「君臣上下の易ふ可からざるの条理」を示す「中」の説（『玉籤集』）は、その放伐への否定的態度と照応する。彼自身、「東西域を異にし、万里懸隔すると雖も其道は自から妙契し得て存す」と認めている（『闇斎先生年譜』）。一応儒学から切断されているために闇斎死後も独立した思想生命を保った「垂加神道」は、日本儒学にとっての神道問題の一つの巧妙な解決だったとみることもできよう。しかし、それは儒学の側の変質をも招いたように見える。有力な門人との対立のきっかけとなった「敬内義外」の強引な解釈には、やはりその「神学」の逆流という面もあるであろう。

なお、荻生徂徠は、神道を全く別の形で彼の思想体系の中に位置付けている。これについては後述する（第三章）。

さて、以上は、近世前期の日本に宋学（という形の儒学）の拡がり始めた時、その国家・社会を説明する基本的範疇の形式的適用における適合性と、一方でのズレや、それにからまる諸問題の検討である。では、その他の主要な観念、その思想の内容に関しては、いかなる思想的問題状況が生じたのであろうか。

まず、宋学における思想の主体、「士」に注目するのが順序であろう。

（1）この問題に関わる近年の研究として、尾藤正英「尊王攘夷思想」（『岩波講座日本歴史』一三（一九七七年））、塚本学「江戸時代における『夷』観念について」（『日本歴史』三七一号、一九七九年）、Kate Wildman Nakai, "The Naturalization of Confucianism in Tokugawa Japan: The Problem of Sinocentrism," in

Harvard Journal of Asiatic Studies, Vol. 40, No. 1 (1980) がある。ナカイ氏の論文は、華夷概念と限らず、より広範な視角から、儒学の日本への「帰化」の問題を論じている。旧稿を補訂するにあたって、学ぶ所があった。

(2) 『韞蔵録』巻一四、日本古典学会編『増訂佐藤直方全集』巻一（ぺりかん社、一九七九年）五五三頁。

(3) 実学派の朴趾源もそうした一般的風潮に配慮せざるをえなかったことにつき、朴趾源『熱河日記』冒頭（今村与志雄訳〔平凡社、一九七八年〕五一六頁）を参照。ちなみに、阮朝ヴェトナムの明命帝（在位一八一九―四〇）も、「阮朝ヴェトナムの方が儒教の正統性を清朝中国よりもより純粋に継承しており、文化的には『中国的』であるとみなした」という。坪井善明「ヴェトナム阮朝（一八〇二―一九四五）の世界観――その論理と独自性」（国家学会雑誌）九六巻九・一〇号、一九八三年）一五六頁。

(4) ちなみに、享保の朝鮮通信使の一員申維翰は、日本を観察して、「日本の性理学は、一つとして聞くべきものがない。けだしその政教と民風は、兵にあらずんば則ち仏、郡国には庠序も爼豆もなく、また君親の喪礼もない。その民は、天禀が知を良くするとはいえ、何に従って道を聞きうるというのか」と述べている。『海游録』（姜在彦訳〔平凡社、一九七四年〕）三〇頁。

(5) 例えば『晋書』巻九七「四夷列伝」に、倭人は「自から太伯の後と謂ふ」とある。

(6) その後にも、例がないわけではない。例えば、藤井懶斎『閑際筆記』（正徳五年刊。『日本随筆大成』第一期九巻〔吉川弘文館、一九二七年〕二〇六頁）、堀景山『不尽言』（滝本誠一編『日本経済大典』第一七巻〔啓明社、一九二九年〕三五七頁）、藤井貞幹『衝口発』（鷲尾順敬編『日本思想闘諍史料』第四巻〔名著刊行会、一九七〇年〕三頁）。

(7) 逆に否定した説としては、例えば、山鹿素行『中朝事実』（広瀬豊編『山鹿素行全集思想篇』第一三巻〔岩波書店、一九四〇年〕二二一頁）、山崎闇斎「泰伯論」「姫氏国弁」（『垂加文集拾遺』巻之上。日本古典

第二章　宋学と近世日本社会

(8) ちなみに、本居宣長は、「抑泰伯は。かの国にてこそたふとくもあらめ。尊き事かあらむ。然るを世々の人。何事につけても漢国をみだりに尊尚する心にて。此説をよろこぶ人も中古より有し也」と指摘している。西戎なれば。皇国にては何の人なれば。尊きものに思ひて。孔丘が至徳とほめたる人なれば。尊きものに思ひて。『本居宣長全集』第八巻（筑摩書房、一九七二年）二八三頁。また、註（1）前掲塚本学論文（四一五頁）は、「羅山をふくむ何人かの儒者が、皇祖呉の太伯説に肯定的であったのも、中国に対する劣位の承認とだけとるべきではなく、東方君子国＝日本という主張に通じる感覚をもつものではなかったか。」としている。

(9) また、ヴェトナムにも、神農四世の孫涇陽王が南方を治め、その孫が「百越」の祖先となったという伝説があった。松本信広『ヴェトナム民族小史』（岩波書店、一九六九年）一〇―一二頁。

(10) 正宗敦夫編『増訂蕃山全集』第二冊（名著出版、一九七八年）二六―七頁。

(11) 前掲『名家随筆集』下、八頁。

(12) ところで、「夷狄」でありながら「聖人の道」に拠るという点では、実は清朝の満人支配者も同じだった。そこで、例えば、雍正帝（在位一七二二―三五）の『大義覚迷録』（沈雲龍編『近代中国史料叢刊』第三六輯三五一巻〔文海出版社〕）も、「有徳者」が「天下の君」たるべきことを特に強調して、君が「何地の人」であるかは問題ではないとし、その治績を誇りつつ「華夷中外之分論」は今や無意味であると主張している

学会編『新編山崎闇斎全集』第二巻（ぺりかん社、一九七八年）三八八、三八九頁）、西川如見『日本水土考』（『日本経済大典』第四巻〔史誌出版社、一九二八年〕五四〇頁）、新井白石『古史通』（今泉定介編『新井白石全集』第三〔一九〇六年〕二一五頁）、雨森芳州『たはれぐさ』（塚本哲三編『名家随筆集』下〔有朋堂、一九二六年〕三頁、山片蟠桃『夢の代』（水田紀久他校注『日本思想大系43、富永仲基・山片蟠桃』〔岩波書店、一九七三年〕二九四、五二四頁）、藤田東湖『弘道館記述義』（今井宇三郎他校注『日本思想大系53、水戸学』〔一九七三年〕三〇九―一〇頁）。

（一─一〇頁）。彼に論破された（という）曾静の弁によれば、「地の遠近を以て華夷を分かつ」べきでなく、「人の善悪を以て華夷を分かつ」べきなのである（一〇九─一一〇頁）。類似の思考が別個の、しかし一面で共通した状況から生じた好例であろう。中国では、逆にこうして華夷観の普遍主義的解釈が異民族支配の正当化に用いられたため、清末の革命家の間からは、逆に人種主義的な華夷論が登場した。例えば章炳麟につき、蕭公権『中国政治思想史』（華岡出版有限公司、一九六四年）八四四頁、小野川秀美『清末政治思想研究』（みすず書房、一九六九年）二九七─八頁、参照。なお蕭公権氏は、『中国政治思想史』において、「文化」をもって種族を分つ「古代学説」に対して、「血統」をも重んずるのが「近代民族思想」であるとし（五三六頁）、方孝孺・黄宗羲等を批判して、王夫之・章炳麟を賞賛している。これは、今度は別の異民族日本が様々の既成の思想を利用しつつ、中国を支配しようとしていた日中戦争の時期に、本書が書かれたことと関係があろう。この点については、黄俊傑「蕭公権与中国近代人文学術」（『史学評論』第四期、台北、一九七一年七月）一四七─一五〇頁に指摘がある。

(13) 註(7)の前掲書、三一、六四頁。もっとも、その彼も、はじめは「異朝の事を諸事よろしく存じ、本朝は小国故異朝には何事も不ㇾ及、聖人も異朝にこそ出来候得と存」じていたという。『配所残筆』、同『山鹿素行全集思想篇』第一二巻（一九四〇年）五九二頁。

(14) 関儀一郎編『日本名家四書註釈全書』第三巻、三二二頁。

(15) 『経史博論』。関儀一郎編『日本儒林叢書』第八巻、三九─四〇頁。

(16) 山崎闇斎『文会筆録』（日本古典学会編『山崎闇斎全集』第一巻、三七三頁）、『程書抄略』上巻細字（『増訂佐藤直方全集』巻一、五五六頁所引）を参照。

(17) 更に遡れば、例えば北畠親房『神皇正統記』にも、「異国には此国をば東夷とす。此国よりは又彼国をも西蕃と云るがごとし。」という考えが現れている。岩佐正校注（岩波文庫、一九七五年）五〇頁。また、

第二章　宋学と近世日本社会　59

徳川光圀も「毛呂已志を中華と称するは、其の国の人の言には相応なり、日本よりは称すべからず。日本の都をこそ中華といふべけれ。なんぞ外国を中華と名づけんや。其のいはれなし。」と述べている。『西山公随筆』（高須芳次郎編『水戸学大系第五巻、水戸学大系刊行会、一九四一年）三三三頁。

(18) 倉本長治郎編『近世社会経済学説大系七、浅見絅斎公・烈公集』（誠文堂新光社、一九三七年）一九一二〇三頁。また、『剳録』（同書）四四六―七頁、「中国弁」（西順蔵他校注『日本思想大系31、山崎闇斎学派』一九八〇年）四一六―九頁）も同趣旨。

(19) 例えば『絅翁答跡部良賢問書』『請示教』の跡部良賢の説（前掲『近世社会経済学説大系七、浅見絅斎集』、二六〇―一、三〇四―七頁）、佐藤直方「中国論集」（前掲『増訂佐藤直方全集』巻一、五五四頁以下）、参照。

(20) 例えば、藤田東湖『弘道館記述義』（前掲書、三三一頁）に「神州は自から神州、西土は自から西土なり。彼は我を指して外となし、我もまた彼を斥して下となす。西土の教は尤も内外の分を厳にす。我資りてこれを用ふれば、また上下の別を正さざるべからず。」とある。会沢正志斎も「国国みな其の内を貴びて、外を賤しとする事、同じき理なれば、互に己が国を尊び、他国を夷蛮戎狄とする事、是れ亦定れる習也。」とする。『迪彝篇』『新論・迪彝篇』（岩波文庫、一九六九年）二五〇―一頁。また、平田篤胤『伊吹於呂志』（室松岩雄編『平田篤胤全集』第一巻（一致堂書店、一九一一年）六頁は、浅見絅斎の所説を引いている。また、宣長の孫弟子、中島広足は、「此論者も神国に生れ、神国の衣食住の、大恩をうけて、いまだ、外国の恩は、露ばかりも、受けし事なし。かゝれば、我も人も、わが生れし、神国の道を尊びて、外国の教を卑しむるは、当前の理にて、是すなはち、神国の学問の公平」（『敏鎌』）とし、「天のしたに、ありとあるものゝ中に、吾君・吾国より、たふとき物」はない（『山跡古々呂』）という。弥富破摩雄他校訂『中島広足全集』第二篇（大岡山書店、一九三三年）三八七、三九五頁。

(21) 藤谷俊雄「おかげまいり」と「ええじゃないか」(岩波書店、一九六八年) 三七頁以下による。
(22) 仏教からみた、あるいは仏教の一部としての「神道」の世俗性と儒家神道の発生に関して、黒田俊雄「神道」の語義 (《歴史学の再生——中世史を組み直す》校倉書房、一九八三年) 一八—二四頁、参照。
(23) 京都史籍会編『羅山先生文集』(平安考古学会、一九一八年) 巻二、三六〇頁。
(24) 平重道他校注『日本思想大系39、近世神道論・前期国学』(一九七二年) 四五、一九、一二、一三頁。
(25) 前掲書、三六〇頁。
(26) 同書、一一六頁。
(27) 前掲『増訂蕃山全集』第五冊 (一九七八年) 一七頁。
(28) 同書、二二二頁。
(29) なお、貝原益軒『神祇訓』(益軒会編『益軒全集』巻之三 (一九一一年) 所収) も、附会を否定しつつ、神道は即ち儒道であるとしている。
(30) 前掲『近世神道論・前期国学』、一四五頁。
(31) 同書、一四四頁。
(32) 前掲『新編山崎闇斎全集』第一巻、「藤森弓兵政所記」、六一頁参照。
(33) 佐伯有義校訂『大日本文庫神道篇、垂加神道』上巻 (春陽堂、一九三五年) 四六八頁。
(34) 『日本儒林叢書』第三巻、七頁。
(35) なお、以上の林羅山と山崎闇斎の神道の理解については、特に平重道「近世の神道思想」(前掲『近世神道論・前期国学』所収) を参照し、学んだ。
(36) 平重道『近世日本思想史研究』(吉川弘文館、一九六九年) 一七〇—四頁「内即身説と垂加神道との関係」、参照。

第二節 「士」

　享保四年（一七一九）、朝鮮通信使の一員として日本を訪れた申維翰は、「国に四民あり、曰く兵農工商」と記している（『海游録』）。中国には、「よい鉄は釘にしない。よい人は兵にならない。」（好鉄不打釘、好人不当兵）という諺があるが、近世日本ではその「兵」が支配者であった。そこで、日本の儒者はこの「兵」を、「士」と見做したのである。雨森芳州はこう説明している。

　士といふは、奉公人の事なり。……唐土にては、学問する人を奉公人とし、此国にては弓矢とる人を奉公人とす。武を尚び、文を尚ぶちがひあれど、農工商雑類の籍にあらずして、仕官のしわざするものは、いづれも士なり。（『たはれぐさ』）

　いかに無理があろうとも、文武の差を度外視してこう主張する他はなかったであろう。また確かに、中国の士大夫と近世日本の武士の間に、共通点もあった。いずれも、前工業化社会における世襲的な政治的首長と忠誠関係にある統治組織の構成員——「奉公人」には違いなかった。そしていずれも、民の「上」に在る者として自分達を畏敬さるべき存在と感じ、強い自尊心・名誉感を持っていた。また、中国の士大夫にも武の要素がなくはなかった。「六芸」には「射」と「御」が含まれている。『論語』でも、特に曾子の「可以託六尺之孤、可以寄百里之命、臨大節而不可奪也」「士不可以不弘毅、

任重而道遠、仁以為己任、不亦重乎、死而後已、不亦遠乎」等、日本で愛用された語には、武人的性格があるともいえよう。宋代以降でも、例えば『宋名臣言行録』に登場する「名臣」達は、往々軍事上の功績をあげている。かの王陽明は軍略家として名高い。一方、例えば新井白石が『折たく柴の記』に描き出した彼の父の示す武人風の徳――冷静な勇気、禁欲、忠節そしてそれと連関する自己の任務への責任感等は、宋学の「士」の理想にも通じよう。白石自身においてそうであったように、武士気質と宋学の共存、共鳴もありえたであろう。例えば、鈴木正三のいう果眼座禅、鯢波座禅（『驢鞍橋』、万治三年刊、参照）は、禅を媒介とした、武士の心術と宋学的「敬」の結合の可能性を示唆しよう。また、平時が継続する内に事実上番方から役方に比重が移り、侍達の官吏化が進行し、いわば主君に仕える武者から藩に勤める役人へと変質していったことも、彼等の生に新たな意味付けと規範をもたらすものとして、儒学の「士」観念を受け容れ易くしたであろう。

しかし、あの基本的な「文を尚ぶ」と「武を尚ぶ」の差、「学問する人」と「弓矢とる人」の違いは、やはり小さくない。幼い頃からの、四書五経の本文だけで四三万余字は一通り暗誦するような勉強によって民の中から選ばれた士の思想と、「武者は犬ともいへ、畜生ともいへ、勝事が本」（『朝倉宗滴話記』）という戦国の血みどろの戦さの中でその意識と組織を形成してきた武士との落差は、無視すべくもない。武士達は本来何よりも「武辺」をその自己規定の核とするが故に、正に武辺者としてのあらゆる資質を身につけていた。一方、文化的優越の地位にはなかった。既述の如く（第一章第一節）、彼等は、「文」自体、また（その本領を発揮しえない）「太平」それ自体さえ、往々軽蔑し、

嫌った。十八世紀半ばを過ぎても、ある好学の大名は次のように嘆いている。

吾邦中古以後公家武家と別れてより、政治皆将軍に帰し、諸侯皆武家と称して、其国の政令も多くは軍令を其まゝに用ひて治らるゝ事、大方は武威を以てひしつけ、何事も簡易径直なるを貴び、士を教るに一歩も退かざるを以て本意とす、……今士の武道なりと称せる所は、侠客の気ありて勇を尚び死を厭はず恥を知り信を重じ、むさくきたなびれず、弓馬鎗剣の術に達し、御馬前にて潔く一命を捨るなど云常言あり、是等のことを武道と心得たるなり、又其文道なりとする所は、総て書を読み詩歌を作るなどの事なりと思ひ、甚しきは読書は武士の知らずして済むべき者なりとて、孝悌忠信の沙汰もなく、恥とする事を知らず（本多忠籌『匡正論』）

近世前期の文化諸方面への関心の昂まりの中で、中国・朝鮮渡来の「士」の学を自ら学び、しかもその教えの普遍妥当性を信じて侍達の生と結合しようとする者にとって、困難は小さくなかった。少なくとも宋学を知識でなく思想として把え、その実践を目指すならば、その教えのままでは侍達を完全に納得させることは難しかったのである。

彼等はまず、書物をその生の導き手とする習慣のない人々に「学問」の必要性を説くことから始めねばならなかった。しかもその場合、科挙制のない以上、宋の真宗がしたように（「勧学歌」、『古文真宝前集』所収）、それが出世・蓄財に役立つという理由は持ち出せなかった。林羅山が「古文前集の宋真宗皇帝勧学文は一向本朝の趣に叶はず」（『本阿弥行状記』）と認める通りである。「学問は物よみ坊主衆、あるひは出家などのわざにして、士のしわざにあらず、がくもんすきたる人はぬるくて武用の役に立

がたし」という「世俗のとりさた」に対する中江藤樹の反論は、「今時分此まよひふかく、大かたのたとへにては心盲のねぶりさめがたきが故」に、一層激烈である。彼は、「本来軍法・軍礼、武篇のたしなみ、諸士の作法のおきて、みな儒道の一色にして聖人のさだめ給ふ天理なれば、さぶらいたるものが儒道をそしり、儒学をするは士のわざならずなどいへるは、まことに無下に無案内なることなれば、其はぢをしるべし。」と声を張り上げている（『翁問答』）。但しその場合、武士の武士たる所以、武それ自体を貶めることは勿論できなかった。幕末に勘定奉行・外国奉行を勤めた敏腕多才の吏僚川路聖謨さえ、なお、「御旗本と云ものは御馬廻りの役にてまさかの時第一に働き候事故手短に云ときは人殺奉公死役をよく君の御為にすると云かもと也」という姿勢を維持していたのである。藤樹も、「文道をおこなはんための武道なれば、武道の根は文なり。武道の威をもちいておさむる文道なれば、文道のねは武なり。そのほか万事に文武の二ははなれざるものなり」(13)(同)と説いている。儒者達の著した様々の武士訓・武士道論・士道論の類はその直接的な現れである。それらは、武士の生と儒学とを架橋する企てとして、その両軸の間に種々の偏倚をもって散在している。しかし、その架橋は、必ずしも具体的な個人道徳論の次元だけでは片付かなかった。例えば、戦国以来の通念は、「士」の観念と結合した儒学的政治観に明らかに反した。それとも関連して、その主従意識も、「士大夫」と「天子」の君臣関係の観念とは、著しく異なっていた。それらは、広く日本の儒学を独特の「場」に置き、外来思想としての宋学を多少とも屈折させ、変化させる要因となった。また、更に、武士以外の者を含

めての、実際の中国官人の組織と生の様態からの距離は、時に、宋学を学ぶ者をより根本的な形而上学や思考方法の次元への反省へと導いていった。宋学を根底から否定することによって儒学を真に身に即いたものとしようとする企てが、多分そこから生れたのである。

（1）姜在彦訳（平凡社、一九七四年）三〇〇頁。

（2）塚本哲三編『名家随筆集』下（有朋堂、一九二六年）六四頁。

（3）その点で、日本の武士が中国の兵と違うことは、気付かれていた。例えば、湯浅常山『常山紀談』（元文四年自序）の松崎観海の序（明和四年）には、「異邦の兵は皆卒徒なり。故に唯だ法を以て使ふ可き也。我邦の士大夫は皆武騎より出づ。国家の士を待するや、其廉恥を養ひ、人人をして自から喜こばしむ。」とある。中村孝也校訂（博文館、一九二九年）三頁。

（4）ちなみに、貝塚茂樹「孔子と孟子」（『孔子・孟子』中央公論社、一九六六年）三八頁）は、「孔子の学園は新興の武士階級に属する子弟を収容し、彼らに君子を理想の人間像として、貴族的な武人の教養を身につけさせようとしたものだといえる。孔子の弟子の曾子になると、武士の一面をもつ君子の典型を、新興の武士階級をさす『士』におきかえた。曾子の学説がのちの儒教の正統になったのであるから、儒教の中心には中国古代の武士道徳が強く流れている。」としている。

（5）寛政異学の禁の後に朱子学を護持する立場にあった林家八代当主、林述斎も、「儒生の、事を解さるほど歎かはしきことは無し。碌碌の輩は云に及ばず。山崎闇斎が言に、本邦には武辺と云一種の異端ありと云。嗚呼国初より中葉まで義気盛なりしは、武辺の所致にこそあれ。太平の久き、追々に武気うすらぎ行て、今の軽薄風とは成ぬ。国体も風俗も弁ぜず、是を異端と思へるはいかに腐儒の陋見なるにや。」と述べたという。松浦静山『甲子夜話続篇』一（平凡社、一九七九年）一四七頁。しかも、その闇斎の朱子学が実はしばしば武士的心情に親和的であることについては、第三章で述べる。

(6)「当時、敬が強い威光を重んずる武士の理想像と結びついて理解されていたことは疑いえない」という指摘もある。相良亨「儒教思想の展開——敬の倫理」(古川哲史・石田一良編『日本思想史講座』第四巻『近世の思想』一〔雄山閣、一九七六年〕)七〇頁。

(7) 宮崎市定『科挙』(中央公論社、一九六三年)一五頁。

(8)『続々群書類従』第一〇(一九〇七年)二頁。

(9) 井上哲次郎他編『武士道叢書』中巻、二四七—八頁。著者は元文四年(一七三九)生れである。また写本の末尾には「此書は今の参政本多弾正大弼忠籌君之所ν著也」とある。忠籌が「参政」即ち若年寄だったのは天明七年(一七八七)七月から八年五月の間である。従って、本書の執筆が「十八世紀半ば過ぎ」であることは推定できる。

(10) 正木篤三『本阿弥行状記と光悦』(芸艸堂出版部、一九四八年)所収。一〇四頁。

(11) 山井湧他校注『日本思想大系29、中江藤樹』(岩波書店、一九七四年)八五—九頁。

(12)「川路聖謨遺書」、安政五年、『川路聖謨文書』第八(日本史籍協会、一九三四年)一二八頁。

(13) 前掲書、五七—八頁。

一 「仁 政」

宋学を好んだ大名として知られる保科正之(慶長一六・一六一一年—寛文一二・一六七二年)は、ある時、「怪なる哉、我適ま〳〵執政の人に対して事を議する時、仁を説けば則ち耳に忤ひ、慈悲を説けば則ち耳に忤はず」と語ったという(『土津霊神言行録』)。

戦国時代にも、武将の「慈悲」は重要な美徳と考えられていた。『甲陽軍鑑』は「大将慈悲をなさ

るべき儀肝要なり」と述べている。『信長公記』(太田牛一)も、信長による「諸関諸役」の廃止を、「天下安泰、往還旅人御憐愍、御慈悲甚深く御冥加も御果報も世に超え……」と称えている。大久保忠教(『三河物語』)によれば、徳川家は「第一御武辺、第二に御内之衆に御情・御詞ノ御念比、第三に御慈悲、是三ツヲモッテ続キタル御家」である。しかし、初代の親氏も、民百姓のために道路を整備するなど「御慈悲ニおひてハ、并無レ人」かったという。それ故、武将の「慈悲」を施すための存在ではなかった。『甲陽軍鑑』が「慈悲」を「肝要」として挙げたのは、あくまで「よき軍法」の根元の一つとしてである。大久保によれば、家康の祖父松平清康が「御慈悲」「御哀み」「御情」をもって家来に接したのは「イタヅラニ人ヲ失ハンより、我馬之先にて討死ヲサせ、御用に立サセラレント思召入」たためである。これは批判として述べているのではない。武田・織田・徳川のいずれについても、一方でのすさまじい残虐行為の叙述と完全に両立している。彼等戦国武将の人生は、自他ともに認めた通り、戦さに勝って他国を戮り取ることを目的としていた。その点に偽善はなかった。武田信女は「……あのごとくなる兵共をあつめ多持候は、軍にかたんといふ事也。軍にかつは、国を取ひろげんといふ事也。国をとりひろげてこそ、面々かたぐ〜諸人大小上下共に、加恩をくれてよろこばせんずれ。所領を取、其上に又増知行を取、立身してこそ侍の本意なれ」と語ったという(『甲陽軍鑑』)。積極的に「国を取ひろげん」とはしない大名もいたかもしれない。しかし競争による相互強制のために、結局は彼も同様の行動様式に向かう他なかったであろう。一般の侍達も「偃武」後なお、

「武士たる者は、事あれかし、高名して立身せんと思ふを以て常とおぼへ」、「事なきこそよけれ、兵乱をねがふは無用の事と申者候へば、武士の心にあらずなどいひてあざけ」った(熊沢蕃山『集義和書』[8])のである。

侍達が戦さをしたのは、無論民百姓のためではない。「仁政安民」のためではない。彼等はそう思わなかったし、かつ──この点が重要なのだが──日頃そう称しもしなかった[9]。戦さの勝利が至上目的である以上、つまる所、彼等の戦さに必要物を供給するための存在として、町人百姓があったのである。武田信玄は、「……商人は商の道、百姓は耕作のみち、よく仕るは、其国、大将のために大きなる吉事也。子細は、……こゝになき、用あるものをも、戦国なれば、自由に求むる事ならざるに、町人其身の造作をもって、京・筑紫・奥・北国までの物を持きたる。猶以テ百姓は、田地を耕作し、国を富貴させ、大将の諸人を扶持し、弓箭を取て勝利を得、他国を攻取、よくおさめ、名を上る、其もとは、民の耕作よくする故也。」と述べたという(『甲陽軍鑑』[10])。中国やヨーロッパ中世の都市と違い、日本では、町人が城壁の内側ではなく、その外、即ち「城下」に住まわされていた。原因は種々あろう。しかし、一つには確かに、彼等を「只武士ノ朝夕ノ用ヲ足シテモラフ役人ト心得ルヨリ起ル」(荻生徂徠『鈐録』[11])であろう。熱心な所領経営も「仁政」を目指したものではない。軍事力強化の基礎固めであろう。幕府においても、本来軍資金の調達・管理役である勘定奉行が直轄領の民政を預っていたことは象徴的である[12]。

概して戦国時代の意識は、天に託された民に仁政を施すことを君の存在理由と見做す儒教的な民本

第二章　宋学と近世日本社会　69

主義には遠い。いわんやその徳治主義とは無縁である。徳——それは民への「憐れみ」とは違う——を以て治めるべきだとの思想も、徳——それは「器量」とは違う——有る者が位に即くべきだとの理念も、空論としか聞こえなかっただろう。しかも、大坂陣の後も、常時臨戦体制の建前は続き、一般に武士の意識は急激な変化を迫られなかった。冒頭に引いた保科正之の言葉が正確にいかなる事態を示唆しているかは不明である。しかし、徳川時代に入っても、一つの美徳を指す「慈悲」の語は通用しながら、儒教的政治観を含意する「仁」の語は抵抗を感じさせたというのも、以上の点からすれば充分自然である。

それ故、民政は、「仁政」理念からすれば統治者の主任務であるにかかわらず、徳川時代に入っても意識の上ではむしろ付随的なものと見做され、永く軽視され続けた。武士とは戦う者である以上、民政は武士らしい仕事ではなかったからである。直接民政に当る幕府の代官は、一人当り（中大名の領域にあたる）五万乃至一〇万石を支配しながら、禄も格も番頭などに比べ甚だ低いのが通例であった。熊沢蕃山・荻生徂徠・中井竹山等も嘆いている通りである。徂徠によれば、「代官ト言役ハ重キ役」であり、「文官ナル故、戦国ノ時分ニ是ヲ軽シメテ腰抜役ト云タルヨリ、今地方ノ支配トナリ、小身者ヲ申附、然モ其下司ハ手代ト称シテ殊外ニ賤キ者ヲ附置テ、年貢ノ取立ヨリ外ニ肝心ナルコトハナシト心得ルコト、以外ノ事」である《政談》。儒者からみれば「以外ノ事」を、武士達は容易に改めようとはせず、享保になっても将軍への上書で指摘しなければならなかったのである。

なお、戦国武将の中で徳川家康は確かに比較的儒教への関心が強かったようである。彼は「先に我

目利を以て、国主或は大名にて人の上に立置は、国家を守らせ、民百姓を安からしめん為なり」とさえ語ったと伝えられている（『本多平八郎聞書』）。しかし、一方で家康は、「郷村の百姓共は死なぬ様生きぬ様にと合点致して収納申付候様に」と「毎歳被二仰出一」たという（大道寺友山『落穂集』）。また慶安二年（一六四九）の幕府の「諸国郷村江被仰出」（慶安御触書）は、農作業の手順から、いかなる「女房」を「離別」すべきかまで「親切」に指示した上で、「年貢さへすまし候得ハ、百姓程心易きものハ無之」と言い放っている。

百姓のための統治に在るとの意識は見出し難い。語るに落ちたというものであろう。これらの発言には、「士」の職分を隠そうという偽善さえ見当らない。世皆軍中の法令を以て国を治めく戦国になり候故。太平の今に至るまで。官職も軍中の役割を其儘に用ひ。政治も軍中の法令へ文徳に返る事をしらず。是によりて武威を以てひしぎつけ。何事も簡易経直なる筋を貴び候事を武家の治世と立を改めず候。是によりて武威を以てひしぎつけ。何事も簡易経直なる筋を貴び候事を武家の治世と立て」（『徂徠先生答問書』）ていたとすれば、それも自然であろう。従って特に十七世紀中に、幕府が大名を統治上の不都合を理由に処罰することのあったのも、儒教的仁政理念に拠って幕藩制が構成されていたことを意味しまい。民を苦しめたことによって大名たる資格がないとされたのではあるまい。

末期養子や法度違反と同じく、失政は結局彼等に領地を宛行って大名たらしめている将軍への「奉公」に欠けることになるからであろう。失政は結局彼等に領地を宛行って大名たらしめている将軍への「奉公」に欠けることになるからであろう。「不仁」それ自体ではなく、「不忠」が問題なのである。池田光政も「国ヲ治ハ御奉公」（承応三年八月十一日）、「国能治、国さかへ候へば我等への奉公、我等は上

第二章　宋学と近世日本社会

様（将軍）へ御奉公」（慶安二年三月一日）と家来達に述べている。ちなみに、大名は将軍代替りごとに、「梵天帝釈四大天王惣日本国中六十余州大小神祇」にかけて「御法度」の遵守と「御奉公」を誓う。

しかし、「仁政」は誓わないのである。

戦国以来、運命としての、或は因果応報を与えるものとしての「天道」の観念は広く普及していた。「おてんとう（御天道）様のバチが当る」という表現は、最近まで日本人に親しかった。その稼業を「天道」の「御さづけ」と自認し、ただ不相応に盗むと「たちまち天道の御罰あた」ると述べた盗人の話もある（戸田茂睡『梨本書』）。それにも少し似て、将軍も「天道」によって天下の主とされているとの理解もかなりあったようである。しかし、代々の将軍、全国の大名は、民のために「天」から委任されたという正統性原理に支えられた中国皇帝においては不可欠の特権であり義務である祭天の儀式は行わない。代々の将軍は専ら、その家の祖たる「東照宮」を祭ったのである。

徳川時代前半にも、儒教の影響を強く受けた大名は現れている。大名家訓などには、「民を憐れむべく説いた条項も散見される。「民を憐れむ」ことは、平時における権力の長期的安定にとって、不利ではないであろう。その限りで「仁政」の勧めの流布する基盤はあった。しかし、儒教的民本主義と表裏をなす「仁政」観念、およびその主体としての「士」の理念は、本来、戦国時代の大名・武士の通念からは明らかに距離がある。それが直ちに埋められ、徳川時代の政治制度や大名・武士の意識に速やかに変化が生じたとは考え難い。ただ、事実上の平時の持続は武士達の戦国的な統治意識、自己規定の変化を促したであろう。しかもその変化は、儒学と親和的であったろう。「慈悲」「天道」等の

観念と結びつきつつ、一種アマルガム化した儒教的政治観は、徐々に浸透・普及を続けたようである。天明五年（一七八五）以降の米沢藩などは、「国家人民の為に立たる君にして、君の為に立たる国家人民には無之候」という条項を含む三条の詞を藩主が代々言い伝えるに至ったことは周知のとおりである（上杉鷹山「伝国の詞」）。鷹山の師細井平州が、尾張名護屋の二四〇〇人の「諸民」を聴衆として、「殿様」は「御国中の町人百姓、御国の内に住む程のものを、御子の如くに思召させられ、万民の為の親様」と真顔で説明しえたのも、そうした変化を前提しよう。しかし、少なくとも徳川前期の儒学史は、儒教的原理に支えられた政治体制下に展開したなどというよりは、儒者からすれば相当嘆かわしい制度・意識の蔓延する下で進行していったと見る方が、おそらくは真相に近かろう。藤樹・蕃山等のしばしば洩らす当時の武士への嘆息は、基本的には、彼等の持ち込んだ基準が──かなり妥協はしたものの、なお──武士達の現状からすれば「高」すぎたことによろう。

逆にいえば、儒教の政治観、特に修己治人、徳治などの思想は──後述するように中国ではそれなりに、現実的な意味を持つものの──、武士達の耳にはひどく迂遠にも響いたであろう。保科正之さえ、「少時」には「〈兵書の古典である〉六韜三略及雑書を読むを好」んだものの「還りて大学論語孟子中庸之類を以て、或いは迂濶と為し、或いは柔弱と為し」たと告白している（『土津霊神言行録』）。智恵伊豆が「平生」「儒者の申様にて国の政務はならぬ物也扨又兎や角と申事を評議して却て政務の害に成よしを申され」た話は前にも引いた（第一章第一節）。従って、一般に治者に「学問」も必要とまでは認めてもよしを申され、その専門家であるはずの儒者を実際政治に与らせることには、武士達は警戒的だった。

第二章　宋学と近世日本社会　73

むしろ学者は空論家であって、政治には向かないという意識が根強かったのである。十八世紀に入っても、儒者堀景山は次のように嘆いている。

別して近世の風は古聖人の道を借らず、日本にはおのづから武士の道ありとて、一流を立ふとするも、やはりかの武家の威を張る我慢の風、又は軍学を聞き込みたる蔽の錮（カタマ）りたるゆゑ也、中華にても周の末に戦国諸侯の風も、今の世の風に似たるものにて、孟子など王道を説きありかれれども、その時分は皆申、韓、蘇、張などが刑名功利の道狙詐、縦横の術を近道とこゝろへて、孟子のいへることは迂遠にて事情に遠きこと、今の大名の風に似たること也、なかりしこと、今の世の風にはあはぬとて聞きいるゝ諸侯一人も（『不尽言』）

本来現実的な統治の学であるはずの儒学も、中国との伝統・国情の差故に、統治の実務家には少なくとも直接には役立ち難いものと感じられたのであろう。

しかもそれでいて、「聖人の道」への漠然たる畏敬は、その全面的な否定を難しくしていた。一方、彼等の実務に根ざした統治理論は形成されておらず、慣習と経験が物を言っていた。こうした状況は、結局、儒学・宋学の理論は理論として認めながら、現実はそうばかりはいかないと主張する「現実主義」の意識を不断に析出する要因となったようである。所謂寛政異学の禁の立役者、松平定信にさえ、次の言がある。

理くつのこと。　ことはりなきがことはりのまことなり。　ことはりのごとおこなはる物ならば、何のかたきこともあらじを、さもしらで、人とあらそひ、政をそしりなどしてたかぶるものは、

ことはりのまことをしらぬとやいふらん。《花月草紙》

少なくとも朱子学信奉者の口からは、出ないはずの言葉であろう。

以上の状況は、徐々に拡まった宋学を、独特の「場」に置くことになった。思想は次第にある程度政治を変えていったが、同時に往々変えられた。その場合、詩文・訓詁・考証に集中していくケースを除けば、大別して二つの方向があろう。現実の経世済民には実際上重点を置かず、武士として、民としての個々の修業論・心構え論に集中していくのが一つである。人格的には御立派で、理屈の上では煙たく、しかも世間的・政治的には無力な「道学先生」のイメージがこれにつながる。もう一つは、意識的に宋学を修正し再構成することによって、積極的に儒学を日本における現実政治の学たらしめようとする方向である。後述するように(第三章)、蕃山や徂徠の学は、おそらくはその企てであろう。

(1) 『続々群書類従』第三(一九〇七年)二七八頁。
(2) 磯貝正義他校注『甲陽軍鑑』下(人物往来社、一九六六年)八四頁。
(3) 桑田忠親校注『改訂信長公記』(新人物往来社、一九六五年)一二二頁。
(4) 斎木一馬他校注『日本思想大系26、三河物語・葉隠』(岩波書店、一九七四年)二七、一九頁。
(5) 前掲書、八四頁。
(6) 前掲書、三三頁。
(7) 前掲書、上(一九六五年)三三〇頁。
(8) 正宗敦夫編『増訂蕃山全集』第一冊(名著出版、一九七八年)二九頁。

(9) 例えば、織田信長が「天下の為め」などと「天下」を振り回したのは事実だが、いわば中央政権を指して言っている場合が多い。少なくとも、「天下の人民のため」「仁政安民のため」の意ではあるまい。奥野高広『織田信長文書の研究』(吉川弘文館、一九六九年)上巻、三九〇、五七三頁参照。

(10) 前掲書、中(一九六五年)九六ー七頁。

(11) 今中寛司他編『荻生徂徠全集』第六巻(河出書房新社、一九七三年)五一五頁。

(12) 津田左右吉『文学に現はれたる我が国民思想の研究――平民文学の時代』、『津田左右吉全集』別巻第四(岩波書店、一九六六年)五二頁、参照。荻生徂徠も、「代官ハ古ノ県令ナリ。シカルヲ租税ヲ取立ル役トバカリ思フテ、勘定頭ノ支配ニスルコト、戦国ノ風俗ナリ。」と指摘している。『太平策』、吉川幸次郎他校注『日本思想大系36、荻生徂徠』(一九七三年)四七六頁。

(13) 熊沢蕃山『夜会記』、前掲『増訂蕃山全集』第五冊(一九七八年)一四七頁。中井竹山『草茅危言』、滝本誠一編『日本経済大典』第二三巻(啓明社、一九二九年)三八二頁。

(14) 前掲『日本思想大系36、荻生徂徠』三六一ー二頁。

(15) 奈良本辰也校注『日本思想大系38、近世政道論』(一九七六年)二七頁。

(16) 萩原龍夫他校注『落穂集』(人物往来社、一九六七年)七八頁。

(17) 『徳川禁令考』巻四三、前集第五(創文社、一九五九年)一六四頁。

(18) 島田虔次編輯『荻生徂徠全集』第一巻(みすず書房、一九七三年)四六五頁。

(19) 前掲『日本思想大系38、近世政道論』四二、三六頁。

(20) 『戸田茂睡全集』(国書刊行会、一九六八年)一ー九頁。

(21) 『本多平八郎聞書』『仮名性理』『本佐録』『東照宮御遺訓』『池田光政日記』等参照。

(22) 石毛忠「戦国・安土桃山時代の思想」(石田一良編『思想史』Ⅱ、体系日本史叢書(山川出版社、一九

(23) 前掲『日本思想大系38、近世政道論』、二二八頁。また、佐賀の鍋島直正(閑叟)は、天保三年、「天の君を生ずるは一世の民を生ずるを責とす。故に人君は必ず力を尽して天下国家を治むる職分なり」と述べたという。福井久蔵『諸大名の学術と文芸の研究』上巻(一九三七年)二一九頁。しかし一方、「いかほど下方迷惑におよび候とも、太守様の御ためにさへよく御座候へば、つかへは御座なく候。よく思ひたまへ。太守様がたいせつに御座候か、下方がたいせつに御座候か。太守様にはかへられじ」と広言する役人もいたのであり、そうした意識も武士の中からは決して無くなりはしなかったであろう。引用は、『吉村文右衛門上書』、延享二年、肥後。圭室諦成『横井小楠』(吉川弘文館、一九六七年)二五頁所引。また、武士以外においても、「仁政」の語は用いられながらも、例えば二宮尊徳の「諸侯にして其職を勤む武備全からざるは忠にあらず仮令領邑之が為に衰弊すといへども顧る事勿れ、平生仁政を行ひ下民を安んじ節倹を尽し其分度を守るも天下の命あらば身を棄家を捨、百万の敵といへども一歩も退かず之に当り苦戦を尽し忠孝の大道を踏んが為にあらずや」という主張がある。富田高慶『報徳記』(安政四年成。岩波文庫、一九三三年)一三二頁。江戸末期においても、なおこれは一種の「正論」と響いたのではなかろうか。

(24) 「平州先生諸民江教諭書取」、天明三年。中村幸彦他校注『日本思想大系47、近世後期儒家集』(一九七二年)二七頁。

(25) 前掲書、二八〇頁。

(26) 『日本経済大典』第一七巻(啓明社、一九二九年)三四〇―一頁。

(27) 西尾実他校訂（岩波書店、一九三九年）五四頁。

二 「君 臣」

中国の「学問をする人」と近世日本の「弓矢とる人」との間では、その「奉公」の在り方、その「君臣」関係にも相違がある。伝統的に同じ「忠」の語が適用されていても、また、一応同じ語が適用可能な程の共通性はあっても、そこで実際に思い浮かべられる社会関係は、異質だった。

『甲陽軍鑑』は、戦国の武将陶晴賢の言として、こう伝えている。

……果報貧報の二ツを天道より被下候て、大身中身小身の三ツをあらはす也。こゝをもって、小身は大身中身をたのみ、恩を受けて命をつなぐ。恩の中には、所領の恩、是又頂上なり。……右申少身の人、大身中身をたのみて、命をつなぐをば奉公人と申、さて又少身の人をあつめ、恩をあたへて命をつなぐする、大身中身の其仁をさして主君と申て、是大将なり。此主君より、少身の人知行を得て、かしこまるをば、主を持といふ。主持ては、恩の替に必仕るわざを奉公といふ。(1)

このような概括は、確かに戦国時代に形成された武士の主従関係のある基本的性格を示しているであろう。但し、彼等は明示的な契約を取り交したわけではない。その関係を一律に定める定型や規則があったわけでもない。無論、資本主義社会における使用者と労働者、近代官僚制における上司と部下の関係とは全く異なる。一定の役割・権限においてではなく、人と人が丸ごとに上下関係に結ばれ

る一種の親分子分関係である。従ってそれは、個々の具体的な由来・事情、そして個性によって多彩な様相を呈する。秀れた侍と見込んで大将が新参に抱えるような場合、両者の結合は個人的な色合を特に強めよう。しかし反面、大将がその侍を侮辱したり、その軍功を充分に評価しないと感じられれば、「武士の習ひ戦場の事は黙止しがたく候と云て出奔す」（熊沢淡庵『武将感状記』）ということも起り易い。更には「今時の諸士の主君をあまたとりて知行をとりあぐるを立身の手柄にいた」す（中江藤樹『翁問答』、寛永十七年頃）という状態も生じよう。また逆に、譜代の家来であれば、その忠誠心も「御家」への忠節という色彩を帯びようが、「御譜代之衆ハ、よくてもあしくても、御家之犬として、（大将が）「カイガワシキ宛行モセザレ共、普代ナレバ、我タメニ一命ヲ捨テ走リ廻リヲス　ル」（『三河物語』）ことも起きよう。

いずれにせよ彼等の関係は、本来、戦場を駆け廻る親分と子分の人間関係である。親分に目をかけられれば子分は張りきる。逆に侮られでもすれば憤って出奔することもあろう。またかえって意地を見せて奮戦、討死に至ることもあろう。狡猾な大将はかえって恥かしめることを「士を激励するの術」（『武将感状記』）としたという。武将において「御内之衆に御情・御詞ノ御念比」（『三河物語』）は必須だが、しかし冷遇されていると感じれば、かえって大久保彦左衛門の忠義心は燃えさかったのである（同書末尾参照）。寵愛があり、冷遇があり、妬みがあり、意地があった。それが物質的「御恩」とからみあい、組織はそうした人間関係の束としてあった。確かにそれは「大勢の妾が寵を争って、女ぶりを競ふといふことに、よほど似てゐる」（三田村鳶魚『武士道の話』）。後に自らその忠

第二章　宋学と近世日本社会

在り方を「忍恋」に譬える者の現れた（『葉隠』）のも、自然であろう。

徳川時代に入ると、やがて世は固定化し、「わたり奉公人」は減った。主を変える機会も少なくなっていった。事を起して出奔してみても、新たな奉公は難しかった。寛永の武家諸法度は「本主之障有レ之者不レ可二相抱一。若有二叛逆殺害人之告一者、可レ返レ之。向背之族者或返レ之、或可三追二出之一事。」と定めている。雨森芳州によれば、「世の乱れたる時は、勇猛なる人こそ宝なれとおぼゆ。私の怨をもて人を殺し、その処を立退きなどするは、まことに大なる罪人なれど、これは試みの人なりとて、何れの国にもかくまひおかずといふ事なし。それがし幼き時までは（芳州は寛文八・一六六八年生れ）、乱後の余風除きやらず、かゝる事たまさかにはありし。」（『たはれぐさ』）という。武士は次々と譜代化していった。全般に「よくてもあしくても」の「御家の犬」に化していったのである。平賀源内『忠臣伊呂波実記』の登場人物（早水一学）も「三度諫て退くとは。唐人ッのまだるき了簡。善ッにもせよ悪ッにもせよ。お家譜代の此一学。御恩ッに育つた体なれば、まさかの時は死ヌる分ッと。我ヵ身の覚悟は武士の本ッ心ッ。」と述べている。

しかし、いくら待機を続けても、戦さはもう起きなかった。「御恩」は時とともに積りに積ったが、「殿の御馬前で討死」する機会はもう訪れなかった。『葉隠』風の想いを募らせる侍もいたであろう。また、かかる切迫した忠誠感情は持たないとしても、主家への帰属感は強固となったであろう。主君と家来は、いわば生前から定められた運命共同体をなすに至ったのである。それは個人の選択によらないだけに、主従の人格的結びつきを欠くともいえよう。しかし反面、その結合はあたかも血縁関係

ここには希望退職は原則としてない。主人への裏切りは、先祖を恥かしめることであり、今後の全子孫を苦しめることであった。

小浜、酒井家の一家来は、享保頃こう語っている。

私ナドハ親祖父ヨリ代々主人ノ俸ヲ戴キ、夫ナリニ湧出デタル蟲ノ様ナルモノニテ御座候。ソレ故此処ヲ去ッテ往ルベキ地モ無ケレバ、食フベキ食モナク、差当ッテ飢寒ヲ防グベキ覚悟一向無ニ御座ニ主人ノ恩恵ヲ難有存ジ月日ヲ仰グ様ニ思ヒ、畏入リ溺切ッテ居申候。（山口安固（春水）『強斎先生雑話筆記』）

しかもこの抜きさしならぬ結合において、家来は、いざという時に主君のために命を捨てることをこそ務めるという意識は持続した。一生を帳簿付けで費やす者も、代官で終る者も、武士である以上その建前の下にありそれを拒否することはできなかった。徳川時代の武士に向かって「不仁」と責めることは、儒教の影響の強まった中期以降でも、必ずしもその武士の人格の全否定とは受けとられなかったであろう。しかし、「臆病」とすること及び「不忠」とすることは、おそらく決定的な事態を招いたであろう。「臆病」とは武士たることの否定であり、「不忠」とは彼が現に禄を得て生きていることの否定だからである。「泰平」の「浮世」に、忠誠心を弛緩させる者も勿論いた。特に生活に苦しむ下級武士には、そうした者も少なくなかったであろう。しかし、当人達もそれを自ら善と感じることはできなかったであろう。

基本的に、このような武士の主従関係によって、全国の統治組織が編成され、運営されていた。そ

第二章　宋学と近世日本社会

の関係は、筆記試験で選抜された（特に）宋代以降の中国官人と皇帝のそれと比べ、遥かに濃密な、運命的な性格を有している。自然とも、天命とも感じられたことであろう。崎門の若林強斎が「唐ノ君臣ハ人ノ立テタ君臣ナリ、我国ノ君臣ハ天地自然生ニ立ツタ君臣ナリ。」（『強斎先生雑話筆記』）と語った時、彼はそれを指していたのかもしれない。

一方、中国士大夫の君臣関係は、周知のように、「賢」が「天下の民」のために「聖人」である（べき）「天子」の下に「民」の間から起って仕えた、という建前をとる。伊尹が「天の斯の民を生ずるや、先知をして後知を覚さしめ、先覚をして後覚を覚さしむ。予は天民の先覚者なり。予は将に此の道を以て此の民を覚さんとす」との志を以て、「天下の民、匹夫匹婦も堯舜の沢を被らざる者あれば、己れ推して之を溝中に内るるがごと」（『孟子』万章下）き態度で、殷の湯王に仕えた関係が、その伝統的範型である。宋学の君臣観も無論これを承ける。従って朱熹においても、君臣は、「義を以て合ふ」ものである。「利」即ち利害の計算でも、「天」即ち生れでもなく、「義」即ち「天理の宜しき所」において結合が成立する。「道を行ふ」という共通目的において、また相互に対して「道を行ふ」という共通態度において成立する関係である。その限りで両者は対等である。「君使臣以礼、臣事君以忠」（『論語』八佾）には、「君臣は義を以て合ふ者也。故に君の臣を使ふに礼を以てすれば則ち臣の君に事ふるに忠を以てす」と註される（『論語集注』、もと尹焞の言）。「二者は皆理の当然なり。各おの自らを尽くさんと欲するのみ」である（同書）。

ところで、「忠」とは、「己れの心を尽す」（『中庸章句』第一三章）ことをいう。そこで、ある門人

（劉用之）が朱熹にこう問うたことがある。

忠とは実心です。人倫日用、全てについて用いるべきものです。どうして君に事えることについてだけ忠の字を説くのですか。

朱熹はこう答えた。

父子兄弟夫婦は、全て天理だ。自然に人は全て自から愛敬することを知らないものはない。君もまた天理だけれども、これは義合だ。世人は自から苟且になり易い。だから、これについて説くのだ。忠は不足する処について説くのだ。……《朱子語類》巻第一三第七一条

君臣関係は「義合」なるが故に、父子兄弟夫婦と異なり、むしろ本来「実心」を込め難いというのである。これは、中国の君臣関係の理性的規範的な性格をよく表している。「忍恋」にさえ比定される没入的な態度は、本来予想されていない。無論、「よくてもあしくても」という無条件の忠誠は、この結合の本質に反する。君臣関係は、場合によっては臣の側から断絶すべきものである。「君臣は義合なり。合はざれば則ち去る」《孟子集注》万章下）。「天理の宜しき所」に反してまで忠誠関係を保持することは誤りである。『論語』微子に「不仕無義。長幼之節、不可廃也。君臣之義、如之何其廃之。欲潔其身、而乱大倫。君子之仕也、行其義也。道之不行、已知之矣。」という、子路が隠者に反対して仕官の意義を強調した一節がある。これには、こう註されている。

人の大倫に五つ有り。父子に親有り、君臣に義有り、夫婦に別有り、長幼に序有り、朋友に信有り、是也。仕ふるは君臣の義を行ふ所以なり。故に道の行はれざるを知ると雖も廃す可からず、

第二章　宋学と近世日本社会

然れども之を義と謂へば則ち事の可否、身の去就、また自から苟もす可からざるもの有り。是を以て、身を潔くして倫を乱さずと雖も、また義を忘れて以て禄に殉ずるに非ざる也。君への忠誠は最高善ではなく、あくまでも「義」がこれに優先する。禄に惹かれて「去」るべき時に「去」らないのは非である。これは、朱熹において空論ではない。中国の官人は、同時に地主・商人でありえた。原則として土地から切断され、城下に集住せしめられ、先祖以来「主人ノ恩恵」に「溺切テ」生きていた武士とは違う。自ら民間から出身して臣となるのであり、かつ「去」っても生活できた。「義合」の建前が、ある程度実行可能だったのである。朱熹自身の数度に及ぶ皇帝への上書は、礼を尽しつつも、国情を深く憂え、語気鋭く皇帝の「心術」の是正を求め、その模範的実例を示している。門人の黄榦はこう記している。

　先生、平居より惓々として、一念も国に在らざることなし。時政の闕失を聞けば、則ち戚然として予ばざるの色有り、語りて国勢の未だ振はざるに及べば、則ち感慨して以て泣下るに至る。然れども進むを難くするの礼を謹んでは、則ち一たび官をこれ拝すれば必ず章を抗げて力めて辞し、退くを易くするの節を廣ましては、則ち一たび語合はざれば必ず身を奉じて遽かに去る。その君に事ふるや、道を貶めて以て售るを求めず、俗に狥って以て苟くも安んぜず。その民を愛するや、道を易くして以て售るを求めず、俗に狥って以て苟くも安んぜず。（『朱子行状』）[21]

ここには、主君への情緒的一体感、没入的態度は全くない。彼は「道」を重んずるが故にむしろ頻りに退こうとする。その態度はほとんどすげなく、また、つれない。なお、朱熹の場合、「去」って

も少ないとはいえ禄の得られる形式的な官職（祠禄の官）も用意されていた。

以上のような「君臣」観は、明らかに徳川時代の武士の通念とは距離がある。ここでまた外来思想、宋学は厄介な場面に遭遇したのである。特にこれは、武士の意識がそれなりに明確かつ強固なだけに、一層深刻だった。「義合」というより「天合」に近いその組織形態からしても、武士の主従観念の変革は難しい。例えば、赤穂浪士の行為を儒学の方に不審の目の向きかねない社会だったといえるかもしれない。また、実際には、この事件への反応の示したように、儒者の多くは、武士の主従意識、「忠義」観を自らも共有していた。つまり、多少とも儒教的君臣観と武士的主従意識の共存や架橋や同一視が図られていたのである。

例えば、崎門の浅見絅斎は、真剣な朱子学信奉を武士的な主従意識と両立せしめた顕著な例である。彼が「何ホド結構大奉公ブリデモ、働ガ有ツテモ、真味真実君ガイトシウテナラヌト云フ至誠惻怛ノツキ抜ケタデナケレバ、忠デナイ。」として、「真実君ガイトシウテ忍ビラレヌト云フ至誠惻怛ノ本心ヲ尽ス本法ノ忠」を主張したことは有名である（『拘幽操師説』[22]）。明らかにこれは、科挙官僚の倫理よりは、侍の主従感情に近い。「このような主情的な君臣関係の解釈というものは、朱子においても、それ以外の中国の学者の文章においても、殆んど全く発見できないであろう。」（島田虔次「宋学の展開」[23]）とされるのも、当然である。無論絅斎は、赤穂事件の熱烈な支持者だった。彼は、「吾君父人ヲ撃損ジ、其タメニ命ヲ害セラレ、相手ハヌケヌケト生テ居ルヲ、臣子タルモノ、此方ノ君父ノ不調

第二章　宋学と近世日本社会

であろうか。「不義叛逆ノ外ハ、何ノワケニモセヨ、前言ル通リニ、吾主、人ヲ打ソンジ、其故ニ死タレバ、吾主人ノ存念ヲトゲズ、共ニ天ヲ戴テ居テハ、何ノ君臣ノ義理ノアルベキ。」主人の心情に一体化し、その「存念」を遂げることが「君臣ノ義理」である。「内匠頭臣子タルモノ、内匠頭先太刀ノ刃ヲ遂テ上野介ヲ討ザレバ、大義イツマデモ不レ済。」（以上『四十六士論』）この「大義」を超える価値はなく、従ってその主自身が「不義叛逆」である以外、この「大義」に限定はない。「よくてもあしくても」の「御家の犬」には説得力のある忠誠論であろう。綱斎の主著は、屈原以来の中国の「忠臣」の伝記と文章を集成した『靖献遺言』である。それは、彼自身の説明によれば、武士に「大義」を教える「武士ノ小学」である。「学」によってこそ「大義」は知られるのであり、「大抵吾国近世士タル者、率学ヲ好マズシテ、偶々学ヲスル者ハ記誦詞章ノ資トスルニ不レ過シテ、英気志義アル者ハ、視テ以為ヘリ学問読書事ニ益ナシトシテ之ヲ笑ヒ訕ル」現状は、「学ヲ倡ル者ノ誤」による（『靖献遺言講義』）。朱熹『小学』明倫「明君臣之義」の項には、「忠臣不事二君、烈女不更二夫」の語も引かれてはいる。しかし、これまでの「学ヲ倡ル者ノ誤」を正した、彼のいうところの「武士ノ小学」は、結局「武士ノ小学」に他なるまい。

ただ、武士の主従意識が、自己の関わるある特定の「御家」について存在するのに対し、綱斎がそれをいわば一般的な倫理原則に昇華したことは、重大な意味を持っている。彼によれば「何

デモアレ、根本ノ大忠義士台サヘ立テハ、細工流々、シアゲヲ見ヨジヤ」（同）であり、彼のいう「大義」「名分」は時空を超えて守られねばならない。これは、論理の趣く所、意外な結論に導くのである。即ち、彼はまず当然「革命」を否定する。そして、自ら「不義叛逆」のありえない天皇への反逆は、一切断罪する。彼は南朝を正統とする。源頼朝を「天子ノ権ヲ窃」んだ「乱臣賊子」と呼ぶ。北条は「乱臣賊子ノ又乱臣賊子」である。そして、彼は遂には徳川家にさえ、慊らない態度を仄めかすに至ったのである。

綱斎の思想を日本的なるものの顕現と見、それ故に明治維新に連なる面をもったとする見解がかってあった。しかしそれは飛躍が過ぎる。まずは、それは朱子学に接近した顕著な例といえよう。武士の内面に儒学が食いこみ揺ぎない地歩を占める突破口の一つが、そこにあったのであろう。赤穂事件への反応からすれば、同様の事情は多少とも他の朱子学者にもあったであろう。ただ、思想と社会意識の関係は相互的である。思想が在来の意識に接近しただけでは済まない。その変質した外来思想は、また意識の方を変質させる要因となる。「大義名分」という日本語は、あたかも朱子学の代名詞の如くなって、やがて広く普及した。しかも綱斎において、「君臣の大義」と結びついて一種の「尊王論」が芽生えていた。その上彼においては、前記（本章第一節三）の如く、「華夷」の思想は、"自国中華主義"を生んでいた。「尊王攘夷」論の遠い一祖型が、そうして成立したのである。その旗印が、結局武士の社会自体を結果として崩壊させる過程に一つの役割を果したことは、史上稀でない思想の逆説的機能

第二章　宋学と近世日本社会

の一例であろう。

　ところで、右の武士の主従意識からしても、また前記の在来の政治観、その民に対する感覚からしても、儒教の「革命」の思想、就中「臣」が「民」のために暴逆な「君」を武力を以て「放伐」することを正当とする思想は、近世日本の譜代の武士達には、受け容れ難かったようである。家康は、豊臣家を裏切っただけに、「殷湯王周の武王が臣をもて君を討し」ことに好意的関心を持ったらしい（『徳川実紀』）。しかし、例えば共に彼の孫である十七世紀の代表的な「好学の名君」、保科正之、徳川光圀は、いずれも放伐に彼の孫である十七世紀の代表的な「好学の名君」、保科正之、徳川の革命の義を聞くを厭」い、「只だ文王伯夷を学ばんのみ、湯武の道は知らずと雖も又何ぞ憂ふるに足らんや」と述べたという（『土津霊神言行録』）。光圀は、「夷斉の怨むこと無きの仁を得んことを欲し、湯武の革命の義を聞くを厭」い、「只だ文王伯夷を学ばんのみ、湯武の道は知らずと雖も又何ぞ憂ふるに足らんや」と述べたという（『土津霊神言行録』）。光圀は、「文王は聖人なり。武王は聖と申しがたし。伯夷が諫めこそ正道なれ。武王簒弑の義のがれがたし」と書いている（『西山公随筆』）。そしてまた、老中（天和元年より大老）堀田正俊は、「武王殷を伐つの事を疑い」、「武王の殷を克つは、万民の為にして其君を討つ也。余常に窃かに之を疑ふ。若し道の大なる者を以て小なる者に易ふと謂へば、則ち不可也。君は一人と雖も大なり。民は億兆と雖も小なり。……」という一文を将軍綱吉に献じている。それを読んだ綱吉は「御感有り」、自らその後に「此論、忠義の志、深切と謂ふ可き也」と書き添えたという（堀田正俊『剔言録』）。前期の代表的な「好学の君」が、このように「反革命」だったこととは、逆に当時における「仁政」の思想の浸透の限界を物語ろう。しかも、「天命」にではなく、太陽の女神の「孫」たることにその位の基礎を置き、従って本来「仁政」と「徳治」の原理に縁遠い天

皇の存在は、「革命」の歴史的前例を求める上で不利に働いた。湯武を「主殺し」と呼び、「学者の見識、徳ある人を君と仰ぎて可なりと申事、まゝ書にも書顕はし候へども、本朝の風俗にあはず。いつ迄も禁裏様を御崇敬の事こそ（徳川の）御代長久なれ」と主張する者もいた（『本阿弥行状記』[36]）。神道家達はこぞって「反革命」だった。

一方、朱熹は、「惟だ下に在る者に湯武の仁有り、而も上に在る者に桀紂の暴有れば則ち可。然らざれば、是れ未だ簒弑の罪を免れず」（『孟子集注』梁恵王下、もと王勉の語）と難しい条件を付しつつも、原理的には明確に放伐を肯定している。朱熹によれば、聖賢の「時措の宜」は異なっても「其の心の同じく然る所」は符節を合するが如くである。湯武も文王・孔子と同じである。「堯舜は賢に与へ、しかうして禹は子に与へ、湯は桀を放ち、文王は殷に事へ、武王は受（紂王の名）を殺し、孔子は春秋を作りて似て衰周を翼け、孟子は諸侯に説くに王道を行ふを以てす。皆、未だ嘗て同じからざるも又、何ぞ其の相伝の一道を害さん」と彼は言いきっている（『朱子文集』巻第七三「読余隠之尊孟弁」）。朱子学はここでも、日本社会の一種の不適合性に逢着したのである。

この点で、あくまで外来思想の正しさを主張した者も少なくない。崎門でも、佐藤直方[37]、三宅尚斎[38]はそうである。しかし、闇斎は否定的だったし、浅見絅斎[39]・若林強斎[40]は明確に否定した。彼等において、それが強烈な思想的正統性の自負と両立しているのである。少なくとも武士社会の大勢は支持するであろう思想的正当性の実感がそうしたねじれを可能にする一因だったかもしれない。しかし、ともかくここでその朱子学は、朱熹の朱子学からは変質したのである。

論理的アクロバットを試みる者もいた。佐善雪渓（明暦二・一六五六年―延享二・一七四五年）は、「湯（ハ）契ノ苗孫武王ハ后稷ノ後胤共ニ有虞氏ヨリコノカタ代々ノ諸侯也只夏商ノ君天下ニ王タルカ故ニ是従ヒタルモノカ桀紂ニ及ヒテ無道至極セルニ依テ従フコトヲヤメテ是ヲ安シタルモノ也」と主張している。彼によれば、「桀紂代々相伝ノ主君ニシテ湯武譜弟ノ臣下ナラバ主君無道也トテコレヲ誅スル道」はない。しかし、湯武は譜代の臣ではなかったというのがこれで両立する。また、時代は下るが、伊東藍田（享保十九・一七三四年―文化六・一八〇九年）は、武士の通念と放伐論をこれで両立する。では何故普通そう言われないのか。彼によれば、孔子を含めて、中国の聖賢は彼等の臣・陪臣に当るために、「君君たらずと雖も臣は以て臣たらざる可からず」、湯武の行為は「篡弑」だったと言いきる。藍田は誇っていう。「独り我が日本は海東に越在すと雖も、剖判より以て今に迄り、天子一姓、之を無窮に伝へ命を革むること有るなし。則ち以て湯武は放伐に非ざるを弁ず可きのみ」（『弁湯武非放伐論』）。

これらの特異な解釈自体の儒学史上の意義はここでは問わない。しかし、ともあれ「革命」論もまた、こうして日本の儒学にとっては厄介な論点たり続けたのである。

なお、朱子学は、おそらくその思想主体の内面構造に関しても、ある深い齟齬を日本社会との間できたしていた。次にそれを探りたい。

（1）磯貝正義他校注『甲陽軍鑑』中（人物往来社、一九六五年）四一頁。

(2) もっとも、かなりの本領を持ち、力もある者が、何らかの事情で主つような場合には、江戸初期の徳川家にとっての外様大大名のように、子分というよりは幾らか客分という色彩を帯びたろう。主君が一面で primus inter pares 的な性格を持つことさえあったろう。しかし、無論大多数の武士はそうではない。また戦国を勝ち抜いて新恩が蓄積される内には、子分的性格が濃くなったであろう。

(3) 従って、武士の主従関係を、一般的に「片務的」か「双務的」かなどと論ずるのは難しい。直接の対象は中世武士だが、石井進「主従の関係」(『講座日本思想』第三巻(東京大学出版会、一九八三年))は、この問題を廻る研究史を整理し、実際の主従関係の多様性に充分な配慮を加えた仮説を提示している。

(4) 『常山紀談』(博文館、一九二九年)所収。七四〇頁。同書六三六頁にも、同様の例がある。また、『備前老人物語』所引《改定史籍集覧》第一〇冊(一九〇一年)一七-九頁の「有馬玄蕃殿家来稲津壱岐暇申時の書付」は、自分のこれまでの手柄を列挙し、他の大名からの高い知行での誘いを断ったことを述べ、それにもかかわらず主君が第三者に、自分について「強口にて被召仕にくきよし」述べたとして、「暇申上」げている。寛永四年。また、栗田元次『江戸時代史』上(綜合日本史大系第九巻(一九二七年))三一五-二二頁、参照。

(5) 山井湧他校注『日本思想大系29、中江藤樹』(岩波書店、一九七四年)一一〇頁。

(6) 斎木一馬他校注『日本思想大系26、三河物語・葉隠』(一九七四年)一一八、三〇頁。

(7) 前掲『武将感状記』六六三頁の、特別に取り立てたために結局当人を張りきらせすぎ、討死させてしまった逸話を参照。これらが全て歴史的実話であるかは疑問だが、ありえた話ではあろう。

(8) 大坂夏の陣において、井伊掃部頭家来内川手主水は、家康が「主水も老ほれに成候や」と人に問うたのを聞いたため、その翌日、奮戦して討死したという。『諸士軍談』、『改定史籍集覧』第一六冊(一九〇二年)八三-四頁。

第二章　宋学と近世日本社会

(9) 前掲書、六三三四頁。
(10) 前掲書、二七頁。
(11) 『江戸ばなし』二（青蛙房、一九六五年）五五頁。また、『本佐録』は「日本近代の侍は、義理を不レ知に依て、つかいやう大事なり。寵愛過るときは驕り、おこたる時は主を殺、又情なくして恨ふかけれども、其家をさられざる者は、折を得て謀反す。」と指摘している。石田一良他校注『日本思想大系28、藤原惺窩・林羅山』（一九七五年）二八八頁。
(12) 前掲『日本思想大系26、三河物語・葉隠』、二七三、二八二、二八九頁。
(13) 塚本哲三編『名家随筆集』下（有朋堂、一九二六年）三二一—三頁。
(14) 平賀源内先生顕彰会編『平賀源内全集』下巻（名著刊行会、一九七〇年）一〇七三頁。また、「讃陽逸農」である（自跋による）河田正矩（孤松）の教訓書『家業道徳論』（元文三年自跋、元文五年刊）は、次のように述べている。「主君と謂も代々重恩の人なり、臣下も赤譜代相伝の輩なり、仮令食禄を奪はれて先祖以来深重の恩顧の主人なれば、いかほど聞えぬ不君にも危に臨で臣下は一命を捨、手づから草履を抓ても、二君に仕へざるを大体押通りの義理合とす」『通俗経済文庫』巻九（日本経済叢書刊行会、一九一七年）三〇五—六頁。
(15) 森銑三他編『続日本随筆大成』12（吉川弘文館、一九八一年）一二七頁。
(16) 太宰春台は、「我が東方の士に、自から一道有り。其の君長の死を見れば立ちどころに即ち心乱れ狂を発し、踵を旋さずして其の難に赴く。但だ死するを以て義と為し、復た其の当否を問はず。仁者より之を観れば或いは徒死たるを免れずと雖ども、国家因りて是の道を存し、また以て士気を属ますに足る。故に棄つ可からざる也」と指摘している。「赤穂四十六士論」、石井紫郎校注『日本思想大系27、近世武家思想』（一九七四年）四一〇頁。

(17) 前掲書、二三六頁。強斎は次のようにも述べている（二七二頁）。「日本デハ君臣ノ義ガ大事、君臣ノ義ガ根ニナリテ、教モ立ツ、学モコヽニ根ザシタモノ、コヽヲハヅシタ学ハ益ニタヽヌゾ。何程、桀紂ノ様ナ君デモ、アナタ様ヲト戴キ切ツテヲル心デナウテハ、益ニ立タヌ。」

(18) 『論語集注』里仁に、「義者、天理之所宜、利者、人情之所欲」とある。

(19) 夫婦も「天合」ではないから、『唐律疏義』第一四巻「義絶離之」条にも「夫婦義合、義絶則離」とあり、朱熹も「義合」としている場合があるが、君臣は特に「義」的な性格が強いのであろう。

(20) また、『論語或問』では同じ一節につき、次のようにいう。「仕所以行義也、義則有可不可矣。義合而従。則道固不患於不行。不合而去。則道雖不行。而義亦未嘗廃也。」

(21) 佐藤仁『朱子行状』（明徳出版社、一九六九年）一七八―九頁。但し、読み下しは改めた点がある。

(22) 若林強斎筆記、内田周平編『拘幽操合纂』（谷門精舎、一九三五年）三、二丁。

(23) 『岩波講座世界歴史』9（一九七〇年）四四四頁。

(24) 前掲『日本思想大系27、近世武家思想』、三九六―七、三九三、三九四、三九一頁。

(25) 倉本長治編『近世社会経済学説大系七、浅見絅斎集』（誠文堂新光社、一九三七年）一四二―三頁。

(26) 但し、本文にも示唆した通り、絅斎は、意識的に、武士の心情をそのまま肯定したわけではない。彼は、「日本ノ風、何トシテモ戦国ノ士風ノコリ、一分ノハヅカシメヲトラヌト云ヨリ出テ、本方ノ君臣ノ義ハナイゾ。」などとも発言している。ただ、彼が朱子学の教えとして述べている内容が、実は相当程度、武士的な主従意識に接近しているというのである。

(27) 前掲『浅見絅斎集』、一六六頁。

(28) 若林強斎筆記「拘幽操師説」（宝永四年。内田周平編『拘幽操合纂続編』（谷門精舎、一九三八年）四七―一九八二年）一四二頁。

(29) 『劄録』、前掲『浅見絅斎集』、四一六—八頁。

(30) 同書、四一八—九頁。

(31) 尾藤正英「水戸学の特質」（今井宇三郎他校注『日本思想大系53、水戸学』一九七三年）五六〇—一頁）は、次のように指摘している。『名分』という熟語は、四書五経など儒家の古典の中には見出すことのできないものであり、『大義名分』にいたっては、『尊王攘夷』とひとしく日本製の新語であって、もとより朱子学の用語ではない。儒教といえば名分論、朱子学の特色といえば大義名分論、と考えることこそが、実は水戸学などによって形づくられた日本的な儒教観なのである。名分論あるいは大義名分論とは、主君に対する忠誠と国家の秩序に対する服従を絶対視し、これを道徳の基軸におこうとする考え方を指すのであるが、それは『仁』や『孝』を徳目の中心においていた本来の儒教の道徳思想とは異質なものである。」ただ、「尊王攘夷」の語は、皮錫瑞（一八四九—一九〇八）の『経学歴史』（香港中華書局、一九六一年）二五〇頁にも現れているので、元来中国にある語であるかもしれない。

(32) 黒板勝美編『新訂増補国史大系』第三八巻、三四五頁。この記事の典拠は、林羅山「対二幕府問一」（『羅山林先生文集』巻第三一。京都史蹟会編『羅山先生文集』巻一　平安考古学会、一九一八年）三四二頁）である。

(33) 『続々群書類従』第三（一九〇七年）四五丁には、「保科肥後守殿ノ前デ此ノ吟味アリテ、肥後守殿ノトカク此方ノ家デ、君臣ノ変ノ吟味ハイラヌトアルコト、コレガ格言ヂヤトアルコト、トカク日月ノ変ズルコトナク、水火ノ変ズルコトナケレバ、トカク君臣ノ義ノ変ズルコトハナイ。」とある。

(34) 高須芳次郎編『水戸学大系第五巻、水戸義公・烈公集』（水戸学大系刊行会、一九四一年）二六—七頁。

丁）には、「何トヤウナ人形ニモセヨ、天子ト名ガ附クカラハカヘラレヌ。名分ノキビシウヲカサレヌハコレゾ。」とある。

(35) 『続々群書類従』第一三(一九〇九年)三七一八頁。
(36) 正木篤三『本阿弥行状記と光悦』(芸艸堂出版部、一九四八年)所収、七二頁。
(37) 「湯武論」、日本古典学会編『増訂佐藤直方全集』巻一(ぺりかん社、一九七九年)五八二一九頁。
(38) 『黙識録』、井上哲次郎他編『日本倫理彙編』七、五三六頁。
(39) 『文会筆録』、日本古典学会編『山崎闇斎全集』第一巻(ぺりかん社、一九七八年)一九五、二三一、二五八頁および同第二巻、二八三頁、参照。
(40) 山口春水筆記『強斎先生雑話筆記』(森銑三他編『続日本随筆大成』一二〔吉川弘文館、一九八一年〕)一一一三、一五九、一七三一四、一八九頁。
(41) 『少年必読日本文庫』第九編(博文館、一八九二年)二八七頁。この書に収める著者不明『仕学問答』が、実は佐善雪渓の『下谷集』であることについては、森銑三「佐善雪渓」(『森銑三著作集』第八巻〔中央公論社、一九七一年〕)を参照。
(42) 関儀一郎編『日本儒林叢書』第四巻、『藍田先生湯武論』、一一二頁。
(43) ちなみに、福沢諭吉は、「漢儒者と和学者との間にも争論ありて千緒万端なりと雖とも、結局其分るゝ所の大趣意は、漢儒者は湯武の放伐を是とし、和学者は一系万代を主張するに在り。漢儒者の困却するは唯この一事のみ。」と指摘している。『文明論之概略』、『福沢諭吉全集』(岩波書店、一九五八年)一〇頁。また、この問題に関わる近年の研究として、『王道と革命の間──江戸朱子学における『孟子』受容の問題」(『文学』所載の野口武彦氏の一連の論文がある。「王道と革命の間──江戸朱子学における『孟子』受容の問題」(『文学』第四四巻(一九七六年)第七号、「戦国乱世の孤客──江戸古学派における『孟子』解釈の分裂」(『文学』第四五巻(一九七七年)第二、三号、「湯武放伐のアポリア──近世後期儒学の『孟子』論争」(『文学』第四九巻(一九八一年)第七号。

三　「修己治人」

近世日本思想史との関連で朱子学に論及される場合、時に、それが本来既成の政治的支配関係を正統化し社会秩序に裏付けを与え、被支配者の服従と従順を調達するための思想であったかのように語られることがある。しかし、そのような解釈には、いくつかの限定を要する。

例えば第一に、朱子学は、それ自体を被支配者、民に教え込み、その教化「善導」に用いるような性質の思想ではない。その自然観・世界観・人間観等が、広く漢民族に抱かれたそれを背景としているとしても、あの精緻な形而上学、居敬窮理の修養論などが、字も識らぬ大多数の民を受け手として前提していないことは言うまでもない。その意味で、少なくとも直接、被支配者の信従を調達するための思想だったとはいい難い。例えば明の太祖が全国に公布した「六諭」（「孝順父母、尊敬長上、和睦郷里、教訓子孫、各安生理〔1〕、毋作非為」〔2〕）は、その教訓内容において朱子学とも矛盾はあるまいが、だからといって朱子学の学習や信奉が民に強いられていたわけではない。朱子学は、官学化されて以後も、あくまで民を支配する官人及び官人たらんとする層の、その意味で社会的エリートの学ぶ「学問」である。被支配者たる民はそれに畏敬は覚えたとしても、概して疎縁だった。もっとも、儒学一般がそういう傾向に本来あったというべきかもしれない。周知の通り、朱子学との類似少なくない中世ヨーロッパのスコラ哲学は、底辺の民衆までを把えたキリスト教信仰の分厚い基礎の上に構築されていた。しかし、儒学は、その足元における道教仏教等の雑多な信仰の繁茂を一度として止め得たこ

とはない。それ故、中国の民衆反乱は、ヨーロッパ中・近世のそれが往々キリスト教異端として立ち現れたのと違い、儒教の異端 heterodoxy としてではなく、種々の民間信仰に拠る宗教反乱として、くり返し組織されたのである。また、「詰り孔子様は支那に於ては権力者達によってかつぎ上げられ、其の権力者や権力者にならう企を持つ人達の聖人で一般の民衆とは頗る縁の遠いものである。」「成程一県毎に聖廟即ち文廟なるものはあるが其れは実に寂寞な冷落な有様で一般の庶民は決して敬礼しには行かない。行くなら仏寺か神廟である。」（魯迅「現代支那に於ける孔子様」、一九三五年）という指摘もされるのである。

また、少なくとも朱熹自身の思想営為を導き、その思想体系全体の動機となっているのは、現実の社会秩序の正当化などではない。何よりも、揺ぎなくしかも的確に世事に対処していく主体の形成だったように見える。「朱子の目ざすもの」は「モーラリッシュな人格、当世風にいえば主体的自我の確立にあった」（三浦国雄『朱子集』）ともいえよう。その「功夫」は、まずは自己修養による完全な人格の実現それ自体を目当てとしていた。その壮麗精緻な存在論・人間論の哲学体系も挙げて人間の自己修養の可能と方法と目標の証明へと収斂している。勿論、その目標の内容において旧中国社会の基本構造を「天理」の名において肯定し、前提している以上、結局現実の社会秩序の正当化の機能を果すし、果したとはいえよう。それは蔽うべくもない。しかし、そこに朱熹の意図があったとは考え難い。事実朱熹自身においてそうであったように、朱子学は身の危険を犯して国情・時政そして当局者を厳しく批判し、その改革を迫る主体の支えともなりうるのである。

しかも、その主体は無論民を意味しない。その主体形成は、一応、凡そ人たるものの共通課題とされながら、実際上「士大夫」としてのそれである。すなわち、この意味でも、朱子学は民の教化のための教えではなく、むしろ「士大夫」の学なのである。「……宋学の主体はだれであるか。それは『士大夫』にほかならない。宋学とは、士大夫の学なのであり、士大夫の思想なのである。」（島田虔次『朱子学と陽明学』）それは朱子学の骨格をなす論理にも現れている。例えば朱熹によれば、万人が修養完成の可能性を生得しているが、その実現には資質による先後がある。しかも後なる者の人格の完成はそれ自体目的だが、同時に先なる者による政教の導きがあってのみ可能である。従って、人格の完成はそれ自体目的だが、同時に先なる者としての使命を当然に伴っている。即ち、修養は、実際上、統治の任に与ることを前提するのである。それ自体、目的である。しかし、同時に、修己に先なる主体の生は、具体的には科挙官僚としてのそれである。朱熹は李延平を批判して、彼は専ら「黙坐澄心」する学を主張したが、それで済んだのは彼が出仕しなかったためであり、もし仕官していれば「事」を処理しなければならないのだ、と述べている（『朱子語類』巻一一三第一三条）。仕官すると実際に事物との応接が問題となるのであり、従って黙して内面を涵養するばかりの学問では通用は治人に、修身は治国平天下に連なるものとしてあるのである。この理論構成は、建前として万人に開かれ、しかもその中から「学問」によって選抜された少数が他を統治する任に就くという科挙制の構造に正確に照合している。朱子学における「モラーリッシュな人格」も結局は統治の任に与ることを予想しているのであり、それは実際上、官人になることに他ならない。「功夫」によって磨き上げられた主体の生は、具体的には科挙官僚としてのそれである。

しない、というのである。その「挙業」そのものへの軽蔑と反撥にかかわらず、「今の世に孔子が復た生まれたら、科挙を受けないわけにはいかない」(同、巻一三第一五七条)と彼はいう。

従って、朱熹のいう、気稟に拘せられず、物に蔽われない、事物の正しい応接と処理とは、家族の一員としての行為であると同時に、行政官裁判官として次々と生ずる官事を処理することを、具体的には意味しているのである。彼はしばしば、人間の存在構造を、官人に譬えている。

「天命、之を性と謂ふ」(『中庸』)という時の「命」とは、すなわち皇帝から下される辞令である。「性」とは、なすべき職務である。……「心」は官人であり、「気質」は官人の性質で、寛大だったり厳格だったりする。「情」は役所で事件を処理することである。(同、巻四第四〇条)

皇帝から直接「命」を受けて地位と職務を獲得し、それについての誇りと責任感を持って人民に君臨し、個人的な気質に左右されずに正しく仕事を処理していく——それが官人のあるべき姿であり、それがそのまま人間一般の在り方に類比されているのである。官人の具体像と人間一般の哲学的構造の重ね合わせ、それは朱熹において偶然ではありえない。朱子学は、主体的人格形成の学であるとしても、実際上官人としての、主体的人格形成の学である。旧中国の官人によって形成された、官人達を支える学、「現実の真只中に生きる士大夫の学」(三浦国雄『朱子集』)であろう。

それでは、仮に朱子学をそのような官人を支えの学とした場合、それが、太極・理・気・天・命・性等の観念を駆使したあれ程に壮大な形而上学体系、それに支えられたかくも精緻な居敬窮理の修養論を内容としたのは何故であろうか。官吏に何故そのような修養が必要だったのであろうか。何故、

そのような思想が永く受容されたのであろうか。この問いには、思想史的、社会史的、文化的に様々な角度からの答えを試みうる。ただここで注目したいのは、彼等中国の「士大夫」、科挙官僚達の職務と生の実際の様態の特質である。現代社会の官僚制の成員とも甚だ異なる。彼等が「事」に当る実際の場の性質である。それは、大名の家来達のそれとは違う。現代社会の官僚制の成員とも甚だ異なる。彼等は、機構の中の一歯車として、限定された権限を細かな成文規則通りに行使していればよい組織人ではない。彼等は「天子」たる皇帝に直接任命された、特別の名誉に輝き、重い責任を負う存在であった。彼等は、県・州等に派遣された地方官となれば、多数の地着きの胥吏等を率いて、一つの地方政府を往々一人で主宰し、いわば行政官・税務署長・警察署長・検事・裁判官・教育委員長等を兼ねて、時に言葉さえ通じない一地方——清代嘉慶年間でいえば、県・州の平均人口は、二〇万人を越える——を統治したのである。清代の地方政府を分析した瞿同祖氏はそれを"one-man government"と評している。往々何の実務経験もないブッキッシュな教養のみをひたすら積んできた知識人が、一躍、一地方の「民の父母」すなわち「秩序と福祉の総世話人」（滋賀秀三『清代中国の法と裁判』）として仰がれつつ、忠誠や廉潔をほとんど期待できない多数の吏を監督し、司法・財政・行政全般に当る、という制度になっていたのである。

宮崎市定「清代の胥吏と幕友」によれば、清代の県の胥吏は「普通には一二三百人、多ければ千人にも上」った。人数には違いがあろうが、その制度は、宋代でもほぼ同じである。「吏」には「封建」があっても「官」にはなく（葉適の語）、朱熹の同時代人である。その統率は困難を極めた。彼等を率いてその任をうまく果していこうとするならば、初登庁の際に足をつまずいて衆目の前で威儀を失わな

いようにすることを始めとする、内外両面にわたる細心の自己規律を要したのである。『牧民忠告』（元・張養浩）、『牧民心鑑』（明・朱逢吉）等、種々の官箴書の示す通りである。例えば、「行歩蹉跌」を避けるのは、「政を視るの初は、吏民観瞻の始」であり、「一も失措あれば、侮哢これに随ふ」からに他ならない（『牧民心鑑』初政）。

しかもその権限は広範にわたった。紹興二三年（一一五三）、数え二四歳で福建省同安県主簿を振り出しに、自ら通算九年間地方行政実務に当たった朱熹も、広い影響を及ぼした社倉法の整備を始め、多方面にわたり「聖天子」の名代として個人の分析力・判断力・指導力をふるわなければならなかったし、また、それが出来たのである（『朱子文集』巻九九、巻一〇〇、『朱子語類』巻一四〇等、参照）。周濂渓・張横渠・程明道また同じである。

しかもそこにおいて彼等中国の官人は、頼むべきものとして血統や家柄や郷党による威信はなかった。彼等は貴族ではない。彼等は「民」の中から個人として選抜され、成り上がったのである。彼等の頼みは専ら「学問」であった。そして彼等は、文化の主たる担い手であり、道徳の指導者でもあるはずであった。知識人と政治家と司祭を兼ねる建前であった。

このような恐るべき責任と困難の中で、彼等は（私的秘書としての少数の幕友などの助力をえられるとしても、公的には）時に一人で、刑事的民事的な様々の裁判を含む複雑にして多岐にわたる「事」に当らなければならなかったのである。そこで「己を修めて人を治める」とは、少なくとも全く抽象的な御題目ではない。心の在り様と身の動作を常に敬しみ、物事の理を窮め、その理に応じて

第二章　宋学と近世日本社会

私なく公平に仁を行うとは、少なくとも良心的な官人にとっては、切実な、具体的な意味を持ちえた。そこにおいて理とは、当該事物に即した具体的なものであり、しかも一般的妥当性を有するはずであった。正しい万物の存在論の把握は、正しい修養論を支え、更にそれは正しい治政へと展開すると信ずることは少なくとも全くの自己欺瞞ではなかった。そこにはある実感の裏付けがあったであろう。そうした哲学には、揺ぎなき「民の父母」でなければならなかった彼等の精神のある必要に応えるものがあったであろう。

また彼等は、内官・京官となれば、往々皇帝に直接に意見を述べ得た。程明道・程伊川・朱熹いずれも皇帝に進講している。朱熹は反復して上書さえ差し出している。彼等はいわばこの大宇宙の蝶番たる「天子」に親近して、直接に影響を及ぼす機会さえ、制度上持ちえたのである。特に宋代は、貴族政治崩壊の後に、こうした「学問」のみに拠る「士大夫」、科挙官僚の支配が、皇帝のずば抜けた権威の下に確立した時代である。そこに現れた、「天下の憂に先だちて憂へ、天下の楽しみに後れて楽しむ」(范仲淹「岳陽楼記」)、「天地のために心を立て、生民のために道を立て、去聖のために絶学を継ぎ、万世のために太平を開く」(張横渠、『近思録』巻二)等の語は、その後、士大夫の気概と責任感を示す範型とされた。朱熹の『宋名臣言行録』の描く宋代の高邁な士風は必ずしも歴史的真実ではないとしても、少なくともそうした士風を是として主張し、称揚する意識は著しく昂まったのである。

(21)

指摘のある通り、宋学は、彼等のそうした士風、精神、気分を背景とし、その生の現実的条件に基盤を持つ、彼等の世界観・人生観の結晶というべきものであろう。

ところで、徳川時代の日本で宋学書を繙いた人々の生は、このような宋代以降の中国の官人、「士大夫」達のそれとは、いささか異質であった。

まず所謂儒者という儒学を専門の業とする人々は、既述の如く通常、実際政治に関わらない存在であった。明和七年（一七七〇）、南川維遷はこう指摘している。

凡吾国百五十年来ノ儒士、皆屠龍ノ技ニテ、学ビ得タル処ヲ行ハズシテ一生ヲ終ル。（新井）白石トイヘドモ十分ガ一モ施シ行フコトヲ得ズ。ソノ余儒生ノ諸侯ノ国ニ仕ルモノ、皆閑官散職ニ投ゼラレテ、文字訓故ノ顧問ニ備ハルノミナリ。息遊軒（熊沢蕃山）ノ遇ヲ得タルガ如キモノ一人モナシ。『閑散余録』

そのため、儒者に対して、その弟子（？）から、「家人大勢アルカ。一族多クシテ。其処置ニ学問ノ力ニアラスンハ。当否弁シ難キハ格別。僅ニ小家ノ主トシテ。父子妻孥ノ外。四五輩ノ奴婢ヲヲサムルコト。聖賢ノ書ヲ読マストモ。貝原益軒ノ家道訓一部ニテ。事足ルヤウ也。学問ノ力ニアラサレハ。議シ難キ大礼モナク。行ヒ難キ大礼モナシ。然ラハアクマテ学ヒタリトモ、用フヘキ地ナキヤウナリ。」という深刻な「一大疑案」さえ、寄せられたのである（猪飼敬所宛書簡）。多くの儒者達にできることは、せいぜい遠慮がちに政治を評論することであった。しかも、その政治評論を読むべき将軍・大名や老職に在る武士達は必ずしも儒学の理解者ではなく、儒学の理解者は必ずしも統治の任にいなかった。中国士大夫が、天下を統治し、万民を済う責任を直接に負った知識人の「共和国」の中

で、思索し、発言し、その成員同士として論争したのとは、その知の「場」が異なる。

ちなみに荻生徂徠は、「後世の儒者は仏老の習に狃れ、誤りて学は以て聖人と成らんとすと謂ふ。而して学は以て当世の士君子と成らんとするを識らず。故に見る所、皆、後世の窮措大（貧乏書生）の解」（『論語徴』）などと宋儒を嘲っている。しかしこれはある意味で滑稽である。彼の嘲笑している宋儒達こそは、徂徠と違って現に統治の任に与った「当世の士君子」、政府の高官なのであって、むしろ徂徠の方がよほど「窮措大」に近いのであるから。彼の眼に朱子学が空論と見えたとしても、中国の士大夫にとってもそうだったとする理由は当然にはない。もっとも、自分の方が「窮措大」であることを、彼程の人が気付かなかったと見るのもおかしいかもしれない。徂徠はそれを承知で、「学者」は世事を知らず政治の分らぬ空論家だという日本社会の常識に対抗するために、敢えて自己の「現実性」を強調し、このような論争の姿勢をとったのかもしれない。

なお、特に町人が「学問」に志し、しかも町人として生活を続けるような場合、事態は一層奇妙であった。中国では建前上「士大夫」は開かれた層であるため、儒学を本格的に学ぶ者は既にそのことによって「士」だった。「読書人」の一員だった。知的エリートは直ちに政治のエリートもしくはその予備軍へと上昇していったのである。これに対し日本では、身分社会であるが故に、被治者を聴衆・読者とする儒学や、「民」の生が容易にありえたのである。このことは、支配層としての発想からするのでない儒学や、「民」の生に基盤を置いた儒学（的思想）を相対的に成立し易くしたように思われる。儒学の普及に伴って、十

八世紀に入って「下」から湧き起ってきた、石門心学や安藤昌益の思想ばかりではない。あの独特の内容を持ち、その後の日本儒学史の展開に決定的な影響をもたらした伊藤仁斎の思想の成立も、彼が町人であったこととは無関係には論じられないであろう（補論「伊藤仁斎・東涯」参照）。

一方、中国、儒者達の主な聴衆・読者であり、日本の支配層である武士達の政治との関わり方、生の在り方も、中国「士大夫」とは相当異なっていた。彼等はそもそも実際の任についている官人に比べ、総人口に対する割合が著しく高い。幕末の武士身分の人口比率は「六乃至七％」という推計がある[28]。五人に一人が成人の武士であるとしても、一・二─一・四％に上る。一方、中国では、清末でも官人の数は四億三千万の人口中[29]、多く見積って僅かに三、四万（〇・〇〇七─〇・〇〇九三％）とされ（実際には官につきえない生員以上の「学位」保持者をとっても一一二五万人（〇・二九％）という）[30]。また、例えば朱熹の生きた七一年間に進士科登第者は総計八九九三人であって、大体三年ごとに行われた二三回の省試・殿試の一回平均合格者は、三九一名でしかない[31]。また、朱子学が正統思想として君臨した李氏朝鮮では、両班階級の人口こそ膨大に増加していったが、彼等の就くべき官職は総数千余りに止まっていた。そしてそれらは、衙前などの専門職とは職制上峻別されていた[32]。これに対し日本の武士達は、家老・郡奉行等としてばかりでなく、側用人・祐筆として、小姓・小納戸・納戸等、身の回りの世話役、調度の管理役として、作事・普請の監督として、また本来主力である番方は城の警備、行列の扈従として、その主君に仕えていた。それは中国でいえば、宦官や胥吏・衙役の当る職務を多数含んでいる。それらをそのまま「仁政安民」の職とは見做し難い。特に人数比率でいえば圧倒的に

多い中下士達が自らを「治人」の任に与る者と意識するのには、無理が伴おう。儒者の中からは、中士以下は「其の国城を守るの役士」に過ぎず、大名の政治補佐の責があるわけでもない、農商と同じである、大名が改易となっても上士のみ更迭すればよい、という説さえ現れている（三宅尚斎『黙識録』[33]）。徂徠も「平士之類は其職掌軍伍に編るゝ士卒にて。平生之時も侍衛・宿衛の官にて候得ば。古之書に申候士君子と申類にては無之候。」（『徂徠先生答問書』[34]）という。

武士達のほとんどは「吏民観瞻」（前引『牧民心鑑』）の場にはいなかった。その処理すべき「事」も、中国士大夫のそれとは甚だ性格が違った。武士的な朱子学者浅見絅斎は、「敬」に居て「万変」に応ずることの説明に際して「僅ニ出レ門ト往アタラウヤラ、倒レウヤラ、喧呶セウヤラ、討果サウヤラ、誰ニ遇フヤラ、宿処ニ何事ガ有フヤラ、墨スル中ニモ手ヲ挫フヤラ、墨ヲ飛サウヤラ、遽ニ親ノ呼ブヤラ、遽ニ君ノ召サウヤラ、兎角知レズ」と「変」の例を挙げている（『絅斎先生敬斎箴講義』[35]）。そこには裁判も行政も出てこない。当時の武士の生活において予想される「変」事の規模が窺える。

しかも、武士達は、通常土地から切り離され、大名の「家中」「藩」の組織に緊密に組み込まれて生きていた。多数の吏民の視線を浴びつつ、地方を（出師した家などと無関係に個人として）統治し、数年ごとに全天下を異動していく中国の官人と対照的に、彼等は先祖代々城下に集住せしめられ、断えず多数の同僚に囲まれて、細分された一つの役を勤めていた。その役は多くは複数交代制で勤番の日のみ登城した。そして、細かな慣習・前例に従い、目上・目下・同輩と協調しつつ勤めを果さなければならなかった。『番衆狂歌』は、幕府の番方の心得を、次のように懇切に教えている。[36]

御番日を居間に書き付け張り置けよ　もし忘れては立たぬ身の上
近辺の相番又は古番へは　常にしたしく付届けよ
相番の用人家の子たくひにも　詞をかけて名を知つて居よ
番頭組頭又伴頭の子とも親類近付て居よ
頭衆へ見廻は月に一度也　暑寒非常の見舞外也
御番所の部屋に長居ハ無用也　只一日の御番大事に

彼等武士には、地主でもある中国官人や朝鮮の両班と違って、野に下って「独り道を楽しむ」ことのできる、仕えとは関係のない自分の土地はない。朱熹のような、「祠禄の官」という公認の逃げ道もない。「よくてもあしくても」、主君を離れえぬ「譜代」であった。彼等は先祖から受け取り、子孫へ引渡すべき「家」の当主として、「家」ごと「御家中」に組み込まれ、生涯、一地方の狭隘な組織の一員として生きたのである。例えば、尾張藩で御城代組同心・御畳奉行等を勤めた朝日文左衛門重章が、元禄四年から享保二年まで、二六年間記し続けた生活日記が現存する『鸚鵡籠中記』[37]。この、市井の事件への飽くなき好奇心を持ち、槍・柔・鉄砲の心得があり、浄瑠璃・芝居に傾倒し、しばしば二日酔いに苦しんだ人物も、「蒙昧をも顧みず卒爾として」「大学を講」じたことがあるが（元禄五年四月十九日条）、あの「修己治人」のための「居敬窮理」の哲学の予想する生活形態と、『日記』に現われた（儒者的潤色を経ていない）近世武士の仕事と生活の実態との落差は、余りに鮮やかである。

こうした普通の武士の生に、天下統治の主体として個人的責任感を覚え、「万物」への揺ぎなき自律

第二章　宋学と近世日本社会　107

的対応を必要と感じるような機会がそうあったとは考えにくい。

　言語には、従って思想には抽象性がある。受け手の生活形態の相違がただちにそれを無意味とするわけではない。また、無論中国士大夫の職も全国に拡がった組織の一部としてあった。細かい律例の定めがあり、上級庁へ送付しなければならぬ件も少なくなかった。「藩国家」に比べれば、県・州の自律性は小さい。しかし、藩は一人でなく、少数でもなく、多数の「士」がガッチリと組んだ組織である。その中では職掌は細分され、しかも上級職に就けるのは原則として高い家柄の少数の「家」の者に限られていた。そこでの人生の意味の証明を宋学的「修己治人」に求める者も確かにいたであろう。しかし、全体的に、宋学を生み、育み続けた生と、徳川時代の日本の武士の生との差の大きさは、否定すべくもない。宋学の形而上学体系が、天下万民を統治する主体の確立を裏付けるものであるとすれば、天下万民を統治する主体としての意識の持ち難い立場にある者にとって、その形而上学の意義は時に不審であろう。そうした主体が統治者の模範である聖人たらんことを目指すのは自然かもしれないが、「当時の御奉公何分之儀被二仰付一候共、大切に可レ相二勤之一事」と子孫に書き遺した酒井家の家来が、「我等其方などのふきりやう（不器量）にては、聖賢の道はけっかう（結構）過申候、十人並之日本人之能人柄之人を見立、手本に可レ仕事」と思うのもまた自然であろう。前引の朱熹の、官人像と人間構造との類比も、そうした官にいない者には実感をもって受け容れにくかろう。自己の内なる普遍妥当の「性理」を信じ、「事事物物の理」を窮め、それに沿って断乎正しく事を処していこうとする「モラーリッシュな人格」は、"one-man government"の主宰者には相応しかろうが、大

名の「御家中」としては、時に強情で理屈っぽい持て余し者であろう。町やムラの狭隘な人間関係の中で、目上に疎まれず、目下に怨まれず、しかも、仲間に嫌われぬよう細心の努力を払い、決定的ないさかいを回避しつつ一生を生きていかねばならなかった町人・百姓においては、一層そうであろう。

二五〇〇石の旗本跡部良賢は、朱子学を学び、一時、「博識ニナガレ高慢ノ気象トナリ、少モ理ニタゴフトミレバ、発ニ怒気ニ候様ニテ、心常ニ忘（ママ、妄か）動シテ、惻隠ノ心無レ之」、「他人モ親族モ、学問スルホド人ガラガアシクナルト誇リ、人モイヤガルヤウニナリ、愚生、心ニモ後悔多事有」るに至ったという（跡部良賢書簡）[39]。三河国島原村の百姓菅谷氏と隣村の夏目氏は、朱子学を学んで「厳毅清苦、人と与すること寡く」なり、村の年寄がその子弟に「二人の為を学ぶこと勿れ」（あの二人の真似だけはしちゃいかんぞ）と遺言する程だったという（伊藤仁斎『仁斎日札』）[40]。それらは「功夫」の仕方に誤りがあったのかもしれない。しかし、その他にも、「世間のがくもんする人を見るに、さして学問のしるしといふべき益なし、かへって形気あしく、異風になる人ありとみえたり。所詮がくもんはせぬがましかとぞんじ候はいかゞ。」（中江藤樹『翁問答』[41]）、「学文をすれば必ず、人を非に見るやうになり、人柄あしくなると云ふこと俗論なれども、現在俗人の内に多くあること」（堀景山『不尽言』[42]）といった指摘は夥しい。朱子学者蟹養斎も、「今日学問ある人、さして道にもかなはずといひ、結句学問すれば物事不調法になり、かたくのしく理屈ばり、人の障身の害となるとおぼえ、学問をすゝめるを、儒者の口ぐせと心得たる人有」る実情を認めている（『勧学』、元文五年）[44]。

日本儒学の一つの顕著な傾向として、朱子学的な「性」への不信、「理」の哲学が主観的臆断を正当化して傲慢さを招くことへの反感がある。例えば、山鹿素行は、宋学の「本然の性」を否定し、その「敬」の説に従えば「謹厚沈黙迫塞狭浅」になるとして「寛裕従容」を対置する（『聖教要録』）。伊藤仁斎は「宋儒理性の学」を「禅荘の理」とともに、「知り難く」「行い難く」「人事に遠ざかり、風俗に戻る」ものと見做す。彼が対置するのは、「卑」く「実」にして「風俗」と「人情」に沿った「寛裕温柔」なる「慈愛の徳」である（本書補論参照）。荻生徂徠も、「宋儒之経学につのり候人は。是非邪正之差別つよく成行。物事にすみよりすみ迄はきと致したる事を好み。はては高慢甚敷怒多く成申物に候。」（『徂徠先生答問書』）という。こうした傾向には、無論種々の原因が考えられる。「此国ノ人人は唐土ノ字義に疎きゆゑ、深く取り過ぎ、却りて受用の妨になる事多し」（雨森芳州『たはれぐさ』）とすれば、異文化の思想の抽象的な理解が、宋学を本来そうである以上に「理屈」の学としてしまったという事情があるのかもしれない。また前記のように（本章第二節一）、様々な面での宋学の日本社会への不適合を、「理（屈）」一般の「実」との乖離と解釈する意識が生じ易かったこともあろう。しかし、一要因として、中国と日本の「士」「学者」の生の在り方の違い、それぞれの生の要求した精神形態の差があるのではなかろうか。その差違から、宋学的人間像やそれを支える「性理」の観念に不信と反撥が生じたという面もあるのではなかろうか。しかし、その批判が全て当っ宋学自体に、そう批判されるような面が全くないでもないであろう。

ているならば、中国において何故宋学が充分に——ある意味で充分過ぎる程——現実的な「学」たりえたかの説明がつくまい。例えば、人性に内在する「天理」の観念が、それ自体本来反世間的であるとはいえまい。ただおそらくは、日本の世間が、それを往々必要とせず、更には排斥するような体質と構造を持っていたのである。また、人間あるいは社会にとって大事なのは暖かい「人情」の支える安定した人間関係であって、抽象的理屈などは所詮どうにでもなる外在的な付焼刃に過ぎないなどという信条が人類に普遍妥当であるわけではない。別により「現実的」で「進んだ」ものでもなかろう。古学更に国学が、宋学をどこまで内在的に批判しえているかは、大いに議論の余地があろう。ただ少なくとも近世日本社会には、社会構成、その担い手等の質的相違に由来する宋学の一種の不適合性の解釈が、そのような形、姿勢をとって立ち現れ易い事情があったのである。

宋学批判は、当時の日本の体制的思想への批判ではない。少なくともそれは一面において、既成の日本社会の側からする外来思想への批判であろう。

(1) いうまでもなく「生理」とは単に生業の意味である。
(2) 六論は、朱熹が漳州の知事であった時、民衆教化のために示した「勧諭榜」(『朱子文集』巻一〇〇）と内容が一致するとの説がある。木村英一「ジッテと朱子の学」(『東方学報』京都、第二三冊、一九五三年、四六頁)、酒井忠夫『中国善書の研究』(国書刊行会、一九七二年、三九頁)。勿論、このような具体的な日常道徳においては、庶民への教戒と朱子学の教義は大きく一致しよう。しかし例えば「勧諭榜」にも、「窮理居敬」に励めなどという教えは含まれていない。
(3) ここで異端とは、宋学などにいう「異端」ではなく、異教 paganism と対比される異端 heterodoxy を

いう。

(4) 例えば、鈴木中正『中国史における革命と宗教』(東京大学出版会、一九七四年)参照。また、清末、支配層内部の代表的改革派からは儒教の「異端」が生まれ(康有為の「孔子教」)、一方、最大の民衆反乱は正に「異教」であるキリスト教の影響を色濃く受けた「太平天国」であったことは、儒教の社会的存在位置を示して象徴的である。なお、江戸時代の日本の百姓一揆・世直し騒動は、特定の宗教的教義に指導されることは少なく、その意味では非宗教的だった。

(5) 原日本文。『魯迅文集』第六巻(筑摩書房、一九七八年)一六四―五頁。

(6) また、康有為も、「今、学校は、孔子を祀っており、教官や学生は、時期ごとの祀典には参詣を許されるほか、その余の諸々の庶民及び婦女は参詣を許されません。人民は、帰依すべき所がありませんので……」と述べている。「請尊孔聖為国教立教部教会以孔子紀年而廃淫祀摺」、蔣貴麟主編『康南海先生遺著彙刊』(一二、宏業書局、「戊戌奏稿」、二八頁)。訳は、小野和子氏による。西順蔵他編『中国古典文学大系58、清末民国初政治評論集』(平凡社、一九七一年)一五六頁。

(7) 『中国文明選』第三巻(朝日新聞社、一九七六年)八一頁。

(8) 極端な例として、例えば熱烈な朱子学者、呂留良(晩村。一六二九―八三)を想起されたい。彼は、三代以後の礼楽刑政は全て功利の私心によるとし、井田・封建の制の復活を唱え、清朝政府に思想的に抵抗した。死後、その棺があばかれて屍体が戮せられ、著作は全て禁燬されたのである。銭穆『中国近三百年学術史』(一九三七年初版。台湾商務印書館、一九八〇年七版)六九―八七頁、参照。

(9) 岩波書店、一九六七年、一四頁。

(10) これは、別に朱熹の特異な認識であるわけではない。例えば、呉敬梓『儒林外史』第一三回にも「よしんば孔子様が今の世にお生まれであっても、やはり文章を勉強し、科挙の学におつとめになったにちがいな

(11) 『朱子語類』巻四第三八、九一条、巻五第三条。『朱子文集』巻五九「答陳衛道」第一書、巻七四「玉山講義」。なお、本文引用の巻四第四〇条の原文は次の通り。「天命之謂性命便是告劄之類性便是合当做底職事……心便是官人気質便是官人所習尚或寬或猛情便是当庁処断事」

(12) 前掲書、一一七頁。

(13) ちなみに、汪輝祖『学治臆説』(乾隆五十八年自序)巻上「解土音之法」では、通訳に頼らず、一一、二歳の「邸童」を雇い、「早晩随侍」して「土音」を話させることによって、自ら「土音」を習得することを勧めている。

(14) 滋賀秀三『清代中国の法と裁判』(創文社、一九八四年) 一三頁に拠る。

(15) T'ung-tsu Ch'ü, Local Government in China under the Ch'ing, Harvard University Press, 1962, p. 195.

(16) 註 (14) 前掲。二五一頁。知州知県が、検事兼警察署長の役割をも持っていたとの表現は、同書二四八頁に拠る。

(17) 『アジア史論考』下巻 (朝日新聞社、一九七六年) 三三四頁。滋賀秀三前掲書一二頁によれば、胥吏・衙役を合わせると、清代には「数百から数千にも及ぶ人員がたむろしていた」という。

(18) 梅原郁『宋代官僚制度研究』(同朋舎、一九八五年) 五〇八—九頁は、南宋淳熙期の福建福州で、州に四六六人、県には一二県平均で一〇〇人、同嘉定期の両浙東路台州で、州に三四二人、県は五県平均で一〇八人という数字を挙げている。

(19) 「又以為、官無封建而吏有封建者。皆指実而言也。」『水心文集』巻三「吏胥」。

(20) 李氏朝鮮においても同様だったことは、例えば、丁若鏞 (茶山。一七六二—一八三六) の『牧民心書』

に窺える。

(21) 宮崎市定「宋代の史風」(『アジア史研究』第四《東洋史研究会、一九六四年》)参照。

(22) 荒木見悟「近世儒学の発展——朱子学から陽明学へ」(荒木見悟編『朱子王陽明』《中央公論社、一九七四年》)一二頁。

このような武家君臨のもとに、徳富蘇峰が徳川期の儒者の性格を述べた一文を引いた後、徳川期の儒者と、『万世に太平を開き』(張横渠)、『天下の憂いに先だちて憂え天下の楽しみに後れて楽しむ』(范仲淹)熾烈な責任意識のもとに、経綸施策の第一線に立ち、時としては君主に直接その抱負を訴え得た宋代の儒者のあり方を、同一視角で処理するわけには行かないであろう。東照神君によってもたらされた太平の余沢に、ささやかな幸福感を味わうものと、国土の半を失い、なおかつ夷狄の侵入におびえつつ危機突破の計策に腐心するものと、そのおかれている環境はまるでちがっていたのである。」(括弧内も荒木氏)

(23) 『日本随筆大成』第二期第一〇巻(日本随筆大成刊行会、一九二九年)五六六頁。

(24) 関儀一郎編『日本儒林叢書』第三巻、一五頁。

(25) 関儀一郎編『日本名家四書註釈全書』第七巻、三二二頁。

(26) 例えば、島田虔次氏が、いわゆる陽明学左派の王艮(心斎)について、次のように述べていることを参照。「……おおよそ士大夫に非ざる『学者』、一介の庶人にすぎずして敢て『儒学』を講ずるもの、そのようなものがそもそも嘗て予想し得たであろうか。然るに王心斎はまさにそのような学者、それも単なる偶然的存在ではなく、特徴ある学派の始祖として儼然たる学史的位置を占める学者であった。『中国における近代思惟の挫折』(筑摩書房、一九七八年)一〇二頁、傍点も島田氏。これに対し、日本では、江戸時代初期以来、「儒学」を講ずる者が「一介の庶人」であることは、極く普通である。

(27) 阿部吉雄「日鮮中三国の新儒学の発展を比較して」(『東京支那学報』第一二号、一九六六年、一一—二

頁)も、「……江戸の社会は、大名、武士、庶民の厳然たる身分社会であり、儒者の身分は武士と庶民との間にある、いわば中間層であった。従って儒者が政治的権力者の地位に就くことはほとんど例外であり、この意味では明清や朝鮮の社会と比較すると、その地位は低かったといえる。しかしそのためにかえって武家の教師、庶民の教師として、政治の圏外にあってそれぞれの階級の道徳、もしくは職業倫理の形成に寄与することができた面があったと思う。」と指摘している。ちなみに、西川如見は、「町人の子に生れて町人の家職をいやしみいとひ、父母の家を出て、一向仕官俸禄の望み有ての学問ならば、其主意既に道理にたがへり。学問の本意にはあらず。」と教えている。『町人嚢』中村幸彦校注『日本思想大系59、近世町人思想』(岩波書店、一九七五年) 九七頁。

(28) 関山直太郎『近世日本の人口構造』(吉川弘文館、一九五七年) 三一二頁。

(29) 一八五〇年についての推計である。Ping-ti Ho, Studies on the Population of China, 1368-1953, Harvard University Press, 1959, p. 64, に拠る。

(30) John King Fairbank, The United States and China, Fourth edition, Harvard University Press, 1979, p. 38, p. 115. 市古宙三訳『中国』(前掲書第三版の翻訳) 上 (東京大学出版会、一九七二年) 三五、一二四頁。また、顧炎武 (亭林。一六一三―八四)『亭林文集』巻一「生員論」上によれば、当時、天下の生員の総数は、一県三〇〇と数えて五〇万人を下らないという。山井湧『明清思想史の研究』(東京大学出版会、一九八〇年) 三三九頁所引。

(31) 荒木敏一『宋代科挙制度研究』(東洋史研究会、一九六九年) の「附篇宋代科挙登第者及び状元名表」より計算。

(32) Gregory Henderson, Korea : The Politics of the Vortex, Harvard University Press, 1968, pp. 39-42. 鈴木沙雄他訳『朝鮮の政治社会』(サイマル出版会、一九七三年) 三八―四〇頁。

（33）井上哲次郎他編『日本倫理彙編』巻之七、五一五頁。
（34）島田虔次編輯『荻生徂徠全集』第一巻（みすず書房、一九七三年）四六六頁。
（35）西順蔵他校注『日本思想大系31、山崎闇斎学派』（岩波書店、一九八〇年）一四六頁。
（36）『改定史籍集覧』第一七冊、七九六、七九七頁。但し、読み易くするため、適宜表記に手を加えた。番方の勤めにおける先輩への気の使い方、「仲間の突合」の「むつかし」さの具体的な記述として、例えば松浦静山『甲子夜話続編』巻二一第一九条（中村幸彦他校訂『甲子夜話続編』二〔平凡社、一九七九年〕一三五頁）参照。
（37）『名古屋叢書』続、九―一二巻（名古屋市教育委員会、一九六五―九年）。また、これを詳しく紹介した、加賀樹芝朗『元禄下級武士の生活』（雄山閣、一九六六年）を参照。
（38）『和田政勝家訓』、正徳四年。『日本教育文庫』家訓篇（一九一〇年）四七六―七頁。
（39）倉本長治編『近世社会経済学説大系七、浅見絅斎集』（誠文堂新光社、一九三七年）二九一頁。
（40）『日本倫理彙編』巻之五、一七一―二頁。
（41）山井湧他校注『日本思想大系29、中江藤樹』（一九七四年）四八頁。
（42）滝本誠一編『日本経済大典』第一七巻（啓明社、一九二九年）三九一頁。
（43）国学者については言うまでもない。既に契沖（寛永十七年―元禄十四年）は、「漫吟集類題」巻一八「雑歌」二、久松潜一校訂『契沖全集』第一三巻（岩波書店、一九七三年）三二一―二頁。また、「宋儒の詩の、唐よりも遥に劣れり、かたくななるをよめる歌とも」二〇首をのこしている。和哥はことに京極黄門のゝたまへるごとく、はかなくよむをおかしき事とすべし」ともいう。『河社』、同『契沖全集』第一四巻（一九七四年）二二頁。
（44）『日本経済大典』第一六巻（一九二八年）二二八頁。

(45) 広瀬豊編『山鹿素行全集思想篇』第一一巻（岩波書店、一九四〇年）二八、二二三頁。
(46) 註（34）前掲書、四八三頁。
(47) 塚本哲三編『名家随筆集』下（有朋堂、一九二六年）六〇頁。
(48) ちなみに、荒木見悟「朱子学の哲学的性格——日本儒学解明のための視点設定」（『日本思想大系34、貝原益軒・室鳩巣』（一九七〇年）四四七頁）には、次の指摘がある。「中国の陽明学派では、朱子がしばしば定理（一定之法則）と呼び、実践主体の行く手を命令的に予め方向づけるとした、その理の安定性に鉾先が向けられたに対し、日本の朱子学批判者たちは、むしろ朱子のいう理の不安定性に攻撃の重点をおいていた。」括弧内の註、傍点とも荒木氏。

第三節 「家」

徳川時代前期、程朱の学を中心とする中国・朝鮮渡来の儒学が拡がっていった時、それを単なる知識としてでなく、自分の生を支え、世を導く思想として真剣に受けとめた人々もいた。彼等は外国の聖賢の書に真理が在ると信じた。しかし、それを日本社会に活かし、応用しようとする時、往々聖賢の書の論じていない種々の新たな問題が生じたのである。第一、二節で見た日中社会の形式上の相違、思想主体「士」の実態の差異だけが原因であるべきではない。例えば「家」をめぐっても類似の状況があった。「五倫」（父子の親、君臣の義、夫婦の別、「家」は、枢要の徳目「孝」の行われるべき場である。

長幼の序、朋友の信」の内、二つは専ら、家族に関わる。また、『大学』の八条目において「修身」と「治国」を結びつけるのは「斉家」である。かつ、中国史上、家族道徳の実行は政治権力によっても不断に奨励された。『唐律疏議』において、「五刑之内」で「尤も切」なるものとされた「十悪」の一つは「不孝」である。つまり、「不孝」の行為は犯罪であった。明の太祖の「六諭」の第一は「父母に孝順なれ」である。君であり師であるはずの皇帝であり、特に唐宋以降、皇帝の諡には、ほとんど例外なく「孝」の字が含まれている。一方、近世日本でも、天和の武家諸法度（享保以後も襲用された）は第一条で「文武忠孝を励し、可ν正二礼義一事」と定めている。天和二年（一六八二）に全国に立てられた幕府の高札（「忠孝札」）も、「忠孝をはげまし、夫婦兄弟諸親類にむつましく、召仕之者に至迄憐愍をくはふべし。若不忠不孝之者あらバ、可為重罪事」という。現に公事方御定書は、「親殺」を一般の殺人より厳しく処罰するよう規定している（引ひき廻まわし之上うへ磔はりつけ）――もっとも「主殺」（二日晒さらし一日引ひき廻まわし鋸のこぎり挽びき之上うへ磔はりつけ）に比べればなお軽いが……。また、大名の組織は「御家」であり、しかもそれは多数の「家」によって構成されていた。町や村の構成単位も、個人ではなく「家」であった。大家族が徐々に崩れ、後述するような「家」観念が中下層農民の小家族までをも強く把えたのは中期以降であるとしても、人は代々続くことを予定する「家」に生れ、「家」成員として働くのがノーマルであるというのは、一貫した通念であった。自分の「家」の持続と繁栄は、武士や上層の町人百姓ばかりでなく、次第にほとんどの日本人の抱くようになった人生最大の希望であり義務であり、その断絶は典型的な不幸であった。家族道徳を万人に

内在する生得の「性」に基礎付け、その実行を凡そ人たる者に当然の義務とし、「治国平天下」も「斉家」を前提として実現されると主張する思想には、確かに適合的な社会であった。その意味で、宋学の教えには強い説得力があったであろう。

しかし、中国と当時の日本の間には、「家」という字で表示された集団の構造、家族関係の性質にかなりの相違もあった。それは特に具体的な教説をめぐって摩擦を惹起し、外来思想の妥当範囲への疑問をも時に生み、更にはその内容の意識的無意識的変移をももたらしたのである。

これまで蓄積されてきた夥しい数量の研究の示唆する通り、近世日本のいわゆる家（以下、イェと記す）は、ある特殊な性格を持っている。それは、当時の中国の家とも、李氏朝鮮における「집」(チプ)とも異なる。イェは、単に祖先と子孫を含む血縁集団とはいえない、一種の形式的な機構という性質を強く帯びているのである。徳川時代半ばまでに次第に下層にまで浸透した通念によれば、イェとは、個々人の集合であるよりは、個々人をいわば折々の質料とする形式的な永続的な機構である。F・L・K・シュー（許烺光）氏やロバート・J・スミス氏は、これを corporation の性格を持つと表現している。この corporation は、それ自体の社会的機能を有し（家業）、それ自体の象徴を有し（家紋）、それ自体の名を有し（家名、屋号）、それ自体の名誉を有した（家名、家柄）。それ自体の財産を有し（家督）、その折々の代表者を有した（当主）。代表者の交代は「家を嗣ぐ」と表現された。無論、生前に自己の意志もしくは周囲の圧力で代表の地位を譲ることもありえた（隠居）。

第二章　宋学と近世日本社会

商家同族団の秀れた研究において中野卓氏はこう述べている。

〈家〉は、それ自体を永続的に、また、できるなら末広がりに繁栄させてゆくことを目的とする一種の経営団体である。M・ウェーバーのように経営行為を、一定目的の継続的遂行と規定するかぎり、これはさして無理な表現ということはできない。ただ、特定の専門化された目的機能を遂行するために人為的に作られ、その成員すべてが個人的に自由意志で参加し離脱するような集団とは異なり、〈家〉は、特定家族をその中枢的な成員とし、その中枢部の超世代的存続を軸として、なしうるかぎりそれを血統による裏付けをともなって実現しようとしている点……に一般の経営体とのいちじるしい相違がある。《商家同族団の研究》[5]

しかし、中国でいう「家」は、このような性質を持たない。右に列記したような日本のイエに関する極く普通の用語にあたる観念も、ほとんど存在しないのである。以下、念のため、中国の家について主に滋賀秀三『中国家族法の原理』（創文社、一九六七年）に拠りながら述べる。

中国の、厳格に父系でたどって同一の祖先を有すると観念される宗族としての家（広義）、及びその一部分をなす、家計を共にする生活共同体としての家（狭義）は、いずれも具体的な個人の集団である。個々人を超越して「存在」する機構という性格を有しない。家自体が一個の企業体であり、その成員として個々の家族員がいるという性質を持たない。業を営む主体は個人（達）である。従って、息子達が親のしてきた職業を離れ、全く異なるそれぞれの業に従事しようとも、その家の同一性は何等阻害されない。そもそも子の一人が「家を嗣ぐ」という観念がないのである。事実上の職業の継続

という意味を越えた「武士の家」「商人の家」はない。無論、「家元」もありえない。何を業としようとも、李の血を(父系でたどって)承けた男子のいる限り李家は続く。「家業」の語はあるが、それは通常家産の意である。個々人の財産を持ち寄ってプールしたもの(で、特に不動産の形をとったもの)を指すに過ぎない。それ故、それは、例えば父の死後兄弟で分割することが完全に可能である。しかもその場合、兄弟で均分するのが家に留まっても「厄介」となるわけではない。従って「本家」「分家」の別はない。「長幼の序」は唱えられるが、長男以外が家に留まっても「厄介」となるわけではない。姓も、中国では直接個人に附される称呼であり、団体名の性格を持たない。戦前の日本では法律用語でさえあった「家督」もまた、日本語である。

一方、『広辞苑』(岩波書店、第三版)によれば、「名字」とは「(代々伝わる) その家の名」である。それ故、日本と違い、今に至るまで中国(そして朝鮮)では、結婚しても女性はそのもとの姓を失わない。社会的名声を享受する主体は個人であって、個人が「家業」を通じて「家名」のために働くわけではない。父の死は、共同会計の生活共同体からただ一員が去ったことを意味するに過ぎないから、家の相続という観念はそもそも成立しない。子は家でなく父という個人を嗣ぐのであって、「継嗣」「承祀」「承業」等は、結局、故人及び故人以前の各世代の祖先を祭る義務を引受け、同時に故人の財産権を引継ぐことの表現に過ぎない。中国では、「一つの泉から幾条もの水が分れ流れるように、ま

た一つの幹から千枝万葉が生い茂るように、宗族とは一個の祖先の生命の延長拡大にほかならない」（滋賀前掲書、三七頁）のである。

そして程朱の学は、古代の経典の教えに照らして当時の現実の社会慣行を批判することはあっても、基本的には、旧中国のこうした家を前提し、その建前を普遍的なものとして、その教えを説いている。例えば中国では、各人が何を業としようとも（例えば結婚した兄弟が同居していようとも、また実際には一時的に別居していようとも）また実際には一時的に別居していようとも）、「各人の勤労の所産をすべて全員のための単一共同の会計すなわち家計に入れる」ことを核心とする生活様式（これを「同居共財」と表現する）が、生活共同体としての家を成り立たせている。それは「中国の家をして家たらしめる本質的要素ともいうべき」ものである（同居共財）については、滋賀前掲書、六八―八一頁。引用は六九、六八頁）。ところで朱熹によれば、「同居共財」は「先王の制礼、後王の立法」であるばかりか、端的に「天性人心自然之理」に外ならない（「暁諭兄弟争財産事」、『朱子文集』巻九九）。

しかし、前記の如く、イェは朱熹が念頭に置いていた家とはかなり異質だったのである。徳川時代、庶民はともかく武士の家は儒教的性格を有したとされることがあるが、無論それも疑問である。確かに特にその後期、武士に儒教の影響がより濃かった。しかし、例えば、父の権威の高いことと儒教的であることとは同じでない。武士のイェが、いかなる意味で、いかなる程度に「儒教的」だったかについては、右の滋賀氏の研究などを前提とした、慎重な再吟味を要するはずである。

（1）桑原隲蔵「支那の孝道殊に法律上より観たる支那の孝道」、『桑原隲蔵全集』第三巻（岩波書店、一九六

(2) 例えば、中根千枝『「家」の構造——社会人類学的分析』(『東京大学公開講座11「家」』東京大学出版会、一九六八年)七頁、大藤修「近世における農民層の『家』意識の一般的成立と相続——羽州村山地方の宗門人別帳の分析を通じて」(『日本文化研究所研究報告』別巻第一二集、一九七五年)、大竹秀男『封建社会の農民家族』(改訂版、創文社、一九八二年)三三五頁を参照。

(3) 作田啓一他訳『比較文明社会論——クラン・カスト・クラブ・家元』(培風館、一九七一年)二八二頁。「日本の家族——親族関係と祖先崇拝」(増田義郎編『講座比較文化』第六巻『日本人の社会』(研究社出版、一九七七年)一二六頁。

(4) 名字の公称の許されなかった百姓等は、太郎兵衛等の名を累代使用し(通り名)、その代用とした。例えば、大藤前掲論文、五三—六頁、大竹前掲書、一八七—八頁、参照。

(5) 第二版上(未来社、一九七八年)六四—五頁。傍点も中野氏。

(6) この点、朝鮮ではやや異なる。朝鮮半島における伝統的な家では、長子優待不均等相続がなされ、その結果、本家・分家の別もあるようである。但し、次男以下は当然に分家する権利を持つという。李光奎『韓国家族の構造分析』(服部民夫訳、国書刊行会、一九七八年)第四章、参照。

(7) 柳田国男「先祖の話」、『定本柳田国男集』第一〇巻(筑摩書房、一九六九年)二〇頁。もっとも、家督という語が中国語に全く存在しないわけではない。しかし、日本語での意味は持たないのである。滋賀前掲書、三〇三—四頁。また、『辞源』(修訂本。商務印書館、北京、一九八〇年)は、「旧時長子督理家事、故称長子為家督」と説明している。なおまた、『国体の本義』(文部省、一九三七年、四五頁)は、「かくの如く家の生活は、単に現在に止まるものでなく、祖先より子孫に通ずる不断の連続である。従って我が国に於ては、家の継承が重んぜられ、法制上にも家督相続の制度が確立せられている。現代西洋に於て遺産相続の

みあって家督相続がないのは、西洋の家と我が国の家とが、根本的に相違していることを示している。」と主張している。

(8) 『辞源』(修訂本)、『辞海』(上海辞書出版社、一九七九年)は、『新華字典』とほぼ同様。

(9) 例えば、朱熹・呂祖謙編の『近思録』巻九第一二、一三条には、「宗子法」を立て、祖業を分割しないようにせよとの程子の主張が引かれている。

(10) これは、特に、「封建武士的＝儒教的な家族制度」(七頁)とした川島武宜『日本社会の家族的構成』(日本評論社、一九五〇年)の影響があろう。

一 「姓」

中国の家の性質に由来する最も具体的で、明快な教えとして、同姓婚と異姓養子の禁止がある。即ち、中国では同姓であるとは、偶然独立に姓を同じくした場合を除けば、(父系でたどって)同一人物を共通の祖先とすることを意味する。しかも、幾世代を経ても、その血(中国ではこの場合普通「気」という)の同一性は不変と観念される。同姓とは同一気の流れの部分同士であること、「本質的」に同一の人間であることの印である。それ故、インセスト・タブーの中国的表現として、同姓の者同士の婚姻は道徳律に違背するものとされるのである。その点、朝鮮も同じである。ところが、日本社会には、かかる族外婚制 exogamy のルールはない。そのような姓の観念、家の観念がないからである。そもそも人口の大半を占める庶民には、公式には姓がなかった。また、これを親類不婚と解釈しても、本阿弥光悦(永禄元・一五五八年―寛永十四・一六三七年)の母妙秀のように、むしろ

「親類の者共の縁辺を極るに、他人と取組と聞ば機（気か）に合ず、親類の中と聞ば悦びける。一類共数多あるに他家へ遣すは、其娘に疵有やうなり。又我一類の中に成人の娘あらば、外々を尋ねもとめても肝を煎るべし、幸ひわが方に似合敷ことのあるに貰はざるは、親子おもひのなきしるしなり、かいもくたのもしからず。」（『本阿弥行状記』）と考える者さえいたのである。大坂の豪商鴻池善右衛門の「条々」（正徳六年）も、「善右衛門子孫縁組之儀一門之内に血脈差合無之相応之縁在之候はゞ一門の中より相極メ候様に致度候」と定める。関東を舌耕して回った常磐潭北（貞享二・一六八五年―延享元・一七四四年）も「唐にては、同姓を娶らずといへ共、我朝にては不ㇾ然。血脈を慥にせん為なれば従弟合せなどは一段とよかるべし」（『百姓分量記』）という。この社会にとって、「妻を取るに同姓を取らず」（『礼記』曲礼上。朱熹の指示で劉子澄の編した『小学』の明倫第二にも引用されている）という教義の移入は、凡そ内発的な理由を欠いている。その意義が理解されにくく、往々反撥を蒙ったのも当然だった。

山崎闇斎は「かならず異姓をめとりて、同姓をめとらざる事、まことにかりそめならぬ事也。夫婦の別は、天地の自然なるに、男女の欲にまかせて、みだれやすきゆへに、とをきにつきて、別をあつうしたまへる、聖人のふかきこゝろなるべし」（『大和小学』）と、いささか的はずれの説明を、やや自信無げにしている。熊沢蕃山は、ある質問に答えて、（日本では）「同姓を不娶」の「礼を云者は、貴殿などしたしみ給ふ人十人か二十人か。扨は格法の学者二三十人の外には過べからず」と述べている。蕃山によれば「わづかに相交る人を以て、天下の数かぎりなき世俗の人情をしらず、時勢をかんがへ

ずして、時至り勢よしとおもへるは不知」である。そして彼は「いまだ日本にをいて掟なきことなれば、いとこよりは俗に随て不苦」と、力関係、人情時勢を考慮し、「掟」のないことを根拠にいとこ婚をも認めたのである（『集義和書』）。同様に佐善雪渓も、「本邦ハ昔ヨリ同姓ヲ諱ノ礼制ハ天子ヨリ出ルモノ也、今ニシテハ将軍家ヨリ出ベキ也、上ヨリシテ此ノ制ナケレバ漢礼強ニ不用（『下谷集』）と、お上に下駄を預けている。雨森芳州によれば、「同姓不二相娶一は、周礼のみ然り」（「たはれぐさ」）、過去の特定の王朝の定めである。また、時代は下るが、広瀬淡窓（天明二・一七八二――安政三・一八五六年）は、「同姓婚せざるは、聖人の義を立てし可也。之を漢に行ふ可し。之を他邦に推す可からず。……凡そ漢人は義を立つるに詳しと謂ふは可也。他邦の為す所は皆天理に悖ると謂ふは不可也。」（『義府』）という。特殊中国的な「義」に過ぎないというのである。

以上論拠は様々だが、『礼記』『小学』の明文の教えを相対化し、日本の「俗」に即いた点で、効果は同じである。後述するように異姓養子に対して厳格だった崎門の三宅尚斎も、同姓を娶り、子供も出来た後で同姓婚の誤りなることを知った時には、「人情」からして、また「我邦は同姓避け難」いことからして、離縁は不要とする。尚斎によれば、これは「大義の関する所」ではないのである（『黙識録』）。

異姓養子の件ははるかに深刻だった。中国では養子（無論、男の養子をいう）とは、家を嗣ぐ者、前代の当主に代ってその職務と地位を担う者ではない。端的に、実の息子のない人を継承する者であ

る。それ故、兄弟が同居して一家をなし、その弟に息子のない場合でも、その弟に養子が必要とされた。「それは、人の死後からでも養子が選び立てられる必要があったという事実が示すように、人間にとって死は万事の終りではなくして、欠損なき肢体を保って祖墳に葬られ、自然によるにせよとにもかくも子孫によって永く祭り続けられることが、人生にとって不可欠の一部であり、擬制によるにせよ人生ははじめて完結するものであったからに外ならない。」(滋賀前掲書、一二三頁) 人はそれによって人生ははじめて完結するものであったからに外ならない。」自己の「気」を嗣ぐ者に祭られることによって、先祖からの流れを断たずに続けていかれるのであり、また、そうしなければならなかったのである。従って養子となる者もまた、同一「気」を受けた者(しかも「昭穆相当」、即ち息子の世代に属する者、例えば甥の横すべり)でなければならなかった。無縁の人物を養子とすることは、不正である以前に、無意味であった。中国の家の本性からして、(この点は実際には若干の弛緩が見られるとはいえ、あくまで原則として) 異姓養子もまた禁制だったのである。この点、朝鮮のチッでも同じである。

宋学の教えでも、この点、無論厳しい。朱熹門人の陳北溪は、『字義』(『性理字義』)「鬼神」においてこういう。

今世、多く女子の子を取りて後と為すこと有り。姓は異ると雖も気類相近きこと有るを以て、姓異なりて属疎なる者に勝れるに似たり。然れども晋の賈充、外孫韓謐を以て後と為せしに、当時太常博士秦秀已にその紀度を昏乱するを議せり。是れ則ち気類近しと雖も姓氏実は異ればなり。此説また断じて行ふ可からず。

朱熹も、異姓養子の実例に触れて、「異姓を立てて後と為すは、これもとより今人の失なり、今また以て追つて正し難し」(『朱子文集』巻五八「答徐居甫第一書」)としたことはあるが、本来、自己の姓に戻る(「帰宗」)べきであることについては、「軽重本末事理甚明」と明確である(同巻四六「答詹元善第三書」)。

ところが、近世日本では異姓の養子・聟養子を迎えることは、大名以下決して稀でない慣行であった。イエは、同一気の流れというよりは形式的機構であるため、血筋としては赤の他人でも、改姓して家督・家業を嗣げば、イエは立派に存続すると観念されるからである。それ故、子孫も全て死に絶えた後に、無縁の人物を養子と見做して「絶家再興」することすら可能なのである。武士の「名跡相続」[20]ばかりでなく、農民でも、絶家の跡を他所からの転入者が通り名を襲うことによって再興する例がある。[21]「現存する家成員が一名もいなくなった場合でさえも、機会あればその再興が期せられた。再興までの間は、『家』はまったく観念上の制度体としてのみ存続した」(中野卓)[22]というのが、日本のイエなのである。勿論、右は極限的な例である。しかし、それを全く無意味な茶番としない性質を、イエは持つのである。中国・朝鮮の感覚からすれば、こうしたことを許すイエなるものにおける祭祀は、そもそも、祖先崇拝と呼びうるか、疑わしかろう。

また、一般に家禄を承継して代々伝えるのを原則とした当時の武士の組織——幕府、藩——は、同姓でなければ絶対に養子たりえないとすれば、長期的にはその存続さえ危くされたであろう。老中久世広之は、寛文四年（一六六四）、次の様に述べた（『武家諸法度之奥書』）[23]。

女子は知行を取公義をつとむる事なければ、男子のなき家はそのもの死て後、家人みな道路にた〻むとす、此ゆへに武家の業を相継、家人をも養ふべき器量あるものを見立、わが家の客となし、娘を以て飲食衣服の妾となしつかへしむべし、男子も人の余男にて継べき家もなきものは、上は主君に仕へ下は人の家をたすくる事なれば、女家に客となる事道理にたがふべからず、

久世家では、以後、毎年正月十一日に、この奥書を家中の士に読み聞かせたという。当時において穏当な見解だったであろう。戦国時代の小野寺家家法（永禄元年）も、養子は「姓の尊卑を選ばず其器量の可否を選ぶべき事」とし、最上家掟も「姓の貴賤」を選ばず「武功者の二男・三男」を養子とするよう指示している。

なお、天和の武家諸法度は「養子者同姓相応之者を選び、若無レ之においては、由緒を正し、存生之内可レ致言上」とし（享保以後も同じ。中間の宝永の法度も同趣旨）、寛文三年の諸士法度は養子につき「同姓之弟同姓甥同従弟同また甥并従弟、此内を以て相応之者を撰べし。若同姓於レ無レ之は、入聟娘方之孫姉妹之子種替之弟、此等は其父之人がらにより可レ立レ之。自然右之内にても、可レ致三養子一者於レ無レ之は、達三奉行所一、可レ請三差図一也」と定める。同姓を優先するわけである。しかし、いずれも、異姓養子自体を否定するわけではない。他の大名もほぼ同様である。同姓を優先したのも、時にそう理解されているのと違い、儒教の影響というよりは、末期養子の禁同様、一般に養子を制限し、更に「筋目」を重んじる方針等の故であろう。現に末期養子の禁同様、かえって儒教の一層浸透した

後期に、この制限は緩められたのである[27]。それに、養子一般について同姓を優先することは、かなりの割合を占める壻養子については実際上同姓婚を促すことになり[28]、その意味ではそもそも反儒教的なのである。

ところで中国では、姓はその生れついた気の系統を示す、人の根源的なアイデンティティの徴表であるため、「自己」の姓を否認することは、父祖を否認し同時に己れの最も基本的な誇りを抛棄することに外ならず、かりそめにも耳にし口にすべからざる屈辱的なことである。『中日大辞典』（愛知大学中日大辞典編纂処、一九六八年）が、「我要撒謊、我改姓。」に「私がうそをついたら首をやるよ」という訳を与えているのは、日中両文化の対照を示して象徴的である。朝鮮でも「姓を変えるということは天地陰陽が顚倒するごとく観念され」（朴秉濠「韓国村落社会における同族結合の類型」[29]、現韓国でも「『姓を変えるようなやつのくせに』という冗談は、冗談のなかでももっとも相手を侮辱する悪口であるとみなされている」（崔在錫『韓国人の社会的性格』[30]）。しかし、近世日本では、保科正之は、もと徳川であり、松平信綱はもと大河内であり、上杉鷹山はもと秋月であり、林家八代当主林述斎はもと松平であった。改姓は恥でなく、他人養子を確立した慣行とする社会だった。

そこに、中国・朝鮮でも実際には徹底しきれなかった「異姓不養」の原則を「天理」と主張する思想が、専ら書物を通してもたらされたのも無理はなかった。事はイエの存続に関わる。鋭い軋轢の生じたのも無理はなかった。

旧姓野尻、外祖父の養子となった熊沢蕃山は、こう自問している（『集義和書』[31]）。

当世学者の論に養子といふことはなき義なりといへり。しかればとてやたちまち家たえ、家内の者共を流浪させんも不便なる事也。これにつきても世中の人、学問をきらへるもの多しといへども、心にをいてしのびざるがごとし。

前記の如く、当時のイヱの重要性は日本への「学問」移入の好条件であった。しかし同時にイヱをめぐって「これにつきても世中の人、学問をきらへるもの多し」という事態を生じたのである。蕃山の主君池田光政も、異姓養子を禁じようとした所、人々「合点不ν参、我物すきの様に存」じたという。「世上皆異姓之せんさく無ν之故」である。「然る上は、我等も先唯今は世上なみに可ν申付」と光政は折れた（三村永忠『有斐録』）。蕃山の方は前引の問いに対し、「もし同姓なくば他姓と云とも可也」と応じた。「人は皆天地の孫なり。同姓にあらざるはなし。……養子入聟等は今日本の風俗と成て、人情の安ずる所也。君子たる者は人の非をそしらず、天を以てひとり立べ」きだからである。「小人の人情風俗」への配慮を政治的知恵として正当化し、「聖人の法」を相対化したのである。

藤井懶斎（寛永三・一六二六年―宝永三・一七〇六年）は、捨子、孤児、君父の命などの理由で養子となるのと、「自ミヅカラメ求テ人ノ後トナル」のとは別であり、「儒者一切ニ皆訓ニ笑ニ之」るのは問題であるとする。前の場合は、「親ヲ忘テ利ヲ貪」ものではないからである（『閑際筆記』）。

……時代はやや下るが、三浦梅園は、端的に「法は人の立たるものにして、風は其国のならはしなり。……女子は家を続べからずといふも、人の立たる法なり。女子も其家を続べしと風は其国のならはしも、立てたるも、人の法

なり。……今の学者、からの書に見なれ、からの教にあはざる事をば疑ひあやしむも、学習の弊なるべし」と説く（『子嗣の弁』、安永七年）。相対的な「人の法」に過ぎないというのである。出雲松平家に仕える儒者、桃西河（寛延元・一七四八年―文化七・一八一〇年）も、「今日本は姓氏を立つることを専とす、中華は血脈を続くを要とす。是を以て和漢の論一同すべからず。」と明快である。「唐土と日本と俗を異にし、古と今と風を異にす、其時に従って論を定むべ」きなのである（『坐臥記』）。

しかし、他人が祭っても祖先の霊は応えるのであろうか。崎門の跡部良顕（光海）はいう。唐の孔子を日本で祭っても「感ずるの理」があるのだ――元禄四年以来、湯島には孔子を祭る聖堂が聳えていた――。「況や日本の人其家を継、其禄を受け、恩沢身に潤ひ、其家の為に孝心を尽さば、祭祀感格疑な」い（『日本養子説』、享保七年）。幕末、朱子学者大橋訥菴もいう。「養父ガ其者ヲ懇望シテ養フテ己レガ子トナシ其孝養ヲ悦ビ受テ祭祀ヲ行ヒタランニハ、全ク義ヲ以テ結ベル所ノ親子ニ相違ナ」い、「養子ガ誠敬ヲ尽シテ祭祀ヲ行ヒタランニ至リシナレバ、感格セズト云コトナク、争デカ歆ケザルコトアランヤ」（『養子鄙断』、文久元年）。なお、訥菴は旧姓清水、大橋家の女婿だった。

もっとも佐藤一斎によれば、「古の聖人王、舜も、彼に天下を禅譲した堯の聟養子に外ならない。「邦俗にて、養子の後を承くるは、已むを得ざるに出づといへども、道においてもまた太しくは妨げず。堯は舜を以て婿と為し、後に天下をもってこれに与ふ。祭法（『礼記』）に曰く、『有虞氏は顓頊を祖として堯を宗とす』とは、則ち全然養子の後を承くると相類す。蓋しまた天なり。」（『言志四録』）。

広瀬淡窓に至っては、異姓養子は「古ノ道ニ不レ合コト」ではあるが、むしろ積極的に「養子流行

スルヲ幸ニ、賢ヲ進メ不肖ヲ退クルノ手段」に活用せよと主張する。不肖であれば「実子アリテモ養子ヲ」とって「賢者」出世のルートとせよというのである（『迂言』、天保十一年）。

しかし、儒者達もこのような「俗」の追認にのみ甘んじたわけではない。後述する以外にも、その強弱の度合は様々だが、異姓養子否定論は多い。例えば、貝原益軒『家道訓』、佐藤直方『学談雑録』附録、室鳩巣『献可録』巻之中、伊藤東涯『閑居筆録』、佐善雪渓『下谷集』巻之二、蟹養斎『治邦要旨』巻之中、中井竹山『草茅危言』巻之三「武門養子の事」、会沢正志斎『新論』「国体」上、同『迪彝篇』「師道」、また山片蟠桃『夢の代』「制度」。そして、特に山崎闇斎学派は、少なくとも主観的には熱狂的に反「修正主義」であるだけに、問題は深刻だった。

山崎闇斎は、「他姓を養ふこと、世間往往これ有り。妄りに人に向ひてその非を説く可からず。若し、人有りて将に子を養はんとしてこれを問へば則ち当に理を尽してこれを告ぐべし。問ふこと無くして人に向ひてこれを説くは則ち非なり」と述べたという。異姓養子を否定しつつも、それを濫りに説くことを制したのである。彼らしくもない言葉だが、彼のパトロン保科正之の立場を配慮したのかもしれない。また、世の反撥もそれ程に強烈だったのであろう。浅見絅斎が「人倫の理」を強調して、「異族を以て己が子と為す可からず、弟の以て兄に易ふ可からざるがごとし」と極論した『養子弁証』（『氏族弁証』、元禄五年）を著したとき、弟弟子の三宅尚斎は、「今直ちに人の面前に向ひてこれを口に発すれば則ち以て人の陰私を訐きて、その忿怒を激するに足る」とし、著述による静かな説得を弁護している（「氏族弁証附録序」）。

但し、尚斎自身の規範意識は明確かつ強固だった。彼は、異姓養子となっている者が入門すれば、常に旧姓への復帰を迫った。それが社会通念に反し、人間関係ばかりか、地位財産にも深く関わる当時だけに、厳酷な要求だった。苦悩があり、悲劇（喜劇？）があった。尚斎の家で働きながらも貧困に苦しむ「一力夫」の子を、ある商人が憐れんで養子としたことがあった。「力夫」が喜んでそれを尚斎に報告した時、彼は「敢えて応じず」、「去りし後、酸鼻して」、「奴、子を失へり」とつぶやいたという。無論、尚斎にしてみれば、子供の飢えより「理」の方が重大なのである。

浅見絅斎の弟子、若林強斎も「今ノ養子ト云フコト、殊ヱテ理ノナイコトニテ候。養子ヲスルモ沙汰ノカギリ、養子ニイクモ沙汰ノカギリニテ候。（祭ったとしても先祖の霊が）来格スルノ理、勿論無シ之候」という。それでは、既に養子になっていたら、どうすべきか。「家ヲ去レバ続グ者ナシ。名字ヲ改テモ人ノ家ヲ犯シ取ッテヲル、且公命ノユルサヌ所」という窮地である。強斎によれば、「只何トゾシテ其血脈ノ人ヲ尋テ代レ之ヨリ外ハ無レ」い。ただ、「代ル者有レ之マデハ、我アヅカリトシテ祭ル」ことは許される（以上『強斎先生雑話筆記』）。「良心的」かもしれない。しかし、実行は難しそうである。

このような理の主張に、佐藤直方門人で後に陽明学に転向した三輪執斎は、正面から反対した。

「近世窮理ノ学徒。養子ノ弁ヲ主張シ。養子弁証ナト云書ヲ梓ニシ。「是皆不レ揆レ基本ニシテ。末ヲ斉フスルノ論也。本トハ何ソ。天理ノ本心也。」養子を禁ずれば、大名も「天下ノ主」の家さえも、断絶しかねまい。「俄ニ周ノ盛礼ヲ以コレヲセメ。養子ヲ非義也トテ。人ノ家ヲ断絶セシメンコト。却テ是ソ大ナル不義」である。「只能其実ヲ考ヘテ。我心自知ル所ノ良

知ニ顧ミテ。行フヘキ」なのである（以上『養子弁』）。各人生得の「良知」が判断基準である。そして、執斎の生れつきの「良知」は異姓養子をすんなりと承認したらしい。「窮理」を排し、専ら自己の内なる「本心」に拠る陽明学の立場が、——それは、一方では、中斎大塩平八郎にみられるごとく、他人の思惑にかかわらず、自己の信ずる正義を断行する態度をも生むものの、ここでは——かえって、「俗」との融和を可能にしたのである。彼の「朋友親戚ノ間ニ於テ我慢理屈ヲ主張シ悪ヲ発シ人ヲ責ルヲ事トシ、是ヲ以テ義理ヲ正シ勤ヲ守ルトイヘル類ヒ」（『日用心法』）への反撥は激しい。

日本の「俗」と儒学諸派との関係は微妙である。この面では厳格な浅見絅斎も、ある意味で著しく「俗」に即していることは、前記の通りである（本章第一節三、第二節二）。一方、日本儒学の代表とされる徂徠学は、往々中国的思考に頗る忠実である。荻生徂徠は「必竟文盲ナレバ、同苗ニテモ他苗ニテモ、跡サヘ立バ同ジ事也ト心得」ている現状を慨し、「養子ト云コト、他苗ノ養子・婿養子ハ古無之事也。……古道ニ違フタルコトナレバ、制禁有ベキ事也」と将軍に要求している（『政談』）。弟子の太宰春台も強硬である（『経済録』巻九）。但し、柳沢藩に仕える荻生家は、徂徠以後、三代養子が続いた。徂徠の「家学」の後継者達がこれらをどう説明したか、管見では不明であるうち二代は他姓養子だった。

（1） 李光奎『韓国家族の構造分析』（服部民夫訳、国書刊行会、一九七八年）五五頁。なお現韓国民法でも同姓同本婚は認められず、結果として内縁の夫婦が一九七八年で二二万組にも及び、社会問題化しているとい

第二章　宋学と近世日本社会

(2)　宮良高弘「韓・琉門中制度の比較」(江守五夫・崔龍基編『韓国両班同族制の研究』第一書房、一九八二年)四一七頁。また、尹学準『オンドル夜話――現代両班考』(中央公論社、一九八三年)二一八頁、参照。但し、かなりの場合、私的には名字を用いていたらしい。洞富雄『庶民家族の歴史像』(校倉書房、一九六六年)一六三―一八〇頁、豊田武『苗字の歴史』(中央公論社、一九七一年)一三九―一四三頁、参照。

(3)　正木篤三『本阿弥行状記と光悦』(芸艸堂出版部、一九四八年)五―六頁。

(4)　宮本又次「鴻池家の家訓と店則」(同編『大阪の研究』第三巻〔清文堂出版、一九六九年〕所収)六四頁。

(5)　中村幸彦校注『日本思想大系59、近世町人思想』(岩波書店、一九七五年)二六二頁。

(6)　なお、極めて例外的に、安永九年、新発田藩では「同姓婚姻」を禁じている。しかし、同時に養子は同姓を望ましいとするために実際には多い婿養子の扱いに苦慮し、結局「若無拠訳有之、同姓之ものを婿養子仕度候ハヽ、いとこ之外遠キ続キ八其家により沙汰可致事」と、容認している。鎌田浩『幕藩体制における武士家族法』(成文堂、一九七〇年)八六―七頁。

(7)　『日本教育文庫、教科書篇』(同文館、一九一一年)五六頁。

(8)　これにやや似て、桃西河は、「男女同姓なれば、其の生蕃からず」(『春秋左氏伝』僖公二十三年)などの語に関し、次のように説明している。「或人曰く、同姓を娶れば繁昌せずとて、中華にては異姓を娶ることとなりと聞く、今日本にては同姓を娶りても、子孫繁昌するは何ぞや。余曰く、古者聖人の礼を立て玉ふに、託言して人を戒しむることあり、同姓を娶れば繁昌せずと云ふは託言なり。其実は男女の淫乱を防ぎ、同姓の和睦を求むるなり。喪祭の時は、同姓相集まり男女混同して礼を行ふ。若し同姓相娶る礼あれば、此時より淫乱の端起るなり、其れより或は不和の基ともなるなり。同姓ヽ娶ヽと定むれば、人人望を絶ち淫風起らず、同姓怒り怨むの事に至らず、同姓和睦するは即ち一門繁昌なり。」『坐臥記』、森銑三他編『続日本随筆大成』一(吉川弘文館、一九七九年)二二〇―一頁。

(9) 正宗敦夫編『増訂蕃山全集』第一冊（名著出版、一九七八年）一二〇頁。なお、同じ中江藤樹門人、西川季格はこれを批判し、「セメテ父方ノ従兄弟マテハ婚姻セサルノ法ヲ立テ可ナラン」と主張している。『集義和書顕非』、関儀一郎編『日本儒林叢書』第四冊（一九二九年）一一頁。

(10) 岸上操編『少年必読日本文庫』第九編（博文館、一八九二年）二三三頁。読み易さのため読点を加えた。

(11) 塚本哲三編『名家随筆集』下（有朋堂、一九二六年）六頁。

(12) ちなみに、藤井懶斎は、「国俗婚姻古来ヨリ同姓ヲ不レ避」ることの説明として、「我聞本邦業ヲ殷人ニ創ト。殷以前六世之外相与ニ婚ヲ為。是其因来所ナリ。今従兄弟猶不レ避ハ、蓋其流弊而已。」と述べている。『閑際筆記』、『日本随筆大成』第一期第九巻（吉川弘文館、一九二七年）二〇六頁。

(13) 日田郡教育会編『増補淡窓全集』中巻（思文閣、一九七一年）一〇頁。

(14) 井上哲次郎他編『日本倫理彙編』巻之七、五二四頁。

(15) 但し、同姓婚を厳しく排した儒学者が全くいなかったわけではない。例えば、朱子学者の楠本碩水（天保三・一八三二年―一九一六年）は、「異姓を冒して同姓を娶るは禽獣の道也」と述べた。『碩水先生遺書』巻八「随得録」一、岡田武彦他編集『楠本瑞山・碩水全集』（葦書房、一九八〇年）二〇三頁。

(16) この問題については、専論 I.J. McMullen, "Non-Agnatic Adoption: A Confucian Controversy in Seventeenth- and Eighteenth-Century Japan," in *Harvard Journal of Asiatic Studies*, Vol. 35, 1975 がある。補訂に際してはこれを参照し、註（42）に掲げた論文や『朱子文集』中の関連個所の存在など学んだ点が少なくない。

(17) 欧陽修『新五代史』は「義児伝」までたてている（巻三六）。しかし、その冒頭で欧陽修は「嗚呼、世道衰へ、人倫壊れて親疏の理その常に反せり。干戈骨肉に起り、異類合して父子と為る」と慨いている。また「晋家人伝」（巻一七）末尾の論賛も参照。

(18) 李光奎前掲書、二六六頁。但し、李朝においては案外異姓収養も行われたとの指摘がある。李丙洙「朝鮮の『異姓不養』制」《朝鮮学報》第八五輯、一九七七年、所収）。

(19) なお、慶応二年、福沢諭吉は西洋にその慣行のないことに気付き、『西洋事情』に特筆した。「西洋諸国には養子の法なし。故に父母妻子なきもの死すれば其家産尽く近き親属に帰す。若し親属もなくして家産帰する所なきときは、之を政府へ収て病院の費用に供す。」『福沢諭吉全集』第一巻（岩波書店、一九五八年）三〇七頁。

(20) 中田薫『法制史論集』第一巻（岩波書店、一九二六年）五三四―九頁、参照。

(21) 大竹秀男『封建社会の農民家族（改訂版）』（創文社、一九八二年）一八八頁、参照。

(22) 『商家同族団の研究』第二版上（未来社、一九七八年）一一五―六頁。

(23) 大田南畝編『三十輻』第一（国書刊行会、一九一七年）一二頁。

(24) 同書、一四頁。

(25) 今村義孝校注『奥羽永慶軍記』下（人物往来社、一九六六年）四五〇、四五八頁。

(26) 服藤弘司『幕藩体制国家の法と権力Ⅴ、相続法の特質』（創文社、一九八二年）三三五―五五頁、参照。

(27) 同右。また、鎌田前掲書、一四〇―四、二八二頁、参照。

(28) 現に明文で、聟養子の同姓優先を定めた例がある。鎌田前掲書、一九七、二七〇頁。また、中田前掲書、四〇五―六頁所引の聟養子願の実例を参照。

(29) 註（1）前掲『韓国両班同族制の研究』、六五頁。

(30) 伊藤亜人他訳（学生社、一九七七年）一四四頁。

(31) 前掲『増訂蕃山全集』第一冊、二六七頁。

(32) 早川純三郎編『史籍雑纂』第二（国書刊行会、一九一一年）三六八頁。

(33) 前掲『増訂蕃山全集』第一冊、二六八頁。
(34) 正徳五年刊。『日本随筆大成』第一期第九巻(吉川弘文館、一九二七年)一七五頁。
(35) 梅園会編『梅園全集』下巻(名著刊行会、一九七〇年)七四—五頁。
(36) 森銑三他編『続日本随筆大成』一(吉川弘文館、一九七九年)一八九頁。
(37) 大田南畝編『三十輻』第三(国書刊行会、一九一七年)一七四頁。
(38) 平泉澄他編『大橋訥菴先生全集』下巻(至文堂、一九四三年)一一四頁。
(39) 相良亨他校注『日本思想大系46、佐藤一斎・大塩中斎』(一九八〇年)八五—六頁。なお、この解釈は既に三輪執斎『養子弁』にあり、大橋訥菴も採用している。註(38)前掲書、一〇八頁。
(40) 奈良本辰也校注『日本思想大系38、近世政道論』(一九七六年)三二六頁。
(41) なお、本居宣長も、「皇国」の「いにしへ」には異姓養子はなかったとしながらも、「やむことえずは、たとひそのすぢにはあらぬにしても、つがしめて、氏門をたゝず、祖のはかどころをもあらさず、らんぞ、ひたぶるにたえてむよりは、はるかにまさりてはあるべき」と肯定している。『玉勝間』四の巻、大野晋編『本居宣長全集』第一巻(筑摩書房、一九六八年)一四五—六頁。
(42) 闇斎学派のこの問題への対応については、内田周平「崎門三派の養子否認論並に其の実行」(『大東文化』八—一五号、一九三四—七年)が詳しい。
(43) 三宅尚斎「氏族弁証附録序」、関儀一郎編『日本儒林叢書』第四冊、一頁。
(44) 闇斎が、正之が異姓養子だったことを論じなかったことにつき、三宅尚斎は「疑ふ可し」とする。『黙識録』、前掲『日本倫理彙編』巻之七、五一八頁。大橋訥菴は闇斎の沈黙を根拠に、彼が異姓養子否定ではなかったと主張する。前掲『養子鄙断』、一一六頁。佐藤直方は、例によってズバリと「保科殿ハ経学精熟ノ意ノナキト云ハ知レテアリ」と述べている。『学談雑録』、日本古典学会編『増訂佐藤直方全集』巻一(ぺ

第二章　宋学と近世日本社会

(45) 前掲『日本儒林叢書』第四冊、一二九頁。
(46) 註(43)と同じ。
(47) 稲葉黙斎『先達遺事』、同『墨水一滴』、前掲『日本儒林叢書』第三冊所収。
(48) その様々な実例については、註(42)前掲内田周平論文および註(16)前掲マクマレン論文（一五四―六一頁）を参照。また、大橋訥菴も、「享保ノ頃」（尚斎の壮年にあたる）に起きた一悲劇を引いている。即ち、ある武士が友人の次男の「器局」あるを愛して、成長後、養子に貰う約束をしていた。しかし、その子はやがて「学問ノ道ニ志シ、一先生ノ門ニ入」り、師から異姓養子の不可を論弁されて、養子行きを拒むに至った。父は結局友人との違約を「慚憤」して割腹自殺し、子もそのために「日夜ニ酒ヲ痛飲シテ、常ニ泥酔シテ」いるようになった。前掲『養子鄙断』、一二一―二頁。
(49) 前掲『先達遺事』、一二頁。
(50) 尚斎はまた、三輪執斎がその子を異姓の白木屋の養子にしたことを罵っている。『黙識録』、前掲書、五一七頁。執斎は、父の代から極めて親しかった日本橋白木屋、大村家に、その六男を八歳の時に養子にやり、大村家を継がせたのである。高瀬武次郎『三輪執斎』（三輪家出版、一九二四年）所収「年譜」「家乗」参照。
(51) 山口春水筆記。森銑三他編『続日本随筆大成』一二（吉川弘文館、一九八一年）二〇頁。
(52) 前掲『日本儒林叢書』第四冊、一―一三頁。
(53) 前掲『日本倫理彙編』巻之二、三七五頁。
(54) 吉川幸次郎他校注『日本思想大系36、荻生徂徠』（一九七三年）四〇六、四〇九頁。
(55) 春台は、また、「異姓ノ子ヲ養テ嗣トスルヲ乱族ト云」として、『乱族伝』という文を書く志を持っていたという。湯浅常山『文会雑記』、『日本随筆全集』第二巻（国民図書、一九二八年）五七六頁。

(56) 島田民治『徂徠と其の教育』(広文堂書店、一九一七年)二二七頁の系図参照。

(57) 幕府に仕えた徂徠の弟北渓(観)も、その孫(義堅。評定所勤役儒者)の代となると夫婦とも他姓である。『改定史籍集覧』第一九冊所収『儒職家系』巻五による。北渓には「他姓養子議」という著作があるらしいが未見(『国書総目録』では所在不明)。

二 「孝」

家族道徳の中心「孝」は、近世日本の儒教受容の主要回路の一つだった。「孝」「孝行」は日常語であった。親に孝たるべきことは誰もが承知していた。「身体髪膚、これを父母に受く。敢て毀傷せざるは孝の始めなり。身を立て道を行ひ、名を後世に揚げ、以て父母を顕すは孝の終りなり。夫れ孝は親に事ふるに始まり、君に事ふるに中し、身を立つるに終る」(首章)と教える『孝経』は、十七世紀以来しばしば出版され、広く読まれた。しかし、イエの特質は当然親子関係とも連関しており、「孝」理解にも宋学とのズレが生じたのである。

旧中国において、父子は「一気」であり、「一体」である。「己れのうちに親の生命の延長を認め、親のうちに己れの生命の本源を認め、かくて両者を分けへだてなき一つの生命の連続と認めることは、中国人の人生観の基本ともいうべきものであったのであり、古来倫理体系の核心をなす至高の徳目とされて来た『孝』という概念も、もとをただせば右のような認識から出発するものであり、この認識を常に新たにしかつそれにふさわしく行為することを要求するものに外ならない」(前掲滋賀秀三『中

国家族法の原理」、三五頁）。朱熹も正にその通り、「父母」について「蓋し一体にして血気を分つ。連属眷恋の情、自ら已む能はず。固り他人の比す可きに非ざる也」と説明する（『孟子或問』滕文公上）。「父子は本と同一の気、只だこれ一人の身の分かれて両箇と成れるのみ。其の恩愛相属して自ら然ることを期せずして然る」のが「孝」であり、父の子への「慈」なのである（『朱子語類』巻一七第四三条）。そして、「同一気の子孫が先祖を祭れば、先祖に「感通」し「感格」する。「先祖の世次の遠い者は、（現在、その心身を構成していた）気の有無はわからない。しかし祭祀を奉る者がその子孫である以上、必竟一気だ。だから感通の理があるのだ」（『朱子語類』巻三第一九条）。こうして、「死後の祭祀は、生前の奉養、死亡時の葬喪とともに、その親に対するつとめすなわち『孝』の三態様の一をなすものであり、老いたる父母が子の奉養によって幸福でありうるように、死したる鬼は子孫の捧げる祭祀によって幸福でありうる。祭ってくれる者がなくなれば鬼は餒えると言われ、『不祀之鬼』となることは人間の最も悲しむべき不幸な運命と考えられたのである」（滋賀前掲書、一二二頁）。「人に事へるの道を尽せば則ち鬼に事へるの道を尽す。死生人鬼は一にして二、二にして一」（『論語集注』先進に引く程伊川の語）なのである。

朱子学にいう孝とは、こうした親子観・死生観を前提として、父母に対し生前も死後も厳粛なる恭敬を、「天理の節文」たる「礼」に沿って具現しようとするものに外ならない。

ところで、日本ではどうだったか。父と子は「一気」「一体」であるが故に「慈」と「孝」を交わす存在であったか。先祖とは、「同一気」の流れの上流にある人々のことであったか。用語は違って

も、あるいはそれに近い観念があったかもしれない。しかし、日本のイエの系図に並ぶ父と子は、必ずしも「同一気」ではなかった。「父」は、時に妻の父であり、妻の兄であり、妻の祖父であり、妻の前夫の父でさえあり、あるいは全くの他人かもしれなかった。商家が「相続人之内実子たり共、不埒もの者不及申、若病身等にて相続無覚束相見得候ハヽ、慥成実命之者厚吟味いたし、養子にて相続人相定可申候事」などと定めるのも稀でない。幕府番方の心得を歌にした『番衆狂歌』も、「実子でも悪名立てし曲者は病人にして養子願へよ」と教える。「家業」の継続は血の連続に優先しえたのである。その意味で、近世日本のイエの現代表者（当主）とは、「同一気」の流れの一段上流に在る人であるよりは、共に所属するイエの現代表者であった。従って当主たる兄の「厄介」となっている場合、兄も「親代り」と見做されたのである。ところで中国には、家の当主、家長などの観念はない。前記「同居共財」方式の帰結として、「（中国語では）『家長』とは家一番の目うえというだけの意味での言葉であって、誰かが就任すべき職位を意味する言葉ではない。したがって、我が明治民法の家督相続に当るような、家長の地位の相続という観念を中国の家族制度のうちに探り当てようとしても無駄である」（滋賀前掲書、二八九頁。傍点も滋賀氏）。

一方、イエにおいて先祖とは、自分の先祖であるよりは我が家の先祖であり、家督を受け渡していった歴代の当主を主に指した。父子は典型的には、イエを預かり、継受していく者同士だったのである。徳川家康は「我は御取次の役人なりと合点すべし。……先吾祖のその初めの世に天道より命令をうけて人となり、それより段々父より我までに成り来れり。さて子孫に継ぐ事は我より継にあらずや」と

第二章　宋学と近世日本社会

語ったという『本多平八郎聞書』)。享保八年、三代目鴻池善右衛門宗利は「本家相続人ハ家督譲リ請又嫡子ヘ譲渡候迄輪番之心持ニ而諸事家法大切ニ相守リ候儀肝要」と「家定」に記した。その後も、単独相続が一般化するにつれ、このような意識は一層強まっていった。伴蒿蹊は「吾は即ち先祖の手代なりとおもふべし」という（『主従心得書』、寛政五年）。大名上杉鷹山も「国家は先祖より子孫ヘ伝候国家にして、我私すべき物には無之候」という（「伝国の詞」、天明五年）。

この観念は、「家督わずかといえども、我が物にてはなし。悉く皆先祖の物を吾守営の身なれば、油断なく家業大切に怠らず励むべし」（向井長好『家内諭示記』）という規範と結合している。『農業横座案内』（筆者不詳）も「親より家督を譲り給ふ時ハ……譲を請る所の田畠屋敷等迄我物と思ふべからず、又々子供に指譲申迄ハ親より預り申たる品々なればバ少しも損し不申、欠も不致様に大切に預り置、子供成人の後時を得ば又指譲り申事」と教える。従って、家業に励まず、家産を減らし、家名を汚すことは、自分の不名誉であるばかりか、最大の不孝であった。逆に「従御先祖譲請候家督首尾能相続不仕候而は御先祖江之不孝」（鴻池宗利、正徳六年）であり、「金銀家財は先祖より、子孫栄久の為に貯へ置れし物なれば……已全ふして又我子に譲り与ふるは、祖先よりの預り物を、又先祖に返す道理なり、是孝行の第一」（江島其磧『渡世身持談義』）なのである。そしてより積極的には、「武家様方に親御にまさりて知行を加増せらるゝを立身といふ、町人とても親の譲りたる、金銀家財を多くするは手がらなり孝行なり、親のわけを喰ひといふものにておのが手がらし、又親のゆづりをなくし家を失なふは、第一先祖への不孝なり」（茂庵老人『町人常の道』、享保十九

年)[19]ということになる。つまりは家業精励が孝の中心だった。幕府は、寛文三年の武家諸法度に「不孝之輩於レ有レ之者、可レ処二罪科一事」という一条を新たに加えた[20]。一見儒教の影響と見える。広い意味でそうであろう。しかしこれも「『家』の構成員にうながしたもの」と解されている(朝尾直弘「将軍政治の権力構造」[21])。朝尾氏の指摘通り、これとセットをなす同年の諸士法度は「家業、無二油断一可二相勤一事」と新たに加えているのである。「己が職分の農業を能くするは、下民の孝」(森雪翁・森守命『会津孝子伝』[22]、享保十六年三輪執斎序)であるばかりか、家業精励は武士の孝でもあった。

日本の父子とは、あのイェにおける父子だったことの帰結である。

そのため、逆に、父母がなくとも、家業を立派に嗣ぎ、イェを保ち、繁栄させれば、それ自体孝行であった。右の『会津孝子伝』は、舅姑・夫を早く失った婦人が家業の刀研ぎを自ら三人の息子に教え、「終に家職をつがしめ、後には三子ながら、わかちて家を立させ」たことを以て、彼女を収録している[23]。父母先祖もイェのために生きたのであり、彼等への孝とは、実は自分の属するイェへの忠誠の別名ともいえよう。

ちなみに朱熹は、「示俗」という一文(『朱子文集』巻九九)で、父母亡きあとでも「よく父母の産業(財産の意)を保守し、破壊に至らざれば乃ち孝順」という。中国の家でも、気の流れは財産の流れに裏打ちされるはずであり、子孫は先祖から一時的に財産を預る支配人の如きものという考えもないわけではない[24]。しかし、それは「孝」観念の中心ではなかった。まして「家業」「家職」の保持・伝達自体は、孝の要件ではなかった。無論、他人でも家業さえ立派に嗣げば、気の流れを継ぎうるし、孝

が成立するとも主張できなかった。しかし、前引の如く、跡部良顕は、他姓でも「其家を継、其禄を受け、恩沢身に潤ひ、其家の為に孝心を尽せば、祭祀感格疑なし」と言い切る(《日本養子説》[25]享保七年)。「家の為に孝」――正確な表現であった。孝を filial piety と英訳することがある。中国・朝鮮での孝の訳としては適切であろう。しかし、日本でいう孝の訳としては、少なくとも不充分であろう。

儒学者達が、そのようなズレをどれ程自覚したかは明らかでない。しかし、少なくとも彼等が斉家を論じ、孝を説いた時思い浮かべた家や父子関係は、輸入の儒書の前提するものとは矛盾せずとも、差異があった。無論、彼等は時に孝の教えの修正も辞さなかったのである。

貝原益軒は「凡先祖父母に孝するの道は奉養祭礼に限らず、聖学を知り、仁義の道を行ひ、其家業を勤めて、其名を揚げ、父母先祖の名をあらはすを以て、孝行の道とすべし。孝経の首章を承けてはいる。しかし「其家業を勤めて」の一句がわざわざ挿入されているのである。熊沢蕃山も、『孝経』の「名(自分の名を指す)を後世に揚げ、以て父母を顕すは孝の終なり」を説明して、「父母をあげて先祖の名をかねたり。家の名をあらはすは先祖行によりて家名をあらはすなり。名後世にあがりたれば、善人の徳行全し。嘉言善行により家名あらはす事至れり。孝の成就也」とする(《孝経小解》[27])。このような読み込みが、朱熹などは真正な経書と認めない『孝経』が「孝経刊誤」[26]参照。『朱子文集』巻六六所収)、かえってあれ程まで普及した一因であろう。更に、『孝経』が古代封建制に即して、天子・諸侯・卿大夫・士・庶人それぞれの孝を説くのも、身分社会に相応しかったであろう。孝を特に重視した中江藤樹は、このそれぞれの孝の

解説に、原文にない「職分」の語を用いている。「親を愛敬するばかりが孝行にてはなく、その徳をあきらかにして、それぞれのすぎはいの所作を精に入てつとむるが、かうかうの本意」なのである(『翁問答』)。家業精励即ち孝という通念と、こうして連続する。

貝原益軒は、また、一層明確にこう説いている(『家道訓』、正徳元年)。

　凡家の主は、四民ともに其身ををさめて、家をおこさんことを志すべし。まづ親先祖より伝はれる禄と財とを失はずして、よくたもつを孝とすべし。

　農商の家、父のゆづりを受けて、田地と財宝とを得て、よくたもちて失はずして子孫にゆづるも孝なり。家業をよくつとめておこたらず、倹約にしてみだりに財をつひやさざれば、永く父のゆづりを保ちて子孫に伝ふ。孝と云ふべし。

伊藤仁斎も、「学を好み善に志し、身を立て家を起して、以て其の祖業を張り、其の門楣を輝かし、「父母の心、怡然驩然として、其の悦に勝えざる」ようにするのが「孝の至」であるとする。逆に「其の先業を斁り、其の家声を堕す者は、他の美有りと雖ども、不孝の甚しき」ものである(『童子問』、宝永四年刊、中三七、三八章)。古典漢文で書かれてはいる。しかし勿論、書いた仁斎も、当時の読者も「祖業」「先業」を日常語である代々の家業と、「門楣」「家声」を家名と、頭の中で読み換えていたことであろう。親に「順」なること、「生事葬祭」礼を以てすることも孝である(同)。しかし、家業・家名への献身こそが孝の眼目であった。仁斎・東涯と同じ京の町人、三井高房はつぶれたイエの例を集めて子孫を戒めた『町人考見録』(享保十三年)において、「町人の武士の真似、神儒仏の道

は、心裏の守りたりといへども、それにふかくはまる時は、却って家を敗る。まして家外の遊芸をや。只暫くも忘れざるものは家業なりとしるべし」と説いている。「神儒仏の道」以前に、「家」「家業」こそが人の道であった。しかし、この高房も、仁斎の描いた孝行息子像になり、深く同意したことであろう。それは、日本の儒者が厳密に中国・朝鮮渡来の儒書の教えに従っていては得ることのできなかったはずの同意である。

(1) 長沢規矩也『和刻本漢籍分類目録』（汲古書院、一九七六年）一九一―二六頁、同『補正』（一九八〇年）三―四頁、参照。

(2) 中国の社会人類学者、費孝通氏も、次のように指摘している。「上の世代は『不孝に三つあり、子なきは一番なり』を教訓とし、下の世代は『祖先の名を輝かせる』のを努力目標とする。したがって、中国人は心の中に祖先とそして子孫があり、自分を上下をつなぐ一環とみなす、と私はしばしば言うのである。この言い方にいくらか誇張があるかどうかはまだ吟味の余地があるが、それによって多かれ少なかれ、すべて自己を中心とする西洋文化の基本的精神との相違を際立たせることができると私は考える。」横山広子訳『生育制度――中国の家族と社会』（東京大学出版会、一九八五年）三〇八頁。

(3) 中田薫『法制史論集』第一巻（岩波書店、一九三六年）四〇三頁、参照。

(4) 同書三七二頁所引、某商家の「極意書」。

(5) 『改定史籍集覧』第一七冊、八〇三頁。読み易さのため一部表記を改めた。

(6) 武家でも、特に「医師・芸能等の『家業』の家にあっては、病身のほかに家業不器用ということが大きな廃嫡理由となった」。鎌田浩『幕藩体制における武士家族法』（成文堂、一九七〇年）一九三頁。

(7) それ故、一旦養子に行って、自分の所属するイエを変更すれば、そこでの父との関係が実父との関係に

優先すると考えられた。石田梅岩は、次のようにさえ述べている。「問。此ニ養子ニ行タル者アリ。若実父其養父ヲ殺サバ其実父ヲ敵トシテ討ルベキヤ。答。養父ノ敵ヲ討、其首ヲ廟前ニ手向ベク候。」『石田先生語録』、柴田実編『石田梅岩全集』上巻（清文堂出版、一九七二年）二五一頁。また、北宋における漢議や、明の世宗における議論のように、傍系から入って位を継いだ者が、実父をどう呼ぶかという問題が、日本では深刻化しなかったのも、これと関係があろう。

（8）なお、中田薫氏に、近世日本の家では親権夫権はあっても家長権はなかったとの説があるが、「当主」「家督」等の観念の存在を否認するわけでは無論ない。また、その説に問題のあることについては、石井良助『日本法制史概説』（創文社、一九六〇年）五七七頁、同『石井教授の〈いえ〉と〈家父長制〉概念を読んで』（《家と戸籍の歴史》（創文社、一九八一年）所収）、鎌田前掲書、一一二四頁、石井紫郎『いえ』と『家父長制』概念」（『社会科学の方法』三〇号、一九七一年十二月）、服藤弘司『幕藩体制国家の法と権力V、相続法の特質』（創文社、一九八二年）四六七—八四頁、大竹秀男『封建社会の農民家族（改訂版）』（創文社、一九八二年）三一五—七頁等を参照。

（9）奈良本辰也校注『日本思想大系38、近世政道論』（岩波書店、一九七六年）二二—三頁。

（10）宮本又次「鴻池家の家訓と店則」（同編『大阪の研究』第三巻（清文堂出版、一九六九年）七三頁所引。

（11）新田開発、生産性向上が頭打ちとなり、また武家については改易・国替が減って知行の増加可能性も減ったこと等に伴い、初期の分割相続傾向が次第に終息したことについては、例えば以下を参照。竹内利美『家族慣行と家制度』（恒星社厚生閣、一九六九年）一六一—八頁、大石慎三郎『近世村落の構造と家制度』増補版（御茶の水書房、一九七六年）二五三—七七頁、服藤前掲書、一九一—二一四、三一五頁、大竹前掲書、一五九—二〇五頁。

（12）『通俗経済文庫』巻一二（日本経済叢書刊行会、一九一七年）三三五頁。

(13) 前掲『日本思想大系38、近世政道論』、二二八頁。
(14) なお、中野卓氏は「主人は先祖の手代と心得よというのは家長への訓戒であるにとどまらず家長の本質の指摘であった」とする。『商家同族団の研究』第二版下（未来社、一九八一年）七九四頁。
(15) 作道洋太郎『江戸時代の上方町人』（教育社、一九七八年）一九九頁所引。
(16) 大竹前掲書、一八六頁所引。
(17) 宮本前掲論文、六〇頁。
(18) 中田薫『徳川時代の文学に見えたる私法』（岩波文庫、一九八四年）二一一頁所引。
(19) 前掲『通俗経済文庫』巻一（一九一六年）九〇―一頁。
(20) 但し、無論本来の親への孝順が孝とされないというのではない。例えば、徳川時代後期に幕府・大名から表彰された「孝子」には、極貧の中にあって（従って家業というべき程のものもない状態で）寝たきりになった老父母の世話をしたというような類が多い。野沢昌樹『孝子清七行状略記』が「多は其身貧窮にして、朝夕の煙だに立かぬる中に、心を尽し身を労して親に仕る」ものと指摘する通りである。『日本教育文庫、孝義篇』上（同文館、一九一一年）二四二頁。また、同書所収の諸孝子伝参照。
(21) 『岩波講座日本歴史』10（一九七五年）四〇頁。
(22) 前掲『日本教育文庫、孝義篇』上、三七一頁。
(23) 同書、三五一―二頁。
(24) cf. Martin C. Yang, *A Chinese Village—Taitou, Shantung Province*, Columbia University Press, 1945, p. 81.
(25) 大田南畝編『三十輻』第三（国書刊行会、一九一七年）一七四頁。
(26) 三浦理編『益軒十訓』上（有朋堂、一九一一年）七―八頁。

(27) 正宗敦夫編『増訂蕃山全集』第三冊（名著出版、一九七九年）五頁。
(28) 山井湧他校注『日本思想大系29、中江藤樹』（一九七四年）二八―三一頁。
(29) 前掲『益軒十訓』下（一九一三年）三七、七五頁。
(30) 清水茂校注（岩波文庫、一九七〇年）一三〇―一頁。
(31) ちなみに、諸橋轍次『大漢和辞典』に「先業」は「亡き君父の事業。先代のわざ。先人の行為」とある。「祖業」は、「先祖の功業」「父祖遺留の財産。又、自分で開墾した、自由に売ることの出来る田」とある。家業とは異なる。
(32) 中村幸彦校注『日本思想大系59、近世町人思想』（一九七五年）二二八頁。

三　「国　家」

　中国の家は、絶えず枝分れし、また財産や構成員の社会的地位において不断に上下しつつも、同一気の流れとして延び続けていく。分割相続し、家職・家業を軸とせず、しかも世襲身分制でない近世中国においては、血筋は強靱に連続する反面、日本でいう家名・家格・家業は容易に変りうるのであり、むしろそれが通例なのである。「中国人が脳裏にえがいた人間世界は、それぞれに一個の無形の生命ともいうべき多数の宗族が併存し消長する世界であった」（前掲滋賀秀三『中国家族法の原理』、三七頁）。天下の頂点における王朝の交代をよそに、無数の家族が女性を相互に交換しつつ、不断の盛衰をくりかえしながら延びていく――そのような像が描かれたのであろう。

　他方、近世日本で次第に底辺まで及んでいったイエとは、流れであるよりはむしろ箱ないし過去か

ら未来へ延びる筒であった。東アジア三国の家の比較研究において、李光奎氏は、日本のイエを竹に譬えている。そして「たゆまず伸びる丈夫である本家もその内部は血縁でもって満たされてはおらず空洞であって、節と木肌がいたって丈夫であることが、そのまま日本の家族を象徴するかのようである」とする《韓国家族の構造分析》。この太さの様々な竹筒が束ねられ、積み上げられたものとして、全社会は構成されていた。天皇家・徳川家を頂点に、それぞれのイエは、家業・家名・家格・家産を持って、その中の特定の位置を占めていた。勿論、特に町人のイエは、実際上かなり頻繁に昇降・交代した。しかし、それは右の像を壊さない部分的組替え、修正だった。村々を構成する本百姓のイエも、次第にそれぞれが「株」として固定し、大名家も年貢確保のためそれを歓迎した。イエからはみ出た人々も、それが変則であることは自覚していた。各イエがイエであることによって、即ちその家業を営むことにおいて、政治社会が成立していた。「職分」(「家職」)国家(石井紫郎)とも、「聯民成国」ならぬ「聯家成国」である《植木枝盛「如何なる民法を制定す可き耶」》国家連合国家ともいえよう。渡辺崋山が「天下と申大なる箱、諸侯 申 中大なる箱、士と申内のしきり、活物世界を死物にて治め候世の中」と嘆いた時(「退役願書之稿」)、福沢諭吉が「徳川の治世を見るに……日本国中幾千万の人類は各幾千万個の箱の中に閉され、又幾千万個の牆壁に隔てらるゝが如くにして……」と回顧した時《文明論之概略》、彼等の脳中に描かれていた像も、これであろう。

しかし、少なくとも宋代以降の中国では、このような政治社会像は成立しなかったであろう。家はそもそも「箱」でなかった。政治権力は、数年ごとの試験を経て「民」の間から個人として上昇して

いく「学者」達によって担われていた。彼等が「臣」であった。他方徳川体制では、民は臣に上昇することは原則としてできない。だが、民は臣であることにおいて臣であるという面を持つ。三井高房は「家職国家」では、家職を営むこと自体が国家の一機能を担うという意味で臣を持つからである。「家職国家」では、家職を営むこと自体が国家の一機能を担うという意味で臣を持つからである。「そわ天下の四民士農工商とわかれ、各其職分をつとめ、子孫業を継で其家をとゝのふ」と述べている（『町人考見録』）。「凡天が下に生れ、人民それ〳〵に天より受得たる業あり、故恐ながらも天子・将軍様は万機の政事を以て業とし給ふ、諸侯は一国の政事を以て業とし給ひ、公卿・大夫は其官職諸役を以て業とし給ふ、夫より以下巫医・楽師・農工・商賈・百行の人何によらず、其業なさでかなはぬものなり」（中川有恆『米恩録』享和三年自序）、「朝は日の光さし、鳥のなくを相図におきて、手水をつかひ、髪をゆひ、身ごしらへして、面々のつとむべき家業天職をつとむべし、王公より下庶人にいたるまで、似合相応の職分あり」（徹堂『渡世肝要記』、文化四年刊）といった議論は、通俗教訓書に頻出する。

だとすれば、「（商人の）売買の作業は、国中の自由（便利の意）をなさしむべき役人に天道よりあたへたまふ所」（鈴木正三『万民徳用』、寛文元年刊）ともいえよう。同じく寛文頃から広く読まれた寒河正親の『子孫鑑』は「それ人は先、其家々の職第一に勤べし。是、則庶人の忠也」と説く。石田梅岩がこう主張したのも突飛ば、「家業を疎かにする者は天下の大罪人」（『日暮硯』）であろう。石田梅岩がこう主張したのも突飛ではない。

　四民を治め玉ふは君の職なり。君を相るは四民の職分なり。士は元来位ある臣なり。農人は草莽

の臣なり。商工は市井の臣なり。臣として君を相るは臣の道なり。商人の売買するは天下の相なけり。《都鄙問答》

「市井之臣」「草莽之臣」という『孟子』万章下篇の語を援用しつつ、各人の家業が「君を相」け、その意味で各人は「臣」であると説くのである。『詩経』（小雅、北山）に「率土の浜王臣に非ざるはなし」という。しかし、孟子はそれを文字通りにとるのは誤りであるとする（万章上）。また「臣」は「民」と区別された一つの階層であるという通例の理解に異議のある尾形勇氏も、漢―唐代について、上書等をして「君」に関わる場、納税等の「公職」に関わる場においては「民」も「臣」とされたと見るのである《中国古代の「家」と国家》。「民」が「臣」であること自体において「臣」だったというのではない。孟子の「国に在るを市井の臣と曰ひ、野に在りては草莽の臣といふを皆庶人を謂ふ」も、続けて「庶人これを召して役すれば則ち往きて役す」とあることからして、力役等において「民」も「臣」となるというのであろう。また、『忠経』（漢の馬融撰と称するが、実は宋代以降の作）には、『孝経』の体裁を真似て「兆人章」がある。そして農業に勤めて「王賦を供」することを「兆人の忠」として説く。しかしここにも兆人（庶民）としての勤労自体においても彼等も「臣」であるとの考えは見出せない。基本的に、中国において民の存在は自己目的である。民は役割でなく、事実である。それ故「君と臣は統治集団をなして民に対立し民を支配しつつ之に依存する。統治者は民を彼らが依存し得るように統治する。この場合民は生命でなく物であって、彼らはこれを管理することによって生命を得ている」（西順蔵「天下・国・家

の思想」)とされ、「君主と一般庶民との関係に至っては、君主の方で庶民の生活を保障する責任こそあれ、庶民の方から君主に絶対服従する義務は毫もない」(小島祐馬「儒家と無政府思想」)とさえいわれるのである。建前上、民を世話するために君臣がいるのであって、国家内の職分を果して君を助けるために民がいるわけではない。

ところが、日本では、古代中華文明を理想としたはずの荻生徂徠にも、次の有名な一節がある。

農は田を耕して世界の人を養ひ。工は家器を作りて世界の人につかはせ。商は有無をかよはして世界の人の手伝をなし。士は是を治めて乱れぬやうにいたし候。各其、自の役をのみいたし候へ共。相互に助けあひて。一色かけ候ても国土は立不申候。されば人はもろすぎなる物にて。はなれ〴〵に別なる物にては無之候へば。満世界の人こと〴〵く人君の民の父母となり給ふを助け候役人に候。《徂徠先生答問書》

万人がその家業において「役人」なのである。ところで、ここには奇妙な循環がある。君は「民の父母」、しかし当の民がそのための「役人」である。民は目的のはずでありながら、手段である。このことはおそらく、徂徠があれだけ仁と安民を説く一方で、実は、民生を憂慮し、窮乏を憐れみ、民を救おうという態度には案外欠けていることと関連があろう。『政談』は民の困窮から論じ起さず、民を取締り、「世界ノ万民悉ク上ノ御手ニ入テ、上ノ御心儘ニナル仕方」の献策から始まる。彼が心配なのは、民でなく「世ノ困窮」「国ノ困窮」であり、その結果「紀綱乱テ終ニ乱ヲ生ズ」ることなのである。そこで「国天下ヲ治ルニハ、先富豊ナル様ニスルコト、是治ノ根本」とされる。民の生活

よりは、体制の維持自体が目的のようである。「総ジテ天下国家ヲ治ル道ハ、古ノ聖人ノ道ニシクハナシ」という言い方もそれを窺わせる。そして現に彼の政治理論を正式に凝縮して述べた『弁道』では、繰り返し、「先王の道は天下を安んずるの道なり」とは言わない。「道といふは国天下を治候仕様」「聖人之道は専天下国家を治むる道にて。礼楽刑政之類皆道」(『徂徠先生答問書』(23))であるとは、政治体制の存在目的を考えず、ただその安定的存続自体を目的とし、その手段体系として道(儒学における最高の価値)があるということであろう。徂徠学とは、その目的のための協力者と位置付けられても不思議はない。それは、儒学としては異色である。しかし、確かに、家連合家職国家とは見事に対応している。徂徠学は、その自称するような古代中国の政治学ではあるまい。彼の生きた徳川日本の政治学たらんとするものであろう。(25)

なお、右のような国家の構造は、「孝」と「忠」の関係についても、特異なイデオロギー的帰結を生む。民は家業精励において君に忠たりうる。しかし前記のように、家業精励はまた孝の主内容なのである。かくて、家業において忠と孝は一致する。「士農工商それぞれの 家業を大事に勤むるが 即ち御上へ忠義なり 先祖や親への孝となり その身は安体らくならん」(作者不詳『善悪種蒔鏡和讃』(26)、天保六年刊)。確かに、民は、既に「臣民」(27)であった。

武士の場合、事態は一層奇妙だった。彼等の家業は、直接に君に奉公することである。忠に励むこ

とがそのまま孝であり、孝行とは忠義なのである。井伊直孝（天正一八・一五九〇年―万治二・一六五九年）はこう子孫に告げている（『井伊直孝遺状』）。

　上意之儀は不レ及レ申、御老中私にて無レ心千万存候事御申付候共、毛頭不レ可レ掛レ心、一向御奉公専一に被二相勤一儀可レ為二本意一候、尤忠良又は我等にて孝行不レ可レ過レ之候。

『東照宮御遺訓』（偽書ではあるが）も、「尤天下の諸大名其末々迄も、銘々の家職をよく務、其家を能おさめ、先祖の家法を失はず、若先祖の家法の内、たしかに諸人の苦しむ事あらば、思案工夫を成し、老功の臣と相談して能様に改る事、又忠孝也」という。「主をさへ大切に仕候はゞ、親も悦、仏神も納受」するのである（『葉隠』）。おそらくは、天和以来の武家諸法度第一条の「忠孝」も、右の意味での忠孝であろう。

　忠孝一致論は、中国でも多い。しかし右の忠孝一致は、右の意味ではない。忠孝は対象が異なるがその精神態度は同一である（例えば『孝経』士人章、広揚名章）というのではない。孝子であってこそ忠臣たりうる欧陽修『新五代史』巻二六「烏震伝」論賛）というのでも、忠臣を得ようと思えば孝子の家に求めよ（例えば『後漢書』巻二六「韋彪伝」）というのでもない。一般に、忠と孝は矛盾せず、常に両立しうる（例えば『新五代史』巻一五「明宗子伝」論賛）というのでもない。忠と孝が、家業としての一つの行為の両面なのである。

　やがて後期水戸学は、国学を承けて（例えば本居宣長『直毘霊』参照）、古代日本では各氏族が歴代天皇に対し、代々忠誠を尽していたと主張した。その意味で、全ての民が天皇の譜代の臣であった。そ

して、会沢正志斎は「孝は以て忠を君に移し、忠は以て其の先志を奉ず。忠孝は一に出づ」(『新論』、文政八年)と述べた。ここに右の武士における忠孝一致論は全「臣民」に拡大されたのである。勿論、次の議論の淵源は、ここにあるのであろう。

　我等の祖先は歴代天皇の天業恢弘を翼賛し奉ったのであるから、我等が天皇に忠誠の誠を致すことは、即ち祖先の遺風を顕すものであって、これ、やがて父祖に孝なる所以である。我が国に於ては忠を離れて孝は存せず、孝は忠をその根本としてゐる。国体に基づく忠孝一本の道理がこゝに美しく輝いてゐる。(文部省『国体の本義』(一九三七年)四七頁)

確かに、これは、日本の歴史が培った特異な忠孝観念に深く根差しているという意味で、「万邦無比」であった。但し、それが「美しく輝い」たかどうか、これは無論、別の問題である。

(1) 服部民夫訳(国書刊行会、一九七八年)二八二頁。

(2) 例えば、守屋毅『京の町人』(教育社、一九八〇年)六八―七〇頁、中野卓『商家同族団の研究』第二版下(未来社、一九八一年)七九六―七頁の町の住民移動の例を参照。

(3) 例えば児玉幸多「身分と家族」も「百姓の場合にも、納税義務者を確保するためには、血縁の有無にかかわらず、その相続者を必要としたので、それが、家名の存続・祖先祭祀の観念などと結びついて、養子制度を一般的なものとした」と指摘している。『岩波講座日本歴史』10(一九六三年)二七一頁。

(4) 「近世の国制における『武家』と『武士』」(同校注『日本思想大系』27、近世武家思想』(岩波書店、一九七四年)五三四頁。なお、同論文の臣民、忠孝の関係に関する記述も参照。

(5) 家永三郎編『植木枝盛選集』(岩波文庫、一九七四年)一九二―三頁。

(6) 佐藤昌介他校注『日本思想大系55、渡辺崋山・高野長英・佐久間象山・横井小楠・橋本左内』(一九七

(7) 『福沢諭吉全集』第四巻（岩波書店、一九五九年）一○四頁。

(8) 中国を単純に「家族国家」と見ることについては尾形勇『中国古代の「家」と国家』（岩波書店、一九七九年）序章に詳しい批判がある。また氏は、この、漢を中心とする研究において、「諸『私家』の中で、一つの有力な『家』が他の『家々』を『家』からみの形にて支配する、ないしは諸他の『家』の成員を己が『家』の擬制的『家人』として包摂して隷属せしめる——という構造では、当時の『公』権力は成立し得ていなかったと考えられる。」と指摘している（二三八頁。傍点も同氏）。とすれば、この時期でも中国の国家は徳川日本とは大きく異なっていたことになろう。

(9) 中村幸彦校注『日本思想大系59、近世町人思想』（一九七五年）一七六頁。

(10) 『通俗経済文庫』巻七（日本経済叢書刊行会、一九一七年）二九二頁。

(11) 同、巻三（一九一六年）二〇一頁。

(12) なお、それぞれが職分をつとめるという限りでは、万人に違いはないということにもなる。身分を職分とみることによって、一種の平等論が世襲身分制と両立するのである。例えば以下を参照。「夫人ハ則天カ下ノ霊也ト天照皇太神モ宣ク。然レバ上御一人ヨリ下万民ニ至ルマデ、人ハ人ニシテ人ト云字ニハ別ツハナカルベシ。最トモ貴賤上下ノ差別有リトイエドモ、是政道ノ道具ニシテ、天下ヲ平ラカニ成サシメンガ為ナルベシ。士農工商夫々ノ家業有レバ、其業ヲ大切ニ守ルベシ。己ガ五倫一体ニシテ中ニモ頭足ノ上下有リトイヘドモ、何レヲ是トシ何レヲ非也トセン哉。目ハ目ノ業、耳鼻、口、歯、舌トモニ手足其外一躰ヒニ具スル処悉ク其業有リ。何レヲ取リ何レヲ捨ツベクモアラズ。」林八右衛門『勧農教訓録』、森嘉兵衛他編『日本庶民生活史料集成』第六巻（三一書房、一九六八年）四二三頁。

(13) 宮坂宥勝校注『日本古典文学大系83、仮名法語集』（岩波書店、一九六四年）二七八頁。

(14) 前掲『日本思想大系59、近世町人思想』、三七頁。
(15) 西尾実他校註(岩波文庫、一九四一年)五一頁。
(16) 足立栗園校訂(岩波文庫、一九三五年)六一頁。
(17) 註(8)前掲、一六六—七一、二二七—三五頁。
(18) 『中国思想論集』(筑摩書房、一九六四年)七—八頁。
(19) 『中国の社会思想』(筑摩書房、一九六七年)九六頁。
(20) もっとも、中国に職分担当者としての民という考えに似たものが全くないわけではない。例えば、韓愈の「原道」(『昌黎先生集』巻一一)には、「是故に君は令を出だす者也。臣は君の令を行ひて之を民に致す者也。民は粟米麻絲を出だし、器皿を作り、貨財を通じ、以て其の上に事ふる者也。君、令を出ださざれば、則ち其の君たる所以を失ふ。臣、君の令を行ひて之を民に致さざれば、則ち其の臣たる所以を失ふ。民、粟米麻絲を出だし、器皿を作り、貨財を通じ、以て其の上に事へざれば、則ち誅せられる。」という一節がある。しかし、例えば蕭公権『中国政治思想史』(華岡出版、台北、一九六四年)四〇六—七頁は、このような韓愈の政治思想は、孟子とは遠く、むしろ(儒家としては傍流の)荀子に近いとしている。
(21) 島田虔次編『荻生徂徠全集』第一巻(みすず書房、一九七三年)四三〇頁。
(22) 吉川幸次郎他校注『日本思想大系36、荻生徂徠』(一九七三年)二七四、三〇三、三〇四頁。
(23) 前掲書、四六九、四七九頁。
(24) ちなみに、尾藤正英氏は『政談』の分析を前提にして、「役割を担う存在として『人』を考えたことは、その役割の体系としての全社会的規模での組織のあり方を重視することにつながり、その組織のあり方を決定し、かつこれを運営する責任が、社会を構成する個々人にではなく、これを統轄する為政者の側にあると考えられたところから、徂徠の思想における『道』は、政治の方法としての性格を主とするものとなった。

これを個人の生き方の側面から考えるならば、与えられた『道』にもとづき、社会的組織の中に位置づけられて、何らかの役割を担い、それを遂行してゆくことの中に、生きることの意味が見出される。」と指摘している。「荻生徂徠の思想」、『東方学』第五八輯、一九七九年、一四頁。

(25) 但し、無論、古代中国の政治思想の再現という面が徂徠に全くないとするわけではない。その点は、荀子をも含めた儒家のみならず、『管子』や法家をも視野に入れた吟味を必要としよう。

(26) 『日本教育文庫、宗教篇』（同文館、一九一三年）六七〇頁。

(27) 実際に「臣民」の語を用いた例も既に江戸時代に存在しないわけではない。富田高慶『報徳記』（安政四年成。岩波文庫、一九三三年）五八—九頁では、二宮尊徳が庄屋に述べた言葉として、「今我臣民たるもの〻道を教へん。凡そ上君となり下臣民となるもの本来一物にして二物にはあらず、猶一木の根幹枝葉相離れざるが如し。……是の故に地頭の艱難に当り君の憂を憂とせず、唯其求責を遁れんことを謀る豈是れ難に当て臣民の義を尽すの道ならんや」とある。註(12)所引『勧農教訓録』の一節と似た有機体の比喩の用いられていることも注目に値しよう。

(28) 『日本教育文庫、家訓篇』（一九一〇年）四一四頁。

(29) 同書、二六五頁。

(30) 斎木一馬他校注『日本思想大系26、三河物語・葉隠』（一九七四年）二二六、二二九頁。

(31) それ故、この場合、「忠孝」といっても、結局の所、比重は忠にある。現に、天和武家諸法度の出された際の大老堀田正俊も、「忠孝の道、古より之を論ずること、車に両輪有るが如し。重し。若し孝を以て重しと為せば、則ちその父母存するの間、君に事へずして可ならんか。」と書いている。

(32) 今井宇三郎他校注『日本思想大系53、水戸学』（一九七三年）五六頁。

第四節 「礼」

朱熹は、「礼」を「天理之節文、人事之儀則」と説明している(『論語集注』学而)。即ち、物事の自然なあるべき在り方の、具体的に分節され、それに相応しい文采を施された形であり、つまりは人間社会の制度・儀式・作法をいう。「制度品節」(同、為政)であり、「節文度数の詳、有」る(同、泰伯)ものである。それは孔子が古の三代の「礼」に「損益」(増減)のあったことを認めた(同、為政)ように、具体的であるだけに歴史的にある程度変遷する。しかし同時に「礼」は「仁」「義」「智」と並んで「性」の一面でもある。人の心には、正しい制度儀式作法に沿う本性が生れつき備わっているのである。この世の秩序も、礼によって成立する。

盗賊は至って不道なるものだが、それでもやはり礼楽がある。思うに、必らず首領と手下があり、必らず命令をきくということがあって、それでこそ盗を為しうるのだ。そうでなければ、叛き乱れて統制がなく、一日でも相聚って盗を為すことはできない。(同、陽貨、程伊川の語)

人は常に礼に則って言動云為をなすはずであり、なすべきであり、本来なしうる。冠婚葬祭や朝廷における諸行事の礼はその際立ったものに外ならない。朱子学は、思弁的形而上学や道徳的お説教に尽きるものでは決してなく、こうした具体的実践を極めて重視するのである。朱熹自身、「古今の籍

を究観して其の大体の変ふ可からざるものに因り、しかも少しく其間に損益を加へ」(『家礼』序)、個人の家での冠婚葬祭等の「礼」を実用的に定めた『家礼』(=『文公家礼』)を著している。更に『儀礼経伝通解』を編して、家・郷・学・邦国・王朝での古礼を集成してもいる。それら「天理の節文」たる儀礼に彩られた燦然たる秩序において「仁政」も実現されると朱熹は考えたのである。

このような思想を受け容れる基盤は、徳川前期の日本にもあった。「偃武」後、身分ごとの諸格式は速やかに固まっていった。将軍・大名の城中での行儀作法の取締り——目付の職掌である——は厳しく、定時臨時の様々な儀式が厳粛に挙行された。天和武家諸法度(享保以降も襲用)第一条に、「文武忠孝を励し、可レ正二礼義一事」とある。また特に富裕な者の間では、各地の風習に従って、烏帽子祝・嫁取り・葬い・法事等の諸行事が——冠婚葬祭の礼とは呼ばずとも——執り行われていた。一般に、人間関係における作法・しきたりにやかましい社会でもあった。こうした意味で礼の観念に親和的な社会であった。朱子学を中心とする渡来儒学は、この点でも一定の受容基盤を持ったのである。

しかしながら、この社会固有の礼法秩序は、律令制度の僅かな残存はあったとしても、中華礼学のモデルからすれば余りに異様、余りに野卑であった。その政治制度は「庄屋シタテ」(湯浅常山『文会雑記』(4))であった。その「宮廷儀礼」は、室町幕府以来の武家作法と「戦国の遺習」のないまぜであった。冠婚葬祭は、東照宮の象徴する如く、仏教・神道・諸民俗の不可思議な折衷であった。無論、町人百姓の行事・作法は、一層「夷狄」風だった。これら全てをそのままに「天理の節文」と見做し、

第二章　宋学と近世日本社会　163

その遵守励行を説くというわけにはいかなかった。

延宝（一六七三〜八一）頃、熊沢蕃山は、中国では最初の王、伏羲以来、三皇五帝を経て次第に「礼儀法度」の形成されたことを説き、続いてこう述べている。

今の時器物多く人奢れることは、周の盛世のゆたかなるにもこえつべし。しかれども人民の心の礼儀に習はざることは、伏羲の時のごとし。（『集義和書』）

蕃山によれば、当時の日本社会は、豊かさにおいて理想の世「周の盛世」、礼なきことにおいて人類最初の蛇身人首の王の時代に相当したのである。そう極言せずとも、当時礼の不在は儒者の眼に明らかであった。儒学を自分の思想とした者は、その真只中で思索し、教えを説かねばならなかったのである。

(1) 原文は以下の通り。「如盗賊至為不道。然亦有礼楽。蓋必有総属。必相聴順。乃能為盗。不然。則叛乱無統。不能一日相聚而為盗也。」

(2) 湯浅幸孫氏は「後世でも、朱子学の徒は一般に礼制研究を重んずる。朱子学はたんなる形而上学の体系ではなく、官僚の実践哲学という面をもっている」と指摘している。『中国文明選第四巻、近思録』上（朝日新聞社、一九七二年）一六二頁。傍点も湯浅氏。

(3) なお、『家礼』は実は朱熹の著でないとの説がある。清の王白田が『家礼考』で主張し、『四庫全書総目』経部二二「礼類」四「家礼」もそれに従っている。しかし少なくとも近世日本の朱子学者は普通真作とみなしている。偽書説を否定したものとして、銭穆『朱子新学案』第四冊（三民書局、一九七一年、一六五—一七三頁）、上山春平「朱子の礼楽」（『人文学報』四一、一九七六年）がある。

（4）『日本随筆全集』第二巻（国民図書、一九二八年）五四九頁。
（5）正宗敦夫編『増訂蕃山全集』第一巻（一九七八年）一二三頁。
（6）蕃山自身も、より緩和した表現もしている。『集義和書』、前掲書、二〇二頁。
（7）享保の朝鮮通信使一行の一人申維翰も、江戸城内に「礼」のないことに驚き、それでいながら「富強長久の楽」をいたしていることを訝っている。姜在彦訳『海游録』（平凡社、一九七四年）二〇三―四頁。

一 「家 礼」

先ず個人の生活に直接関わる、家での礼である。最も問題となったのは死者のための礼、葬祭だった。特に親の葬祭は、孝心の最も厳粛な表現である。それを仏式で行うわけにはいかない。朱熹『家礼』巻四「喪礼」も、「仏事を作さず」と戒めている。しかし、儒葬は、往々当の親の意向に反した。親の遺志に背いて強行するのが孝行だとは言いにくい。しかも寺請制度により、葬祭儀礼は寺院の公認の専権事項だった。朱子学者たるもの、思想の試される場面であった。

もっとも、中国でも仏葬は稀でなかった（例えば、宮崎市定「中国火葬考」、『アジア史論考』下〔朝日新聞社、一九七六年〕参照）。朱熹自身、「親が死に、僧道を用いるよう遺嘱したらどうすべきですか」「用いないでよいでしょうか」と問われ、「難しいところだ」「子の心として忍びがたい所がある。これはじっくり考えるべきだ」と答えたことがある（『朱子語類』巻八九第四七条）。しかし中国政府は常に火葬を禁じていた。儒学者の社会的地位も全く異なった。日本の儒者の方が遥かに難しい立場であった。

第二章　宋学と近世日本社会

山崎闇斎は、「親もし仏法にまどひなば、喪や葬や祭や、礼のごとくする事もいかゞあらんといふは、孝のみちをしらざればなり、在時われよくつかへて、折にふれ事により、こと葉をつくして道にさとしなば、そのまどひいかでとけざらん」と楽観的な見通しを立てている。しかし、彼も認める通り「近比は家礼に心をとどめて、喪祭をつとめをこなへる人出来にければ、世俗のいぶかりのゝしること殊に猛」であった（『大和小学』、万治元年）。事実、彼と旧知の野中兼山（土佐山内氏の奉行だった）が、妻の葬儀を「衣衾棺槨悉く文公家礼」によって行ったとき（慶安四年）、兼山は江戸に出て幕府にその件につき弁明する破目となった。その見慣れぬ有様にキリシタンとの風説を呼び、疑いをかけられたのである。太宰春台も、「モシ千人ニ一人モ、喪ヲ治メテ礼ヲ行フ者アレバ、見ル者モ聞ク者モ驚キ怪ミテ、国禁ヲ犯セル者ノ様ニ思ヒテ厭ヒ悪ム故ニ、如何ナル仁人孝子モ、喪礼ヲバ遂行フコト能ハズ、悲ムベキコトナリ」と、のしかかる世俗の圧力を指摘している。「哭泣」（死者のために声をあげて泣き叫ぶ）の礼などは、侍達には女々しいとさえ感じられたようである、「此方ニテハ、哀マザルヲ賢シト誉メ、哀ム者ヲバ愚ナリト笑フ、是イカナル心ゾヤ」と、春台は憤慨している（以上『経済録』）。

大きな町では、埋葬も寺にする外はなかった。「国制上諸侯より下士庶まで、皆宗門と云もの有て、香花院あれば、先寺僧につげて早く墓地を定むべし……不ㇾ作二仏事一は家礼の第一条なれども、今国法のある所はいかんともすべきな」し（大蔵永絢・村士宗章『喪儀略』）。大抵の儒者の墓は寺にある。「僧寺に葬ること仮へは其境内に於て借地するなり」という理屈を編み出した者もいた（佐藤一斎『哀

林家の如く、自分の墓所を持ち、儒葬した例はある。山崎闇斎に学び、「衆口の訕る所と為る」のをかえりみず、『家礼』に則って父を儒葬した町人もいる（慶安二年、藤井懶斎『本朝孝子伝』[8]、天和四年自序）。しかし、「父母、兄弟、妻子等、死去いたし候節、葬送の礼法、古の聖人定置たまへりといへども、いま急に執行がたく」、詰る所「俗令に定置候通」（『明君家訓』[9]）というのが、多く実情であった。「世俗皆之れに従ふ。然らされば乃ち公門に嫌あり。故に大底多くは浮屠の説に従うて可なり」（『枕塊記』[10]）と、父を出来る限り礼に沿って葬った（寛文五年）山鹿素行もいう。

そこで、熊沢蕃山は、例によって、水土の差を理由に、葬礼の相対化を主張した（例えば『集義外書』[11]巻一）。「俗」との妥協を激しく憎む山崎闇斎も、「まつり」についてはある程度の相対化を是認した。「朱子すでにおほく俗礼をもちひ、瓊山儀節（丘濬の『家礼義節』）家礼をことひざりし、よく古礼をかんがへ、ふかくその意をくみて、時によろしくをこなふこそ、儒者の事なるべし」と彼はいう（『大和小学』[12]）。その弟子浅見絅斎も、「家礼ヲヨム者モ家礼ノ深衣ヲ着、幅巾ヲカツギスル事ヲキト様、其土地次第」であるからして、「身ニキルト云理ハ、天地一ニシテ、キモノノ拵へ思フ誤リ」をしてはならないという（『割録』[13]）。

確かに、三代の礼にも損益があり、『家礼』も例えば「祠堂」の制につき「多の俗礼を用ひ」ている以上、それも当然であろう。絅斎自身を含め、『家礼』等に拠りつつ当時の俗を参酌して葬礼を工夫した者は少なくない。例えば、絅斎『葬祭小記』[14]、荻生徂徠『葬礼略』、前引『喪儀略』、佐藤一斎

『哀敬編』、佐久間象山『葬礼私説』[15]。

しかし、ここには陥穽がある。礼は「其土地次第」とすれば、「礼法と土地の宜、古今の習、風土の点に依て、からやまとおなじからず。聖人の法なりとて、昔の唐土の法を、今の日本に悉く用ひ難し」（貝原益軒『神祇訓』[16]、「所詮当国にあつて他邦の礼を行ひ、当時にあつて古代の礼を弄ぶこと皆儒学の迷」（伝室鳩巣筆『不亡鈔』[17]）ともいえよう。更に、「世間にあつては世間に従ふこと道なり」（同）[19]となれば、儒教は習俗の中に融解する危険にさらされよう。「俗儒」も「迂儒」も「真儒」でないはずである。修正主義も教条主義も許されない。問題は、どれが絶対讓れぬ原理であり、どこまでが変通すべき細則かにある。

例えば、孔子が「天下の通喪」と断言した親のための三年の服喪を、孔子は「深く責め」（『集注』）、「不仁」となしたのである。そこで、中国には、親の死後三年間の官吏休職制度があった。しかし勿論、近世日本にそれはなかった。貞享元年（一六八四）の服忌令以来、幕府は正式に、父母のためには「忌五十日　服十三ヶ月」と定めている。「今の所謂令文の制は、戦国の余習にて、巫祝家の説」（前掲『喪儀略』）[21]かもしれない。だが、公然とこれを拒めば、仕える者として破滅である。悪くすれば命にかかわろう。しかも、五〇日どころか、二一日で出仕を命ぜられることさえ実はあった。それを「大ニ憂ヘナゲカン人アラバセメテモノ事ナルベキ大カタソレホドノ事云フ人モナ（カタジケナ）ク、むしろ「辱シト思フ」のが（湯浅常

山『文会雑記』(22)、世の実状だった。「名聞がましく三年の喪を勤むるは却ていやみなり。且は国法にそむくに似たり」と、町人もいう《本阿弥行状記》(23)。

そこで、苦肉の策も案出された。山鹿素行は、五〇日以後は「公門に出入すと雖も、亦私に帰れば乃ち喪服に復り、酒肉を飲食せず、喪の礼を用ひ」よという。役所と家とで使い分けよというのである。だが、それでも時に「俗を駭かす」かもしれない。それ故「只だ微服潜行し、已むを得ずんば乃ち酒肉を飲食すと雖も、忽に初に復りて以て喪を終る、是れ孝の至りなり」と素行は説く（以上『枕塊記』(24)）。人目に隠れた密かな儀礼、ここで儒教徒は、隠れキリシタンの如くであった。

いっそ短喪を肯定してしまった者もいる。『不亡鈔』はいう。「末代人多慾にして功利を貴み、或は驕奢、或は怠慢、業多く事繁くして、玉をして盤を走らしむるがごとく、上より中、中より下に至るまで暫時も休すること」がない、三年の喪服があっても、現代人には亡父母を思う気持を保つことはできまい、それに、「礼を制し楽を作るは天子の事……只に上古をほめて当時を議り、其父母に益なき時は己が為にするの学にあらず」(25)。つまり、時代と「天子」が悪いのである。時代は下るが、広瀬淡窓はいう。「君子の礼を行ふや、将に中庸を択ばんとす。三年の喪の若きは誠に厚き道なり。これを我邦に行ふは則ち難し……先儒曰く、東方は陽に属す、人の性喜び多く、哀少し、礼を制すること宜く祭りに詳しく葬に略なるべしと。聖人復た起こるも斯の言を易へじ」《義府》(26)。つまり、日本人は性格が陽気だから止むを得ないのである。おそらくは、荻生徂徠の、宰我の短喪の説を孔子教団の礼楽改革構想の一案と認めてしまう独特の解釈《論語徴》壬)(27)も、このような傾向と無関係であるまい。(28)

しかし、原理を守るために、なお別の手があった。それは、身と心の使い分けである。貝原益軒は、「心には古の道を守り行ひ、身の作法は今の世の風俗にそむくべからず。今の世に生れ、古の法にかゝはりて、必行はんとするは僻事なり」(『大和俗訓』、宝永五年)、「葬祭の礼は、をはりをつゝしみ遠きをおふ道なれば、心を用ひてあつくすべし。おろそかにすべからず。時宜にしたがふべし。国法と風俗にそむかざるかぎりは、其の心をつくすべし」(『家道訓』、正徳元年)と説く。仏教を痛罵する一方で、読経を聞き、法事に参列せざるをえないのが儒者の生活であった。

それでもよいと崎門の若林強斎は考える。「表向」と「内証」を分離すればよいのである。

風俗デセネバナラヌナレバ毎月ノ精進モ仏参モヤッパリ人並ニシラレタガヨク候。ソレホドノコトヲ人モアヤシム様ニカドヲ立ツルハ下手ナコトニテ候。一概ニハ云ハレネドモ、俗ニスルコトデ我モセネバ味ノワルイヤウナコトノカルイコトハ、人並ニヤッテステタガヨク候。独立シテ俗ヲカマハヌト云フコトハ事ニヨルコトニテ、ソコラデ云フコトニテ無レ之候。愁ニ内証マデモサフ心得テヲレバ、却テアシキコト多ク候。但表向ハソレ、内証ハ心次第ノコトニテ候。(『強斎先生雑話筆記』)

祭礼が「カルイコト」だと強斎はいう。それはともかくとしても、忠信・誠を説く朱子学者が、こではでは意識的な演技を説いているのである。苦しい妥協であった。

太宰春台は、いつか誰かに葬祭の礼について、粘り強く改革を求めた儒者も無かったわけではない。『経済録』で喪礼を論じ、「今タトヒ中華ノ礼ノ如クナラズト

モ、吾国ノ古風ノ如クニモアラバ、天下ノ大慶」と述べた。寛政元年、松平定信に提出した『草茅危言』で中井竹山は「葬式」を論じ、「我邦諸儒斟酌の制抑夫々に存乍ら、俗間には一向通用せぬ事にて……」と嘆き、せめて「侈靡」を論じ抑え、全国で火葬を禁止するよう訴えた。しかし、これらの成果は、神葬の運動と比べても乏しかったようである。儒葬は正しいと認められながら、世に実行されなかったというのではない。普通、そもそも正しいこととも認められなかったのである。文化年間に至り、古賀精里・柴野栗山・尾藤二洲等は寛政中に幕府の許可を得てあった新造の大塚先儒墓所に儒葬された。快挙だった。しかし、江戸の人々はそれを異様としか見なかったらしい。彼等はそこを「儒者捨場」と呼んだのである。

かくて、仏教を批判する一方、概して自らの葬祭の礼なき儒学が、日本の儒学であった。死んで「鬼」となった祖先を誠敬を尽して祭り、その「来格」を斉明盛服して待つ宗教的な経験を欠く儒教であった。

ところで、近世日本儒学には、「鬼神」軽視の傾向があるとの指摘がある。

俗儒モ仁義礼智信平常底ノコトハユガミナリニモ論説スレトモ、鬼神ノ吟味ニナッテハ一向主意ナシ。サルニヨッテ鬼神ノコトヲ論ズルコトナク、子不レ語二怪力乱神一ノ語デフタヲシテ、人ノ吟味スルニモトリ合ヌナリ。近時大儒ト称スル学者ニ鬼神ノ論説ヲシタル人ヲキカズ。(佐藤直方「中庸鬼神大意」)

雨森芳州も、「物読する人、動もすれば、鬼神の事を、そこ／\におもへるもの多し。これは世の人の仏に諛び、淫祀をたふとぶを見、咽ぶによりて食を廃せるにや」という(『たはれぐさ』)。福沢諭吉も、「儒者」が「仏者」を批判して「鬼神幽冥の妄説」を論ぜず、結果として「惑溺を脱した」と回顧している(『時事小言』)。

確かに朱熹も、「鬼神は二気の良能」(もと張横渠の語)、「天地の功用、造化の跡」(もと程伊川の説)という、「気」で鬼神を説明する合理主義的な解釈をとる。それ故「(そのような解釈は)天地鬼神を畏敬する聖人の意に非ず。程朱の学流は、必竟無鬼の説に至る」との説もある(大田錦城『梧窓漫筆』)。

しかし、「中国土着思想家」たる朱熹は、鬼神の祭祀を決して否認しない(島田虔次『中国古典選六、大学・中庸』[朝日新聞社]中庸第一六章)。しかし、祭祀の体験のない、土着ならぬ日本の儒者は、鬼神論にやや異和感を覚えたのかもしれない。その意味でより合理主義的でありえたのかもしれない。

伊藤仁斎は、鬼神を論ずることを端的に否定している。仁斎によれば、三代の聖王が鬼神・卜筮を崇信したのは、それを信ずる当時の民に合わせたに過ぎない。「民の好むところを好み、民の信ずるところを信じ、天下の心をもって心とす。しこうしていまだかつて聡明をもって天下に先だた」なかったのである。それ故、弊害もあり、「夫子に至るに及んでは、すなわちもっぱら教法をもって主として、その道を明かし、その義を暁め、民をして従うところに惑わざらし」めた。孔子は「深く人の力を人道に務めずして、あるいは鬼神の知るべからざるに惑わんことを恐れ」たのである(以上『語孟字義』鬼神)。かくして、仁斎によれば、『中庸』の「鬼神」及び「禎祥妖孽」を説いた個所(第一六章、

二四章）は、そもそも『中庸』の正文ではない。他書からの混入である。人は「鬼神に溺るれば則ち必ず人道を忽せ」にする、だから「孔氏の遺言」のはずがないのである（『中庸発揮』）。三井高房『町人考見録』が、「神儒仏の道は、信心に凝って家業をおろそかにしないよう説いたのも、思い出されよう。

新井白石は、その『鬼神論』で朱熹を祖述している。更にそれを応用して、妖怪・人だま・幻夢・天狗に至るまで「合理的」に説明している。仁斎とは異なる。しかしこの著は「鬼神の事まことに言難し。只いふ事の難のみにあらず、聞事又難し。たゞ聞事のかたきのみに非ず、信ずることまた〳〵難し」と筆を起している。そして、「聖人の教はしかは（仏教のようでは）あらず、萩粟布帛の、日々に用ゆべきが如く、孝悌忠信の外にもとめず。是詩書執礼の如きは、雅に宜ふ所にして、彼怪力乱神のごときは語りたまはざるゆへならんかも」と結んでいるのである。一応は朱熹に拠りながらも、白石の懐疑的態度は露わである。

これらは、「先王の道は、天を敬し鬼神を敬するに本づかざる者なし」（『弁道』）と鬼神の意義を強調する荻生徂徠とは、一見対照的である。しかし、その実、徂徠の鬼神崇敬にはやや疑わしい所がある。彼によれば、「天秩でて礼あり」（『書経』皐陶謨）とは「堯舜の、礼を制するや、天道を奉じて以てこれを行ふ」との意である。つまり「その教へを神にする所以」である。「三代の天子の、一政を出し一事を興すがごときも、またみな祖宗を祀りてこれを天に配し、しかうして天と祖宗の命令と称して政事をしたと出し、卜筮を以てこれを行」った（『弁名』）。つまり、天と祖宗の命令と称して政事をしたと

いうのである。天・祖宗・卜筮そして鬼神は、全て徂徠において、政治を——正当化し、合理化するのでなく——神秘化し（「神にする」）、権威付ける手段である。聖人天子が「鬼神の命なり」と称するのは「外に順ひて曰」うのであって、本当に自分の考えがないのではない。「嘉謀嘉猷」があるのだが「ことごとくこれを鬼神に致して、敢へて留めて以て己が謀猷となさざる」のである（同）。先王が「詩書礼楽は、これを鬼神に本づけざる者あることなし」なのは、「己のため」でなく、民の「人情」に合わせたに過ぎない（同）。民衆を一々説得することはできない。かといって暴力も望ましくない。そこで、ルソーの、「暴力なしで導き、説得することなく納得させる」ため「神々」に頼る「立法者」（『社会契約論』第二編七章）にも似て、統治手段として鬼神を利用するのである。

いうまでもなく、意識的に政治的手段としての神秘化を奨揚する者は真正な神秘家ではない。一見仁斎等と対照的な徂徠も、今は亡き先祖との交感を致すための鬼神論者ではない。後述するようにこれは当時の政治構造に即した立場かもしれない。しかし、「中国土着思想家」達からは、おそらく遠い。

（1）同四八条でも同様の問いを受け、「其他都是皮毛外事、若決如此倣従之也無妨、若火化則不可」と答えている。
（2）『日本教育文庫、教科書篇』（同文館、一九一一年）三五—六頁。
（3）横川末吉『野中兼山』（吉川弘文館、一九六二年）五九—六〇頁。
（4）滝本誠一編『日本経済大典』第九巻（史誌出版社、一九二八年）四一九、四一六頁。武士の気風につき、類似の指摘が、室鳩巣『明君家訓』にある。石井紫郎校注『日本思想大系27、近世武家思想』（岩波書店、

(5) 山鹿素行も「世俗専ら浮屠の地を借る、故に択ぶべき所なし」という。『枕塊記』、広瀬豊編『山鹿素行全集思想篇』第一〇巻（岩波書店、一九四二年）四三五頁。
(6) 大田南畝編『三十輻』第一（国書刊行会、一九一七年）三〇八頁。同三一九頁も同趣旨。
(7) 高瀬代次郎『佐藤一斎と其門人』（南陽堂、一九二二年）四六七—八頁所引。
(8) 『日本教育文庫、孝義篇』上（一九一〇年）九三頁。
(9) 前掲書、七六頁。同書頭注にもある通り、楠正成の遺訓の形で室鳩巣が著したもの。享保六年頃吉宗も読み、近習に勧めたという。室鳩巣『兼山秘策』、滝本誠一編『日本経済叢書』巻二（日本経済叢書刊行会、一九一四年）四五三頁。
(10) 前掲『山鹿素行全集思想篇』第一〇巻、四七八—九頁。
(11) 正宗敦夫編『増訂蕃山全集』第二冊（名著出版、一九七八年）一三頁。但し、彼も比較的早期の『葬祭弁論』（寛文七年刊）では、火葬読経等を批判し、『家礼』の実行を主張している。同『全集』第五冊所収。
(12) 前掲書、三六頁。
(13) 倉本長治編『近世社会経済学説大系七、浅見絅斎集』（誠文堂新光社、一九三七年）四〇二頁。なお絅斎は、弟子の若林強斎が親の死後「人ガ何ト云ハウトモ苦シカラヌ事、トント三年ノ間ハ是デットメテ、人ガ仰ガリ者ヂヤト云ハウトモ、却テ面白イナド、云フ様ナ心デ」喪服を着続けたとき、叱って止めさせたという。山口春水『強斎先生雑話筆記』、森銑三他編『続日本随筆大成』一二（一九八一年）九八頁。
(14) 絅斎およびその弟子若林強斎による喪祭礼に関し、詳しくは、田尻祐一郎「絅斎・強斎と『文公家礼』」（『日本思想史研究』第一五号、一九八三年）参照。
(15) また、未見だが、中村惕斎も、先祖祭りの礼を時俗に合うように工夫した『居家慶享簡儀』という書を、

第二章　宋学と近世日本社会

(16) 益軒会編『益軒全集』巻三（益軒全集刊行部、一九一一年）六四頁。

(17) 前掲『日本経済叢書』巻三、二六頁。『不亡鈔』は、鳩巣作でない可能性がある。例えば、荒木見悟「室鳩巣の思想」（『日本思想大系34、貝原益軒・室鳩巣』岩波書店、一九七〇年）五二六―三〇頁、参照。

(18) 同様の議論は多い。やや異色の例としては、平賀源内『風流志道軒伝』（中村幸彦校注『日本古典文学大系55、風来山人集』岩波書店、一九六一年）一六七―八頁、杉田玄白『狂医の言』（沼田次郎他校注『日本思想大系64、洋学』上（一九七六年）二三九頁、鵜殿長快『肝要工夫録』（『通俗経済文庫』巻四（日本経済叢書刊行会、一九一六年）二〇二―三頁。

(19) 前掲書、一二二頁。

(20) これらの言葉の説明としては、例えば広瀬淡窓『迂言』（奈良本辰也校注『日本思想大系38、近世政道論』（一九七六年）三三五―六頁、参照。

(21) 前掲書、三一四頁。佐久間象山も、「これを礼経に考ふるに、その義理を尽さざるものすくなからず。」とする。『喪礼私説』（信濃教育会編『増訂象山全集』巻二（信濃毎日新聞社、一九三六年）三九頁。

(22) 『日本随筆全集』第二巻（国民図書、一九二八年）六七二頁。なお、同書同頁は、例外的な事例として、「三河国松平豊後守殿ノ側用人」（禄二五〇石）が、「父ヨリ朱子ノ学ヲ好テ其人モ専理学ヲ講」じたが、父の死後三五日で出仕を命ぜられ、その夜自殺した話を引いている。

(23) 正木篤三『本阿弥行状記と光悦』（芸艸堂出版部、一九四八年）一一七頁。

(24) 註（5）前掲書、四六三頁。

(25) 註（17）前掲書、一二三―四頁。

(26) 日田郡教育会編『増補淡窓全集』中巻（思文閣、一九七一年）一〇―一頁。

(27) 同様に、西川如見も、「此国は民震極端の地にして陽気発生の始めをみて哀愁の貌を忌む。是を以て其始めを祝ふの儀にして、其終りを哀しむの事に疎なり。故に此民恒に怡悦の色を好みの民情也。」と指摘している。『日本水土考』、元禄十三年自序、滝本誠一編『日本経済大典』第四巻（史誌出版社、一九二八年）五四〇頁。しかし、藤井懶斎によれば、これは「人情軽薄」の故である。「沢田保房、喪礼ヲ論ジテ、近世棺槨ノ薄、斂喪ノ速ナル、皆仏効。余ガ云不然……近世ノ薄棺急斂ハ、是仏法ニ非儒礼ニ非。唯人情軽薄ノ所レ致ナリ。」『閑際筆記』『日本随筆大成』第一期第九巻（吉川弘文館、一九七年）二〇〇頁。

(28) ちなみに、松永尺五の弟子滝川昌楽も、母のために「三歳之長喪」を実行した松永永三（思斎、尺五の末子）を称えながらも、「三年の通喪は、天子より庶人に達るまで、聖門の大行なりと雖も、或は時変有り、或は疾病有り、或は君命有り、昔孔門の高弟、以て期月の喪を為さんと欲す」と述べている。「尺五堂恭倹先生行状」、天和三年、『続々群書類従』第一三（一九〇九年）一四〇頁。

(29) 『益軒十訓』上（有朋堂、一九一一年）二二三頁。

(30) 同下（一九一三年）二六頁。

(31) また、桃西河も、「期」の間は「公務の外は、忌中同様に慎むべきこと」とはするものの、「左れども飲食を減じては、気力衰へて公務を妨げ、凶服を服すれば官府に入るべからずと云ふより、遂に飲食衣服平常に異ならず、是より凡百皆廃して居喪の体なし、嘆ずべきかな。世挙げて皆是の如くなれば、人本意を求めて行ふとも、世人の怪を起すのみなり。左すれば心喪より外はあるまじきことと思ふなり。」と述べている。『坐臥記』、森銑三他編『続日本随筆大成』一（吉川弘文館、一九七九年）二三一―二頁。五〇日以後は「心喪」とは、浅見絅斎の仕方でもあった。若林強斎『常話雑記』、森銑三他編『随筆百花苑』第五巻（中央公論社、一九八二年）一一二三、一一三三―四頁。

第二章　宋学と近世日本社会

(32) 山口春水筆記。註(13)前掲書、二一九頁。

(33) なお、これより以前、若林強斎は、主人の命で観音に代参・祈願をしなければならないような場合、初めには辞し、あるいは諌めるべきだが、止むをえなければ、一応「其使者タル役目ノ通リヲツトメテ間ニ合ス可也。サテ機会ヲエテ大根ヨリ改可ㇾ然コトナリ」と、述べたことがある。これに対し、強斎の師、浅見絅斎は、「カヤウナ瑣々トシタコトハソレナリニシテヲイタガヨイ。タヾ本方ノ忠臣、孝子トナルヤウノ吟味ヲ、第一トスベキコトナリ」とした。註(31)前掲『常話雑記』、一五三―四頁。

(34) 註(4)前掲書、四一九―二〇頁。

(35) 前掲『日本経済大典』第三二巻(一九二九年)五三九頁。なお、火葬反対の専論としては安井真祐「非火葬論」がある。貞享二年自序、貝原益軒序。これは安中藩主板倉勝明により甘雨亭叢書に収録されて刊行された。勝明による跋は、安政三年。

(36) 『国史大辞典』2(吉川弘文館、一九八〇年)「大塚先儒墓所」の項参照。

(37) 加地伸行『『孝経啓蒙』の諸問題』は、「私は、日本の儒学が、儒教となり得ず、中国のように儒教が人々の中に、宗教・哲学といったものを包括して定着するのであるが……」と指摘している。家礼を担当してこそ、中国のように儒教が人々の中に、宗教・哲学といったものを包括して定着するのであるが……」と指摘している。傍点も加地氏。山井湧他校注『日本思想大系29、中江藤樹』(一九七四年)四二五頁。

(38) 日本古典学会編『増訂佐藤直方全集』巻一(ぺりかん社、一九七九年)一六八頁。句読点を加えた。

(39) 塚本哲三編『名家筆集』下(有朋堂、一九二六年)八一頁。

(40) 『福沢諭吉全集』第五巻(岩波書店、一九五九年)一八六頁。

(41) 前掲『名家随筆集』上(一九一三年)五〇五頁。

(42) 吉川幸次郎他校注『日本思想大系33、伊藤仁斎・伊藤東涯』(一九七一年)八四頁。

(43) 関儀一郎編『日本名家四書註釈全書』第一巻、四、二二四、三七頁。
(44) なお、これにやや似て、柳宗元は、月令の制は無意味であるとして批判し、「古の天を言ふ所以の者は、蓋し以て蚩蚩たる者を愚にする耳。聡明睿智なる者の為に設けしに非る也」としている。『断刑論』下、『河東先生集』第三巻。
(45) 加藤周一氏が、白石は『彼人モ此人モ共ニ一気ノ生ゼル処』であるから祖先崇拝は意味をなさない」との考えを持つとしている《『日本文学史』下〔筑摩書房、一九八九年〕七七―八頁》のは、この問答体の文章の問いと答えを区別しなかった誤解であろう。
(46) 松村明他校注『日本思想大系35、新井白石』(一九七五年) 一四六、一八一頁。
(47) 吉川幸次郎他校注『日本思想大系36、荻生徂徠』(一九七三年) 二九頁。
(48) 同書、七三頁。
(49) 一三二頁。
(50) 一三三、一三五頁。なお、『鈐録』第一三「戦略上」では、一層露骨に、「総ジテ陰謀ハモト仁ノ道ナリ」として、「鬼神・占筮・災祥ノコトハ聖人ノ一術ニテ愚ヲ使フ道ナリ。……愚民ハ愚ナルガユヘニ道理ヲ説聞カセテ疑ナカラシムルコトハナラヌコトナリ。ナマナカジノ道理ハ疑ノタネトナル。故ニ鬼神・占筮・災祥ノ術ヲ以テ民ノ心ヲ一致セシメ、疑ナカラシムルコトナリ。」と述べている。今中寛司・奈良本辰也編『荻生徂徠全集』第六巻 (河出書房新社、一九七三年) 四四二―三頁。
(51) 島田虔次氏も、平田篤胤『鬼神新論』の「(上帝と鬼神を) 祭ることは、聖人の民を教うる術に設けたる事なり」という非難につき、「宋学者の説ではない、少くとも朱子の説ではない《日本の荻生徂徠の説であろう》。」と指摘している。括弧内も島田氏。前掲『大学・中庸』、二二七頁。なお、『荀子』天論篇に「……ト筮して然る後に大事を決するは、以て求めを得ると為すには非ず、以てこれを文るなり。故に君子は文る

と以為るも百姓は神なりと以為ふ」との説があり、蘇洵には、聖人が礼を作った際、更に「易を作り以て其の教を神に」したとの説がある。「礼論」「易論」（『蘇老泉先生全集』巻六）参照。徂徠はこれらにヒントを得たのかもしれない。

二 「王 礼」

儒家によれば、礼はもと、聖人である王が「作為」し、「制作」したものである。「聖人作為礼を為り、以て人に教ふ（聖人作為礼以教人）」（『礼記』曲礼上）のであり、「上聖黄帝、礼楽法度を作為せしより、身以て之に先だち（先だち）したのである」（『史記』巻五秦本紀）、「周公は既に文武の業を成し、而して礼楽を制作」（『漢書』巻七一平当伝）したのである。歴代の王朝も、「三綱五常、礼の大体」はそれに因りつつも、「文章制度小過不及の間」について加減して（引用は『論語集注』為政）、一代の礼を制するのが、本来務めである。従って「礼制ハ天子ヨリ出ルモノ也今ニシテハ将軍家ヨリ出ベキ也」と佐善雪渓はいう（『下谷集』）。

しかし、近世日本の最高権力者、将軍は、それをしなかった。前期だけでない。最後までしなかった。天保十一年（一八四〇）、広瀬淡窓は、「武門」は「老子ノ術」に似て「一切ノコトニ此方ヨリ手ヲ出サズ、礼制ヲ立テズ、何ゴトモ旧来ノ例、或ハ下ヨリ願出ル旨ニ随テ之ヲ取料ラウ」と指摘している（『迂言』）。

そこで徳川時代前期、幕府に近かった儒者——その多くは将軍を天から直接命を受けた王と見做し

た――が、将軍に礼の制作を望んだのはほぼ唯一の儒者、新井白石である。彼は「礼楽ノヨリテ起ル所ハ徳ヲ積ムコト百年ニシテ後ニ興リツベシ」(『史記』巻九九叔孫通伝)の語を引き、「サラバ当家ニオキテ武家ノ旧儀ニヨリテ、万代ノ礼式ヲ議定アルベキハ、マコトニ(関ヶ原革命以来)百年ノ今日ヲ以テ、其時也トハ申スベシ」と勧めている。少なくとも、正月元日の儀・御評定始の式・四時俗節の参賀・若君御誕生御元服御読書始・勅使堂上人の見参・諸家元服代始の出仕・外国人謁見等については、「必ラズ其威儀ヲ刷ハレテ、ヤ、其漸ヲナシオカセ玉ハゞ、ヤガテ其礼盛リニ起リツベキ時ナドカハ至ラザルベキ」と彼はいう。「神祖」家康も「礼楽ニ御心ザシアリ」、「今シバシガホド御在世ノ事アラムニハ、必ラズ当家一代ノ礼ヲ議シ定メラルベキ」はずだった。しかも「ムカシ周代ノ礼楽モ、文武ノ代ニサダメラレシニハアラズ、成王ノ御トキ周公ノ制リ玉ヒシ」先例のある以上、始祖でなく「後代ノ制作」も当然である。「先王ノ礼ヲ制セラレシハ、世ノ風俗ヲ正サルベキガ御為」であり、「奢靡ノ俗」もむしろ「礼」によって正されるのである(以上『武家官位装束考』)。

この礼制作の主張は、ある程度容れられた。白石は現に「もし其礼を議し申すべき事あらむには(将軍家宣が)聞召さるべき御ため」に、江戸城中での将軍宣下の儀、正月三ヶ日の儀等を真近(「御帳台の内」)で見学するよう命ぜられている(『折たく柴の記』)。そして、宝永七年の朝鮮通信使については、遂に自ら「聘礼」を議しえたのである。「(慶長十二年の初回通信使の時は)我国創業之際なれば、聘礼を講ぜらるゝなどいふ事にも及ばゞ」なかった。しかし「百年にして礼楽起るといふ事もあ

第二章　宋学と近世日本社会

る」のであり、「其礼を議すべき由」命ぜられた（同）。そして、将軍が「日本国王」と正確に号し、猿楽でなく雅楽を式楽とする等、多様な改革が、白石の血のにじむような努力によって多方面の抵抗を排して、実現した。「正徳の治」の華であった。

しかし、家宣は在職僅か三年余りで死んだ。幕臣達は白石を「鬼」と呼んで嫌い、彼は孤立した。そして、幼児将軍家継を嗣いだ吉宗は、通信使接遇を含む種々の白石改革を覆し、原状に復した。朱子学者の理想による礼の制作はかくて失敗に終ったのである。儒者の眼に、徳川王朝は依然として礼の制作を待つ状態にあった。

そこに登場したのが、始め朱子学者として出発し、次第に自己の方法（古文辞学）を打ち立てていた荻生徂徠が、吉宗就任直後の短期間に急速に結晶させたあの独特の政治哲学である。彼は五代将軍綱吉の知遇を受けた後、約七年間、白石が幕府の中枢で礼楽の実現に努力するのを見詰めていた。そして、身長六尺の偉丈夫吉宗が紀州での実績を背景に堂々と江戸城本丸に乗りこんで天下の注目を集めつつ治政を開始した頃──「創業の君の様に相見へ」たという──、突然彼の中でも何かが起きたようにその政治思想の体系を生み出したのである。やがて彼は、その吉宗に知られ、政策を説く機会を得た。

当然、彼はこう書かずにはいられなかった。

制度ト云ハ法制・節度ノ事也。……歴代皆此制度ヲ立ルコトナルニ、当世ハ大乱ノ後ニ武威ヲ以テ治メ玉ヒシ天下ニテ、上古トハ時代遥ニ隔リシ故、古ノ制度ハ難レ立、其上大乱ノ後ナレバ、

何事モ制度皆亡ビ失セタリシ代ノ風俗ヲ不レ改、其儘ニオカレタルニ依テ、今ノ代ニハ何事モ制度ナク、上下共ニ心儘ノ世界ト成タル也。(『政談』)

時に誤解されているが、徂徠は、聖人が礼楽を制作したと主張した点で新しいのではない。彼の特異性は、朱熹が「教」と呼んでいる「礼楽刑政」——それは「道」を「聖人」が「修」めたものである《『中庸章句』首章》——を、直ちに「道」と呼んだ点にある。聖人が「礼楽」を制作したことを、つまり「道」を制作したのだとする点にある。「道」が儒学の最高価値である以上、それは「礼楽刑政」の意義とその制作の必要性を、儒学として最大限に主張するものといえよう。とすればこれは、右の意味での「道」を欠き、庄屋仕立て・戦さ仕立てのまま百年をしのいで来、しかも朱子学者主導の礼楽制作の流産を見たばかりの不完全な王朝に対する、儒学思想の新たな「攻勢」といえるかもしれない。

その詩の中では当時の日本の風物を中華のそれと見立て得たる彼も、当時の世をそのままで郁々乎として文なる中華古典文明と見做すことはできなかった。古聖人の礼楽刑政と比べる時、「三代聖人ノ御代ノ仕方ト対合セテ見」る(『政談』)時、当時の政治は欠陥に満ちていた。自分の名は中国風に物茂卿と単姓に呼び換えた彼も——複姓が多く、漢字の意味のつながりとしては往々頗る奇妙な日本人の姓名は、彼の眼にはあたかも耶律阿保機(遼の太祖)、完顔阿骨打(金の太祖)の如く、いかにも夷狄風に映ったのであろう——、繁華な江戸の町の至る所に、当人達は自覚せず、恬として恥じることを知らないでいる「特殊日本的」な習慣を見出さざるを得なかったのであろう。大名行列の供の奴

第二章　宋学と近世日本社会　183

が、褌、尻っ端折りだったことさえ気にならなかったらしい。「何レモ股引ヲハカスベシ。当時ハ主人ノ鼻先ヘ尻ヲムキ出シテ、礼儀ニスルコト有マジキコト也」（同）[14]と、細かなことまで将軍に注意している。

江戸の「王」は礼を制作しなかった。武士の風俗も依然として野卑殺伐だった。そのため、儒学者の関心は時に京都の旧い「王」に向かった。公家の礼法制度は、多くは本場、隋唐の礼に由来すると考えられたし――「朝廷ノ礼楽ノ制度ハ、皆唐朝ノ法ナリ」（『太平策』）[15]、武家作法に比べ、長袖風優雅さは、儒教の礼のイメージに近かったからである。

実際、室鳩巣によれば、袖のないあの裃姿は恥ずべき夷狄の風俗だった。彼は、「程朱ノ学ニ専御志フカ」かった後光明天皇（寛永十・一六三三年―承応三・一六五四年）の「天下武家ノ制法ニ相成候上ハ不及是非コトトイフトモ衣服ノ制余リニ見苦シキコトニ候。天下ノ万国夥シキ中ニ何レノ夷狄ニカ袖袂ノナキ衣服着用ノ所有之ヤ。吾国ノ麻上下ト云物ハ無袖候着用仕候コト至テ憎ムヘキ義」との語を、好意的に引いている（『鳩巣小説』）[16]。新井白石は江戸城内の主要儀式見学後、京に出張し、天皇の「御即位之儀」「御元服の儀」を参観している（『折たく柴の記』）[17]。権中納言野々宮定基に有職故実に関する詳細な質問を提し、回答を得たこともある（『新野問答』、『新井白石全集』第六所収）。無論、礼制定の参考であろう。

太宰春台も、この点白石に似ていた。「公家ハ今衰微甚シケレドモ、尚古来ノ礼楽ヲ用ヒテ、俗礼

俗楽ヲ用ヒラレズ、今ノ世ノ人、公家ノ儀式ヲ観テハ、情ナキ卑賤ノ身ニテモ感ヲ興サズトイフコトナキハ礼楽アル故」である。幕府の式楽も、能狂言を廃めて京に伝わる雅楽にすべきである。「猿楽」は「中華ニテ俳優雑劇ノ類」である。「其音声ハ、古人ノ云ヘル北鄙殺伐ノ声ニテ、中和ノ声ニ非ズ、凡ソ人ノ声ハ、必絲竹ニ協フ者ナルニ、猿楽ノ謳ハ絲竹ニ協ハズ、笛ノ声ハ律ニ中ラズ、絲ニ協ハズ、鼓ヲ打ツ者ノ掛声ハ、罪人ナドノ叫ブニ似タリ」と彼はいう。「幽玄」には聞こえなかったらしい。
春台は「日本ハ古ヨリ何モ中華ヲ学ブ国ナレバ、今トテモ礼楽ヲ興サンニ、サノミ難キコトハ在マジキ也」というのが持論だった (以上『経済録』)。

そして時には更に進み、京の礼楽は「尊王論」を生む一因ともなった。夙に熊沢蕃山は、公家を「いよいよ位に立て尊敬し給ふが、日本の為にて又将軍家御冥加のため」と主張している。何故なら「(武家の天下となって以後も) 禁中をはします故に、天下治て後にはかならず将軍家参内をとげられ、諸大名皆あつまり給ひ、束帯衣冠の礼儀を見て、初て人の則ある事を知、御遊の体管絃のゆたかなる成を聞て、初て太平の思ひをなせり」、もしも「公家なくて幾度もかはりなば、一二三百年の内には天竺南蛮にかはらぬあらゑびすと成」ってしまうからである (『集義和書』)。しかし、実際上侍達は依然「あらゑびす」風だった。白石・徂徠・春台の企図も実現しなかった。そこで、京の礼楽への憧憬を幕府への反感と結合する者も現れたのである。大田錦城は次のように指摘している。

世に王室家と云ふ学者あり。此は聖人の道徳を知らずして、制度のみを道と思うて悦ぶ心より、昔の王朝の官職冠服などを慕て、今の月代上下などを悪くみ、武家の天下を非議するの徒なり。

第二章　宋学と近世日本社会　185

『梧窓漫筆』[20]）

　この「徒」の典型が、太宰春台の孫弟子、山県大弐である。彼は徂徠・春台を承けて「聖王」の礼楽を「道」と見做す。そして徂徠同様、「今の卿大夫」の「驕従輿隷の属」が「裳を褰げ衣を掲げ、臀腰掩はず、大いにその手を掉ひ、高くその足を踏み、疾走して威を示し、狂呼して行を装ふ」こと に顰蹙する。「皆髪を斬り頂を露はし」「無制の服」を着る「戎蛮の俗」を罵る。幕府は「軍国の制」そのままである。「礼の因るべきなく、法の襲ぐべき者な」く、その尊ぶ「故事とは、ただこれ割拠の遺俗、戎蛮の余風」でしかない。一方彼が文采に輝く「道」を保持していると見たのは、当時重みを増して来ていた京の「王朝」である。

　権下に移るといへども、道それ斯にあらざらんや。先王の大経大法は、自ら律令の見るべきあり。若し能く民を愛するの心あらば、名それ正しうすべからざらんや。礼楽それ興すべからざらんや。大弐が、幕府の放伐さえ仄めかすに至ったことは周知の通りである（以上『柳子新論』[21]）。少なくともそれは一面において、「礼」なき国に「礼」の必要を説く思想が浸透していったことの帰結であろう。[22][23]

　しかし、他方で儒者は別の結論を出すこともできた。確かに現在礼は無い。しかしそれなりに治まっているではないか。泰平は続いているではないか。だとすれば、中国ではともあれ、日本には礼楽は不用ともいえるのではないか。中国は「人柄ノ甚ワルキ国」なのだ、「ソレユヱ礼楽ニテ聖人治メタマヘリ。日本ハ礼楽ナシニ治マルヲ見レバ華人ヨリハ人柄ヨキナリ」と、徂徠の愛弟子服部南郭は語ったという（湯浅常山『文会雑記』[24]）。礼楽とは徂徠学派において「道」のはずである。結局「道」は

無用であると南郭は悟ったのであろうか。ちなみに南郭を含む徂徠門人の多くが政治に望みを断ち、ひたすら詩文に耽ったことはよく知られている通りである。[25]

享保・元文（一七三六―四一）以降、一時儒学界を席捲した徂徠学も、早くも「宝暦（一七五一―六四）幼年ノ比ヨリ稍ニ……疑ロ人多ク」なったという（那波魯堂『学問源流』[26]）。しかも、礼楽のないまま「泰平」は更に続いた。山片蟠桃は「五七十年ニシテ衰ロヘテ、今ハコノ学ヲトナフル人々ハ至リテ少シ」という（『夢ノ代』[27]、享和二・一八〇二年自序）。そして天保七年（一八三六）、「当時（現在の意）蘐園ノ余風。幾ンド地ヲ払フ」と、広瀬淡窓は報告している（『儒林評』[28][29]）。

(1) 岸上操編『少年必読日本文庫』第九編（博文館、一八九二年）二三二頁。

(2) 奈良本辰也校注『日本思想大系38、近世政道論』（岩波書店、一九七六年）三三四頁。

(3) ちなみに、大田錦城『梧窓漫筆』は「我邦にて、儒者にて上達し天下の政に預りしは、皇朝にては、吉備大臣、菅丞相、武家天下には大江広元、新井君美、唯四人のみなり」としている。三浦理編『名家随筆集』上（有朋堂、一九一三年）四二四頁。

(4) 白石が、関ケ原で天命が改まったと考えていたことについては、本稿第一節参照。

(5) 市島謙司編『新井白石全集』第六（一九〇七年）四七七―八〇頁。

(6) 小高敏郎他校注『日本古典文学大系95、戴恩記・折たく柴の記・蘭東事始』（岩波書店、一九六四年）二四二―三頁。

(7) 同書、二六四頁。

(8) 享保に入ってだが、老中阿部正喬まで彼を「鬼」と呼んだらしい。室鳩巣『兼山秘策』（滝本誠一編『日本経済叢書』巻二（日本経済叢書刊行会、一九一四年）三四三頁。

(9) 南川維遷『閑散余録』(明和七年自序) も、白石について、「誠ニイカメシキ干戈ノ気ヲ去テ、郁々タル文トモナルベキヤ、文廟ノ斃去ニ因テ、一朝ニソノ功ヲ廃セシハ、大ナル遺憾ニアラズヤ」と嘆いている。『日本随筆大成』第二期第一〇巻 (一九二九年) 五六五頁。広瀬淡窓『儒林評』も「白石ヵ文廟ニ仕フル日浅クシテ。制作ノ志ヲ遂グルコト能ハザリシハ。実ニ儒林ノ遺憾ナリ。独リ儒林ノミナラズ。我邦ノ遺憾ナリ。」とする。日田郡教育会編『増補淡窓全集』中巻 (思文閣、一九七一年) 五頁。

(10) 前掲『兼山秘策』、三三二頁。

(11) 吉川幸次郎他校注『日本思想大系36、荻生徂徠』(一九七三年) 三一一頁。

(12) 「道なる者は統名なり、礼楽刑政凡そ先王の建つる所の者を挙げて、合せてこれに命くるなり。礼楽刑政を離れて別にいはゆる道なる者あるに非ざるなり」『弁道』、同書、一三頁。

(13) 同書、三〇五頁。

(14) 同書、三四〇―一頁。

(15) 同書、四五二頁。

(16) 『続史籍集覧』第六冊 (近藤出版部、一九三〇年) 四七八―九頁。

(17) 前掲書、二六〇―二頁。

(18) 滝本誠一編『日本経済大典』第九巻 (史誌出版社、一九二八年) 四〇九、四三六、四三三頁。

(19) 正宗敦夫編『増訂蕃山全集』第一冊 (名著出版、一九七八年) 二〇二―三頁。

(20) 前掲『名家随筆集』上、四四四頁。

(21) 川浦玄智訳注 (岩波文庫、一九四三年) 二八、七五、三二、二〇頁。

(22) 黒住真「徂徠における学問の基底」も、「こうした《のびやか》『大なる』『礼楽』の希求それ自体は、容易にその手立てや行き先を代えることができ、一転京都の皇室への期待にも転化しうるのではないだ

ろうか。この点で徂徠を継いだ変態を、われわれはたとえば山県大弐や、水戸学の或るものに見出しうると思う」と指摘している。括弧内及び傍点も黒住氏。竹内整一他編『日本思想史叙説』(ぺりかん社、一九八二年) 一七九頁。

(23) なお、後には更に京の朝廷が「礼を作」ることを主張した者もいる。帆足万里『東潜夫論』「王室篇第一」参照。

(24) 『日本随筆全集』第二巻 (国民図書、一九二八年) 五六三―四頁。

(25) ちなみに、尾藤二洲『正学指掌』は、徂徠門下につき「吠声ノ徒、弁ヘ知ラズシテ、礼楽礼楽トイヒテ、一生ヲ送リ過スコト、返スヾモ怪ムベキコトナリ。是ハ彼ガ徒タル者、タヾ詩文ノミヲ一生ノ事業トシテ、毎日ヲ暮スユヘ、心ツカズト見ユ。モシ道トイフ者ニ心ツキナバ、道ハ礼楽ノミ。礼楽ハ今亡ビヌ。コハイカニ先生ハ何ヲカ道トセラレシト、始テ驚キ思フベキカ。誠ニ浅キ丈夫トイフベシ。」と嘲っている。頼惟勤校注『日本思想大系37、徂徠学派』(一九七二年) 三四五―六頁。

(26) 前掲『少年必読日本文庫』第六編 (一八九一年) 二九頁。

(27) 水田紀久他校注『日本思想大系43、富永仲基・山片蟠桃』(一九七三年) 四二四頁。

(28) 前掲『増補淡窓全集』中巻、一二頁。

(29) とはいえ、儒者達の間に礼制定への期待が全て消えてしまったわけではない。例えば、菅茶山『冬の日影』参照。また山片蟠桃も「今ヨリノ後聖君上ニ出ル時ハ、礼楽刑政日ヲ追フテ興ルベキナリ」という。『夢ノ代』、前掲書、三四〇頁。

第三章　儒学史の一解釈

関ヶ原の合戦、大坂の陣を経て、ある政治体制が確立した。体系的な「正統教学」などは存在しなかったが、体制の安定度が高かった以上、その諸制度を、正当、当然、もしくは止むを得ないとする意識が相当広範に在ったことは間違いないであろう。その限りで、この体制を成立せしめている諸政治・社会・倫理思想があった。社会規範についての様々な共通了解も存在した。しかし、この体制が基本的に戦国の闘争の最終結果の固定という性格を持つことは指摘のある通りである。しかも、その常時臨戦体制の建前の下、「泰平」が持続し、農地は急増し、人口は倍加し、識字率は上がり、中世と大きく異なる非宗教的な町人文化が勃興した。安定の反面、このような緊張を孕んだ構造の中に、例えば、戦国時代には問う必要もなかった自分達の生の意味を探る武士がいた。政治の意義と方法を模索する大名もいた。生活規範の根拠を問い、その定式化を求める町人百姓もいた。仏教に飽き足りなくなった若い僧もいた。その中の一部の人々は「真理」を権威ある外国渡来の書物に求めた。古代以来現代まで、日本人がくり返ししてきたことである。その内容は確かにしばしば彼等の求めに応えるものだった。かくして、当時中国・朝鮮で主流だった儒学を基本的に真理と認める人々が登場した

のである。それに、典雅な博識への憧れや単なる遊芸としての場合も多かったとはいえ、広い関心の昂まりにつれて、その専門家となることは、浪人等にとって今や立身の道ともなっていた。

しかし同時に彼等は、それによって新たな思想的諸問題をそのまま導入して事は済まず、思想的真空状態にあったわけではない。前章に見たように外国思想をそのまま導入して事は済まず、往々、ズレ・矛盾・軋轢・衝突が生じたのである。前章で見た以外にも、問題は種々あったであろう。儒学を信じた人々は難解なテキストに取り組みつつ、時に孤立や反撥を味わい、悩みつつ考え、つつ書き、書きつつ教えた。そして時に著作の刊行に踏み切った。おそらくは、このような先駆者・開拓者による、意識的無意識的な宋学の修正・変容を経て、儒学は一層当時の日本人に受容し易いものとなり、社会に浸透・定着していったのである。意識的な宋学批判も、当時の日本において儒学を咀嚼し、消化し、栄養とするための努力だったともいえよう。徳川時代の儒学史は、従って、体制の正統思想たる朱子学の崩されていった過程などではあるまい。外来思想と既存の思想（それは往々社会の制度と結合している）との一面での親和性を下地に、他面での非親和性・不適合性を解消し解決すべく、次々と新たな試みのなされた過程であろう。そして、徂徠学の爆発的流行以後は、国学洋学を含む多彩な諸思想が展開した反面、儒学界全体を一変させるような新しい日本儒学の生れなかったことは、右の様な試みに一応の結着がつき、儒学史が新段階に入ったことを示唆しよう。「はじめに」で述べたように、今日も名の通る個性的な儒学者の輩出したのが、儒者の数も増え、儒学の普及も進んだ徳川時代後半でなく、かえって前半なのも、これと関連があろう。このような視角からすれば、

第三章　儒学史の一解釈

　徳川前期儒学史とは、古代中世とは異なる状況において改めて儒学の移植が試みられ、その定着へ進み、十八世紀半ば以降の多種多様な思想の展開をみた過程と見做せよう(1)。

　この過程は、大雑把に仁斎学以前と以後に時期区分することができるであろう。即ち、伊藤仁斎は寛永四年（一六二七）生れだが、晩成だった彼がその独自の「学」の形をほぼ整え、評判が次第に顕れたのは、彼の五、六〇歳代である。京を訪れた若年寄稲葉正休のために彼が『語孟字義』（初稿）を著したのが天和三年（「古学先生行状」、『古学先生文集』巻之首）、その海賊版が江戸で刊行されたのが元禄八年（一六九五）である。那波魯堂は「闇斎ノ後三四十年、貞享元禄ノ比、京師堀川ノ人、伊藤源助出テ、新義ヲ講ス」としている『学問源流』(2)。一方その頃山崎闇斎・山鹿素行は相い次いで世を去る（天和二・一六八二年、貞享二・一六八五年）。また、五代将軍綱吉は、延宝八年（一六八〇）、その治世を始める。

　この時期、未だ未だ武張った世の中に、仏教や神道と並んで宋学系の書物も拡まり始め、その中からポツリポツリと個性的な儒学者が現れる。一種の知識人社会としての儒学界は未発達で、比較的孤立した状態の中で彼等がそれぞれ自己流に儒学を理解し、応用し、修正し、自他の納得を得ようと努力した時代である。代表的な儒者は、林羅山・松永尺五・中江藤樹・熊沢蕃山・山崎闇斎・木下順庵・山鹿素行（生年順）(3)。野中兼山もこの時期に入る。

　そして、その後の元禄・宝永・正徳・享保（更に一〇年程加えて延享頃まで含めた方がよいかもしれない。

延享は一七四四―四八頃が、第二期、いわば定着期ということになろう。それまでの顕著な経済発展を承けて――元禄頃、一日三食の習慣が一般に行きわたったとされる――諸文化の栄える反面、人口は次第に横這いに転ずる。儒学を異常に好んだ綱吉・家宣、そして儒者をよく利用した吉宗が将軍である。その下で、仁斎学、ついでその刺激によって徂徠学が出現して儒学界を席捲し、徳川思想史に決定的な影響を与える。同時に石門心学等も現れ、儒教の社会的浸透も深まる。

仁斎学出現を儒学史の画期とすることは、後の多くの儒者の理解でもあった。「伊物の学」を承継した者達ばかりではない。朱子学者中井竹山も「仁斎京師に起るに及び、首に異説を倡へ、門戸を創立し、称して復古の学と為」したことを、「偃武以降」の画期とする。「古学の名、竟に海内を動かし、しかして徂徠興」ったのである(『非徴』)。尾藤二洲も「此邦ノ学者ハ惺窩・羅山以来、得失互ニアリシカドモ、大様正シキ方ナリシニ、仁斎出デ浅近ノ説始マリ、徂徠出デ功利ノ説起リ、又風流好事トナリ、又放蕩不軌トナリ……」という(『正学指掌』)。広瀬淡窓も、惺窩・羅山についで「藤樹・闇斎・了介(蕃山)・益軒・錦里(順庵)ノ諸賢競ヒ起」ったのが第「一変」、「伊藤仁斎復古説ヲ唱フルニ及ンデ、物徂徠之ニ次デ起ル。其説務メテ宋儒ノ古ヲ失ヘルコトヲ弁ジテ。古義ヲ再興スルニアリ。於レ是儒流ノ争ヒ盛ニナリ……其学訓詁ヲ精クシ。詩文ヲ主トシテ。躬行ヲ務メズ」というのが「再変」とする(『儒林評』、天保七年)。無論、この時期、仁斎・徂徠以外の著名な儒者も少なくない。新井白石・室鳩巣がいる。しかし、仁斎学徂徠学がこの頃の儒学史を主導したことに、疑いはあるまい。闇斎派も無論続いている。貝原益軒はこの時期になって宋学的な教訓類を続々と著している。その

第三章　儒学史の一解釈

意味でこの第二期は、儒教経典自体の権威は認めながら、その宋学的解釈を誤りとして、宋学を体系的に批判し、それを通じて当時の日本社会に適合した儒学を形成する試みが出現し、大きな影響力を持った時代といえよう。この後、学派争いが盛んとなったことは、「学界」の成立を示唆しよう。「訓詁」「詩文」の隆盛は、漢文使用能力の格段の上昇、読解する中国書の範囲の拡大、そして「詩文」を享受する読者層の増大と関連しよう。大田南畝は「此御国、文雅の盛なりしは、宝永、正徳の間なり。享保の中比より、文雅草莽に下たり」という（『仮名世説』）。

那波魯堂によれば、「徂徠学、享保ノ初年ニハ、江戸ニ専ラ行ハレ」「享保ノ中年以後ハ、信ニ一世ニ風靡」し、「京都ニ至テ盛ンニ有シハ、徂徠没シテ後、元文ノ初ヨリ、延享寛延ノ比マテ、十二三年ノ間」である（『学問源流』）。延享寛延ともなれば、徂徠の直接の門人達の多くも既に晩年そしてこの頃から以降、多く徂徠学の影響を受けながら、時に儒学の枠にも入りきらない多彩な思想が咲き乱れる。賀茂真淵・本居宣長・三浦梅園・杉田玄白・平賀源内・山片蟠桃・海保青陵。それに徂徠学を様々に修正した折衷学の面々、片山兼山・井上金峨・豊島豊洲・亀井南冥・冢田大峯がいる。皆川淇園もいる。安藤昌益『自然真営道』（刊本）序が宝暦二年（一七五二）、山県大弐『柳子新論』が宝暦九年（一七五九）である。この時期、狭い儒学史のみを取り出して論ずるのは難しくなる。展開期などと名付けられよう。

仮に以上の如き段階的変化があったとすれば、第一、二期の各儒学者は、その観点からは、どう位

置付けられるであろうか。あるいはそうした位置付けが本当に可能だろうか。以下、代表的な儒学者を取り上げ、極く概略的に確かめてみることとしたい。

まず、林羅山（天正十一・一五八三年―明暦三・一六五七年）である。例えば理気論に関する比較的若い頃の未定論⑩、兵書『六韜』『三略』への関心、神道を包摂しようとした試み（本稿第二章一節三）を除けば、彼の著述は、概ねいわば可も無く不可も無い、無難な朱子学の祖述である。放伐等を含む儒学上の難問四七題を集めて論じた、『儒学思問録』（寛文二年刊）も、特に啓発的ではないが、非正統的では決して無い。こうしたことは、徳川時代冒頭、朱子学がまず忠実に受容されたことを示すと、しばしば解釈されてきた。しかし、そうではあるまい。堀勇雄氏『林羅山』（吉川弘文館、一九六四年）一三〇―一頁、石田一良氏「林羅山の思想」、『日本思想大系28、藤原惺窩・林羅山』（一九七五年）も指摘する通り、羅山は、宋学が単なる知識でなく人の生を律する思想であるのを知りながらも、結局「学問」と処世を使い分けた人物ではあるまいか。彼の剃髪と法印叙任、その苦しい弁明（「叙法印位序」、『羅山林先生詩集』巻三八）は、その象徴であろう。徳川将軍の家来として、下命による編著に次々従事した彼は、博学には努めたものの、その思想を自ら本当に生きようとはしなかったのであろう。ある いは、出来なかったのであろう。それだからこそ、彼においては、現実の社会と生活から切断された、朱子学の優等生的祖述が可能となったのではなかろうか。「林家の阿諛、崎門の絶交」という言葉があるろ羅山が思想家として凡庸だったことの徴表ではなかろうか。方広寺鐘銘の曲解等に限らず、より広い真理の一面をおそらくこれは衝いている。

第三章　儒学史の一解釈

羅山はその地位によって著名である。日本朱子学の祖とも言われた。しかし、思想家として特別の影響力があったとは見受けられない。直輸入の議論は説得力を欠いたのであろう。「儒仏とも、其人の用ひ様にて治乱ある内にも、中華歴代を考ふるに、天下を乱りし博学高才の学者おほし。……今時めける林道春など、(聖徳)太子をそしり、兼好法師の文華の学文は用ふべからず。……今時めける林道春など、(聖徳)太子をそしり、兼好法師のつれ〴〵艸、源氏物語等をそしらるゝが如き、朱晦庵（朱熹）が余風を真似らるゝ事と、われ〳〵はおかしくこそ候へ」と嘲笑もされている（『本阿弥行状記』[12]）。逆に、尺五・順庵等も含め、「総じて此頃の諸儒は、大抵皆記誦詞章の学なり、されども質厚朴素之風あって、儒者之旧習を失はず、経義精密に至らざれども、無稽の憶見を恣に云ふ事なし」（河口静斎『斯文源流』[13]、寛延三年）ともいえよう。彼等に弟子は少なくない。しかし後の学者は羅山等の著作を通して朱子学を学んだわけではない。直接、程朱を始めとする中国儒学者の書に接したのである。

中江藤樹（慶長十三・一六〇八年―慶安元・一六四八年）は、羅山と異なり、青年時周囲の無理解に苦しみつつ学に志し、詩文博学のためでなく、生きるために「道」を真剣に求めた人である。その最初期に羅山の剃髪を厳しく批判した「林氏剃髪受位辨」（『藤樹先生全集』第一冊【藤樹書院、一九四〇年】所収）のあることは、山崎闇斎に「世儒剃髪辨」（『垂加草』巻八）のあることと並んで象徴的である。彼が三〇歳で結婚したのも、『礼記』内則「三十而有室」に依ったのだという（『藤樹先生年譜』[14]）。四書を読んでは「其意、専ラ聖人ノ典要格式等、逐一ニ受持セント欲ス。然レドモ時ニ合ハズシテ、滞碍、行ガタキヲ以テ、疑テ以為ラク、『聖人ノ道、カクノゴトクナラバ、今ノ世ニ在テ、吾輩ノ及ブ処

ニアラズ』」という事態となった。五経を読んでも、「行ハレザル処多シテ、甚ダ人情ニ戻リ物理ニ逆フ。故ニ疑止コトアタワ」なかった(同)。実践躬行の意欲が強かっただけに、当然、くり返し時世人情との軋轢に直面したのである。儒学を生の倫理として真剣に受けとめた先駆者として、彼の意義は大きい。しかし、結局彼は生涯模索を続けた。仏教道教も厭う所ではない。「己の為にする」学である以上、学派的正統性でも陽明学でもない。それはその四〇年の生涯のどの時点でも単なる朱子学問題でなかったのであろう。

彼は当時の世に「道」を生かすべく、ひたすら努力した。主著『翁問答』(寛永十七年)に、「にせの学問」をして「せけんのまじはりをむつかしがり、閑居をこのみ、或は心気やみなどのごとく引こもりなどする」者を批判した次の一節がある。

高満の魔心ふかきゆへに、本来非もなきせけんを非にみて、おやのする事も兄弟のする事も、主君のあてがひも朋友のなすわざも、皆わけもなき妄作也と得心するによって、右を見るも左を見るも、皆おのれが心にかなはぬ事ばかりなる故に、せけんの交をいとひ、ひとり居ることをこのむと知べし。

自己反省も含まれていよう。従って、彼の陽明学への関心も、明代中国の、体制と一体となり、化石化し形骸化して君臨する朱子学を、その概念を逆用しつつ、無限に高められた自己の内面に拠って出し抜き、克服する試みとしての陽明学の誕生とは、位相を異にしよう。むしろ、陽明学がひたすら自己の内なる「心」を重んじ、主観主義的なだけに、かえって「学問」と時世人情が両立させ易かっ

第三章　儒学史の一解釈

たのであろう。彼が「権」による「変通」を強調し、「時処位」に相応しい対応（「時中」）を説いたのも、同工であろう。また、その「太乙神」「太虚皇上帝」「天道」には、戦国時代から徳川初期に昂揚した諸教折衷的な「天道」思想を取り容れた面があるかもしれない。

藤樹門人熊沢蕃山（元和五・一六一九年—元禄四・一六九一年）は、藤樹の一面を推し進め、広範囲に「時処位」論、「水土・人情風俗」論、「道」と「法」の区別の論理を駆使し、儒学の応用を企てた。その実例は前章に反復して現れた通りである。彼は宋学に学びながらも、実情に即した経世論・道徳論を案出しようとした。その主君池田光政も、「了介、学術ノ見立テ私ノ知ヲ以　時処位の三つヲ知リ　時変ニ通し候外無之と申」したという。一般の儒教理解も浅い正保—明暦年間に地方国政に自ら携われば、宋学の修正の必要は、村住いの求道者以上に痛感されたであろう。致仕後の著作が、藤樹に比べ強い機会主義的色彩を帯びたのも自然だろう。同門の西川季格は「師ノ道ヲ不用シテ。已レカ是ヲ立テ」と彼を非難したが（『集義和書顕非』序）、元禄四年、それも已むを得まい。彼の諸政策論は、徳川時代、永く影響力を持っている。

但し、結局彼も、備前国政と儒学の安定的結合は達成できなかった。光政が「了介口ニて申ヲ聞候ヘハ　尤之様ニ候へ共少ニても指出候ハ、大ニ国之害ニ可成候」（池田綱政宛書簡）と彼を罵るに至り、更に幕府にも睨まれて国内を転々としたことは、周知の通りである。

山崎闇斎（元和四・一六一八年—天和二・一六八二年）は、逆に一切の後世的修正を排し、朱子学の正統的直接的継承を主張した。その著も多くは朱熹等の書の抜萃・編集である。彼以後、元明の諸解釈

を雑然と混えて朱子学を説くことは難しくなった。朱子学は単なる博識の一部でなく、生の全体に関わる思想となった。仁斎の子梅宇も「山崎闇斎先生一途に性理の学をとなへられ、いろ〳〵とへども、先づ本朝学風の一洗してかたき経学になれるは闇斎の功なり」と認める（『見聞談叢』）。

しかし、闇斎の自己主張を全て額面通りにとるわけにもいくまい。闇斎学の秘密は、強烈な正統意識をもって自ら高しとする反面、おそらくは無意識に、特に当時の武士的な価値感情に即して朱子学を理解した所にあるのではあるまいか。「物読み坊主」風博学の嫌悪と必読書の狭い限定、格物窮理「拘幽操」の表章に見られる君への絶対的心情的忠誠への傾斜、「革命」論への慊焉たる態度、韓愈「敬」よりいかなる事物に合っても揺がない厳粛な「敬」の強調、華夷思想と（「武」に秀れた「神国」との自負の一般化していた国の人間としての）外国に対する敵愾心との調和の企て、これらは全て、生の導きとして儒学を真剣に求める武士的な心情には適合する。「君臣の大義」「名分」をいつ如何なる場合にも君を裏切らぬことと解し、前記の如く（二章二節二）『葉隠』等との類似露わな忠誠論を説いた浅見絅斎が、その門人だったのも自然である。闇斎学派内の「絶交」好き、喧嘩早さも、その正統意識だけでなく、必ずしも出身は武士でなく（闇斎は禅僧、絅斎・強斎は医者）、それ故一層観念において完璧な譜代の忠臣たらんとした彼等の超サムライ的心情の適合を一因としよう。しかも、闇斎は「神道」をも包摂したのも、おそらくは、その神道との調和のため、経書の強引な解釈さえ時に辞さなかったのである（「敬内義外」論）。彼は、その門人

第三章　儒学史の一解釈

山鹿素行（元和八・一六二二年—貞享二・一六八五年）は、朱子学を公然と批判し、経典の原義に帰るとして自己の思想を提示した近世日本最初の人物である。もっともその所謂「聖学」は、その方法性体系性において、仁斎の「古義学」、徂徠の「古文辞学」に遠く及ばない。彼には経書の一貫した新解釈はない。宋学の概念をそのまま用い、一部組み直したという感が強い。その意味で、仁斎以後の「古学」派とは区別すべき、過渡的な人物である。

素行によれば、人間の生得の「本然の性」などはない。一方「凡そ聖人の道は唯だ日用事物の間に在るのみ」（『山鹿語類』巻四三）である。それ故人間の課題は、自己の内なる「理」の自覚・顕現にはない。専ら「日用事物」に通暁することにある。「敬」によって内面を涵養する工夫も無用である。ただ「格物」、「事事物物の理」を究め続けるのが学問である。何故か。朱子学・老荘・禅の如く人間の本性の自覚を重んずる学問には根本的欠陥があるからである。それらの教えでは「日用事物の上において、更に合点不ㇾ参」、彼自身、「世間と学問」とが「別の事に成」るのを経験した、と素行は告白する。「是れにては学問の至極と不ㇾ被ㇾ存候故、儒者・仏者に右之所ㇾ尋ㇾ之、又大徳有ㇾ之人と申候に右の品尋候て、其人の作略を見聞申候にも、世間とは不ㇾ合、皆事物別に成候」（以上『配所残筆』）。素行の格物主義は、藤樹の惹かれた陽明学と、その方向が逆である。内でなく外に集中する。しかし、実は二人共、「世間」と「学問」との合致を模索しているのである。

闇斎とはやや違う方向から、儒学を武士の生活に活かそうとする。その「士道」論は、彼自身の「日用事物」の「格物」の成果である。その内容は、しばしば指摘される通り、武士を民のための道徳的

模範と規定する点で、抽象的には武士の儒教化をもたらす面があろう。しかしそれだけを見るのは一面的である。例えば、彼が具体的に描いて見せた一瞬も気を緩めぬ模範的武士の姿は、例えば「早雲寺殿二十一ヶ条」「朝倉敏景十七ヶ条」等の戦国家訓の指示する所に近い。あるいは新井白石が『折たく柴の記』上で描写したその父の理想化された武士像を彷彿とさせる。『山鹿語類』巻二一―二二の「士談」の模範的「士」の逸話は、一層武士そのままである。例えば同巻二一「士道」は、冒頭「立本一、己れの職分を知る」とし、「農工商は其の職業に暇あらざるを以て、常住相従つて其道を不ㇾ得ㇾ尽。士は農工商の業をさし置いて此の道を専らつとめ、三民の間苟も人倫をみだらん輩をば速に罰して、以て天下に人倫の正しきを待つ」と説く。ところがその具体的解説をする巻二二「一、己れの職分を知る」では、加藤清正の「武士の家に生れては、太刀を取りて死する道本意也。常々武士道吟味せざれば、いさぎよき死は仕にくきもの也、よくよく心を武に究むること肝要也」の語を引いている。同様に「力行」と題しては、戦さの最中に指物を一時下人に預けた所、下人が持ったまま敗走したため誤解された例を挙げ、一時でも下人に持たせたのが「越度」であり、「大丈夫少しのつとめを以て一生の功をすつると云ふは、如ㇾ此の心得也」と説明している。兵学者の面目躍如である。これなら当時の武士も直ちに納得しよう。このように自由な「理」の発見が、「聖学」の名を以て正当化されているのである。素行の思想には、『中朝事実』も含め、様々の面がある。が、少なくとも一面においてそれは、主に武士の生活と意識に即しうるように宋学を柔軟化し、「学問」と「世間」を密着させようとした試みであろう。

第三章　儒学史の一解釈

そして、仁斎学が現れる。これはこれまでの部分的修正、組み替えによる宋学の導入とは質的に異なる。京の人伊藤仁斎（寛永四・一六二七年―宝永二・一七〇五年）――そして仁斎学を完成させた嗣子の東涯（寛文十・一六七〇年―元文三・一七三八年）――は、『論語』『孟子』の権威は宋学者以上に強調しつつ、その宋学的解釈を全面的系統的に改めてしまった。「古義」の再発見の形で、即ち、経書に基礎付けながら、実は自分、そして自分にとっての世間にしっくりと合う教えへと、儒学を変換するという難事業を成し遂げたのである。それは、儒学の一つの巧みな日本化であり、日本における思想の儒教化の進展である。

仁斎は、初め「家に他の書無」かったため、朱熹の『語録』『或問』『近思録』、また『性理大全』等を熟読した（《同志会筆記》、『古学先生文集』巻之五）。そして自ら敬斎と号する程、朱子学に没入した。

しかし、やがて前引中江藤樹の「にせ学問」者さながら、隠者のように暮し始めた。約八年、生家から少し離れた家に引き籠り、近隣も顔を識らなかったという。しかし数え三六歳、町人である生家に帰還し、家族と和解し、結婚もし、広く世人とも交わるようになった。それと並行して徐々に朱子学を抜け出し、自己の思想を築いていったのである。

彼によれば、道は卑近な日常的なものである。それを「事事物物の理」や「本然の性」に結びつけるのは、徒らに高遠な日常に馳せ、結果として身近な徳行を蔑にするものである。「道」は現実の「人情」と「風俗」に即しているのである。朱熹が、人は本性として「理」（道）を固有するが、現実の「情」「人心」は甚だ危っかしいと見るのに対し、仁斎は「豈、人情を外にして別に所謂天理なる者あらん

や」(『論語古義』)と言い切る。いわば、性善説ならぬ情善説なのである。但し、仁斎の「人情」は朱熹のそれと異なる。当時の日常語「なさけ」や、「義理と人情」という際の「人情」に近い意であある。現に東涯はこう説明する。

情は人の真実の心なり、善を好み悪を悪むは、人の真実の心なるによりて、是を情といふ、又色を好み食を嗜のたぐひも人のまことなれば、もとより情といふべし、それゆへに古人情欲情愛と云、多く男女父子の間のなさけをいふ、……或は父子公事をたくみ、兄弟財をあらそひ、人のあしきことを悦ひ、人のよきことをそねむの類は、是も心より出たることなれば、心にあらすとはいはれす、然れとも是を情とはいひかたし、皆心し弊りたるものにて、生付のま〻のこ〻ろにあらす、孟子に此豈人之情哉と云、後世のことは葉にも、非人情不近人情といふの類皆是なり、これにて情の善なることしるへし。(『訓幼字義』)

結局、仁斎・東涯は、人間というものは、生れ付きなさけを持っている、「天理」等を持ち出して理屈を張れば高尚かもしれないが実情に遠い、かえって残酷になって人のなさけを損うことにもなる。むしろなさけに即した当り前の人間関係の中に「道」もあるのだ、というのである。彼の強調する「仁」も、このなさけに満ちた温かく寛裕な人の間柄の在り方である。その意味で「愛」である。日本人には今日も理解し易いこの道徳観は、少なくとも、天下を統治する中国士大夫のものよりは、むしろ近世日本の、特に家訓、通俗教訓書、小説、芝居に見える町人のそれに近い。具体的な教えにつき、

前章でも示唆した通りである。東涯の有力な弟子に穂積以貫がいる。儒学の主要概念につき、「宋学」と「古学」を対照して説明した『経学要字箋』(享保十六年刊)等の著がある。彼が、近松門左衛門の演劇論を紹介した『難波土産』の著者でもあることは、決して不思議であるまい。

仁斎の見事な古典漢文も、相当程度、当時の日常の日本語、更には京の町人言葉に還元して読まれるべきなのであろう。彼の聴衆はそれまでの儒者の講義になかった、一つ一つ素直に納得のいく、腑に落ちる教えを見出し、膝を打ったのであろう。それがこれまで隠れていた経書の真の意味なのだという説明も、説得力があったであろう。仁斎が、その反対者も認める儒学史の画期をなしたのは、おそらくそれ故である。仁斎学の日本化を企てたというのではない。しかし、本稿の視角からするとき、仁斎とは、真だから当然に普遍的意義を欠くというのでもない。しかし、本稿の視角からするとき、仁斎とは、真剣に人の「道」を求め、中国古典の「古義」を探求することによって、近世日本思想の新段階の、意図せざる先導者となった人であろう。

次は荻生徂徠(寛文六・一六六六年─享保十三・一七二八年)である。彼は仁斎の影響を強く受けたが町人ではない。大名柳沢家に仕えたが、個々の武士の生に儒学を結びつけようとしたのでもない。父以来、将軍家に近かった彼の儒学は、仁斎とも異なる新たな経書解釈体系を基礎に、当時の政治権力に向けて、儒学を政治に不可欠なものとして、いわば売り込みを企てたものと解されないであろうか。新井白石も、それなりに儒学を政治に活かそうとした。しかし、綱吉以来、幕閣での儒学理解は進んだであろう。特に白石はむしろ孤立し、その改革も中断した。儒者の意見は徴しても、現実の統治は

儒者の言うままにはいかないというのが、常識だった。そうした状況下、徂徠は、儒学は、直接政治に役立つ現実的学問であるはずだとの思いに駆られ、経書を徹底的にその観点から読み換えたのではなかろうか。『太平策』が彼の作とすれば、その「聖人ノ道ト云フハ天下国家ヲ治ル道也ト云フ本意ヲバ、イツノマニカ忘レ果タルヤウナリ。……茂卿久シクカヽル誤アルコトヲ心ヅキテ、聖経ノ一言一句マデモ、皆此本意ヲ失ハザルヤウニ、心ヲ潜メ侍ベルニ、筋タガハザル験(しるし)ニヤ、聖人ノ道今ハ掌ヲ指ガ如クナリヌ」という一節は、そのような思想形成の事情を告白しているようにも見える。

彼の政治理論が、「安民」を強調しながら、実はそれ自体よりも、いかに巧みに民を統治して王朝を永続的ならしめるかに基本的目標を置いていることは既述の通りである（二章三節三）。それは、民政一般を軽視する武士の通念の批判である。しかし同時に、慈悲の必要は認めても、「安民」のために武士の統治組織があるとは考えず、「御静謐」の持続、徳川の安泰自体に最大の関心のある支配者層の意識に合致する。徂徠は「天下国家を治むる仕様を道といふ」「聖人の道は専天下国家を治むる道(《徂徠先生答問書》)という。ところで夙に伝本多佐渡守正信筆『本佐録』も、「学文は聖人の天下を治むる法度なり」という。

前記の如く（二章二節一）、支配者が身を修めることによって天下が治まるという説は、多くの武士には迂遠に響いたであろう。徂徠も、「聖人に成得候得ば天下国家はをのづから治まる」というのは、「見識低く器量小(ひき)」さい「後世之儒者」の説だという。「徳」では治まらないから「道の建立」がされたのである（《徂徠先生答問書》)。また徂徠は、「人ヲ知リ、人ヲ使フ」（《政談》)ことを繰り返し強調す

第三章　儒学史の一解釈　205

いう。その所謂個性尊重の人材登用論である。ところで戦国時代、例えば尼子氏の奉行多胡辰敬はこう

家来ノ者ノ子ニ、色々ノ能ヲケイコサセテ、行義ハツ法ト度ヲシヘ、其心々ニヨリテ、用ヲ申付ベキ事也、タトヘバヨキ番匠ノ、大ナル木ヲバ、大キニテヨキ所ニツカヒ、ユガミタル木ヲバ、ユガミタル用ニツカヒ、長キ木ヲバ、ナガクテヨキ所ニツカフゴトクニ、心ノ直ナル者ニ蔵ヲアヅケ、心ノケナゲナル者ニハ、イクサノ奉行ヲサセ、見ザマヨキ者ニハ面ムキノ事ヲ申付、細工ゲナル者ニハ、細工ヲサセ、ソレ〴〵ニツカフ。（『多胡辰敬家訓』）

朝倉氏の老臣、宗滴も「いかなる利根の中にも、得手不得手は有ものにて候、それ〴〵に随ひ、似合ひ〴〵に召仕候へば、諸事打任せ主人の辛労ゆかざるもの」と指摘する（『朝倉宗滴話記』）。大老も勤めた土井利勝もこう伝えている。「大将至極之心得は、人を能見知る義也、役々申付候といふとも、夫々の器用を不レ知しては、縦ば船頭を山へつかひ、杣人を海へつかふがごとし」（『土井利勝遺訓』）。天下泰平の世と違い、食うか食われるかの戦国時代、武将達は部下の能力を最大限に発揮させるよう腐心しないわけにはいかなかったのである。徂徠の鋭利な政治論には、侍達がかつて熾烈な政治・軍事闘争の中で培ったこうした実践的な政治の知恵を、改めて儒学の教えとして提示したという面があろう。

また前記の通り（二章四節一）、徂徠は「天」「祖宗」「鬼神」を、統治者がその政策を——合理的に正当化するのでなく——神秘的に権威付けて、被治者の服従を調達する手段として強調する。彼によ

れば、天皇にとっての神道も、その一例に外ならない(例えば、「旧事本紀解序」、『徂徠集』巻之八、参照)。しかし、これは徳川の支配にも応用可能である。徳川の政治体制は、公式に「天命」論等で正統化を図ることなく、内面から民の服従を引き出す宗教とも合体せず、戦国の闘争の果てに極めて暴力的に成立した。ただ、それは、その恐しいまでの実力のイメージに基づく「御威光」をいや増す装置として、天皇、そして東照大権現を持っていた。ところで東照大権現とは、正に「鬼神」にして「祖宗」に他ならない(ちなみに、江戸時代、家康を「神祖」と呼んだ例は少なくない)。事実、徂徠は東照宮を、徳川王朝が起死回生の礼制度を実現するための梃子と見做したらしい。彼は、自ら提案した「制度」を現実に施行するに際しては、「先東照宮へ」「告」げ、「日光御社参を被二仰出一」るよう、将軍吉宗に勧めているのである(『政談』)。確かに徂徠学は、宋学を全く改鋳することによって、当時の政治体制に即した政治学たらんとした壮大な企てであろう。しかも徂徠が一方で詩文習得をその儒学の立場から正当化したことは、かねて根強い詩文への傾斜に沿っている。治者に同一化しえない広範な人々にも徂徠学の受け容れられた一因であろう。

仁斎学、徂徠学とも、見事な思想的達成であり、影響も大きかった。しかし、いずれもある自己矛盾を有する。仁斎学は、その教えの「通俗」化によって「世間」に受け容れられたかもしれない。しかし、結局教えの内容が「世間」に接近すれば、それをわざわざ外国の古代文献を経由して学ぶ意義は時に疑わしかろう。町人等には、より直截に俗に即いた石門心学の方がよいことにもなろう。また徂徠学は、「上」からの統治の学である以上、「上」なる者が採用しない限り、実効性を持たない。無

用である。しかも吉宗も大多数の大名も、徂徠学徒にはならなかった。そうなれば、徂徠学も、太宰春台が『経済録』序で自嘲した通り、「屠龍の芸」である。その上、徂徠のいう「道」の存在しないまま、ともかく「泰平」は続いて行った。一方で徂徠学は、政治と離れて、一人身を修めることを意味付ける論理を欠いた。多くの徂徠門人が文人化したのも、次第に徂徠学信奉者が先細ったのも、無理はあるまい。

しかし、ともあれ仁斎学徂徠学は一時代を作った。それによって外来思想の不適合性を主動力とする儒学史の進行は一段落をつげた。徂徠学が拡がるだけ拡がった後は、外国思想の消化以外の種々の内的要因・動機に基づく多様な思想が展開する。時代は、儒学が一応定着する時代から、それを前提に種々の思想の競い合う展開期に入るのである。それは、狭い儒学史を超えている。これについては、やはり、別稿に譲らなければならない。

ところで、主に本稿で見たようなメカニズムによって——本稿の分析が正しいとすれば——徳川前期儒学史の展開したことは、個々の儒学者を越えた幾つかの一般的傾向を顕著にした。例えば、超越的な「理」よりも「実」（現実、事実、実情）に即かんとする傾向である。また、現在の日本のある面を外国の思想を逆用して普遍的であるはずの規範を相対化する傾向である。富永仲基の『翁の文』（延享三・一七四六年刊）は、こうした傾向を正当化し、自己主張していく傾向である。富永仲基の『翁の文』（延享三・一七四六年刊）は、こうした傾向の行きついた一つの極点として、徳川前期思想史の最後を告げる作品といえるかもしれない。仲

基は、仁斎・徂徠学ばかりか、神儒仏三教全体を批判する。彼によれば「此三教の道は、皆誠の（本当の）道にかなはざる道」である。何故か。

仏は天竺の道、儒は漢の道、国ことなれば、日本の道にあらず。神は日本の道なれども、時ことなれば、今の世の道にあらず。国ことなれども、道は道にあるべきなれども、時ことなれば、今の世の道といふ言の本は、行はるゝより出たる言にて、行はれざる道は、誠の道にあらざれば、此三教の道は、皆今の世の日本に行れざる道とはいふべきなり。

「今」、ここで出来ることが即ち「道」である。具体的には、「今の文字をかき、今の言をつかひ、今の食物をくらひ、今の衣服を着、今の調度を用ひ、今の家にすみ、今のならはしに従ひ、今の掟を守り、今の人に交り、もろ〴〵のあしきことをなさず、もろ〴〵のよき事を行ふ」ことである。現実的には違いない。しかし、「今」の事実、「今」の大勢を越える契機は、ここにはない。

こうした議論の登場に至る過程を、歴史を貫く日本人の一種の国民性の現れと解しうるのかもしれない。しかし、そうせずとも、本稿で試みたような当時の儒学の置かれた歴史的状況からする説明が可能なのではあるまいか。仮にそうだとすれば、この過程は、日本人における、超越的普遍的な規範との運命的非親和性や、「今の大勢」の自己制御の不可能を示唆するものではないはずである。

（1）但し、言うまでもなく、徳川前期の儒学が全てこの観点から説明し尽されるというわけでは決してない。例えば、朱子学を修正し、あるいは批判する主張も、少なくとも個々的には、あの多様な宋・元・明の諸儒を承けた面のあることは明らかである。また、この過程は儒学の日本化であるからして当然に思想内容も独

第三章　儒学史の一解釈

特であるなどと主張するつもりも全くない。特に、明代中期以降のいわゆる「気の哲学」(この概念については、山井湧『明清思想史の研究』(東京大学出版会、一九八〇年)三四—六、一四九—二二〇頁、参照)や清の考証学との類似や並行関係は、否定すべくもない。

(2) 岸上操編『少年必読日本文庫』第六編(博文館、一八九一年)一五頁。

(3) なお、南村梅軒以来の「海南朱子学」「南学」の伝統が土佐にあったという通説の疑わしいことにつき、下村効「土佐南学濫觴の虚実」(同『戦国・織豊期の社会と文化』吉川弘文館、一九八一年)所収)参照。

(4) 大石慎三郎『日本の歴史20、幕藩制の転換』(小学館、一九七五年)三六頁。

(5) 中村幸彦他校注『日本思想大系47、近世後期儒家集』(岩波書店、一九七二年)四四頁。

(6) 頼惟勤校注『日本思想大系37、徂徠学派』(一九七二年)三五三頁。

(7) 日田郡教育会編『増補淡窓全集』中巻(思文閣、一九七一年)一頁。

(8) 『日本随筆大成』第二期巻一(日本随筆大成刊行会、一九二八年)六八三頁。

(9) 前掲書、二三一—四頁。

(10) 比較的若い頃に限られたことについては、石田一良「林羅山」(相良亨他編『江戸の思想家たち』上(研究社出版、一九七九年)二五一—四〇頁参照。

(11) 源了圓『近世初期実学思想の研究』(創文社、一九八〇年)二五四—五頁参照。

(12) 正木篤三『本阿弥行状記と光悦』(芸艸堂出版部、一九四八年)六一頁。

(13) 大田南畝編『三十輻』第三(国書刊行会、一九一七年)三一七頁。

(14) 山井湧他校注『日本思想大系29、中江藤樹』(一九七四年)二九三頁。

(15) 同書、二九五頁。

(16) 詳細については、例えば木村光徳『藤樹学の成立に関する研究』(風間書房、一九七一年)、山本命『中

(17) 前掲『日本思想大系29、中江藤樹』、九三一四頁。
(18) 尾藤正英氏は、藤樹について、「要するに、『論語』に即して礼を学んでいきますが、結局それは日本では実行しがたい。したがって、時と所と位という社会的状況に応じて変えなければならない。たいせつなのは礼の形ではなくて心である、というふうに言うようになる。時所位と言いますけれども、では時と所と位に応じて具体的に何をするか、ということはあまり関心がないのです。具体的な礼法を新しく作るということではなく、精神面に重点を置いて、中国の礼に相当する、日本の社会生活のルールを自分の心で見出していくということを主張するわけです。」と指摘している。江上波夫他『日本と中国——天城シンポジウム、民族の特質を探る』（小学館、一九八二年）三二二頁。また、三輪執斎の異姓養子肯定論については、第二章第三節一で触れた。
(19) 石坂善次郎編『池田光政公伝』下巻（一九三二年）一一四四頁。
(20) 尾藤正英氏も、「蕃山の関心が、専ら儒教を日本の事情に適応させることのみに指向されていた」とする。
(21) 関儀一郎編『日本儒林叢書』第四冊（一九二九年）一頁。
(22) 前掲『池田光政公伝』下巻、一一四七頁。
(23) 亀井伸明校訂（岩波文庫、一九四〇年）六七頁。
(24) 江戸時代、素行は儒学者としてよりは、兵学者として知られた。たとえば大田南畝は、徂徠・南郭等の逸話を集めた『仮名世説』（文政七年序）において、「山鹿甚五左衛門といへる軍法者……」という言い方をしている。註（8）前掲書、六七四頁。那波魯堂（寛政二年歿）の『学問源流』、原念斎の『先哲叢談』（文化十三年刊）、広瀬淡窓の『儒林評』（天保七年成）は、いずれも素行を扱っていない。松宮観山の『学論』

第三章　儒学史の一解釈

（宝暦五年自序）が「又、甚五左衛門山鹿子といふ者有り。我が先師の門より出でて一家を著はし、世に梓行す。陸を非とし、朱を非とす。此方、宋学を破りしは、素行子其の嚆矢を成す。聖教要録を著はし、世に梓行す。陸を非とし、朱を非とす。此方、宋学を破りしは、素行子其の前に在るを知らず」と述べていることを証しよう。世人皆な原佐伊藤子を以て理学を破るの魁と為し、素行が仁斎・徂徠と並称されなかったことを証しよう。（『日本儒林叢書』第五冊、七頁、江戸時代において普通、素行が仁斎・徂徠と並称されなかったことを証しよう。三者を「古学派」として一括するのは、井上哲次郎『日本古学派之哲学』（冨山房、一九〇二年）あたりから始まる習慣であろう。

(25) 広瀬豊編『山鹿素行全集思想篇』第一〇巻（岩波書店、一九四二年）三九〇頁。
(26) 同、第一二巻（一九四〇年）五九四―五頁。
(27) 同、第七巻（一九四一年）一一、一七〇、二二二五頁。
(28) 仁斎学については詳しくは、補論「伊藤仁斎・東涯――宋学批判と『古義学』」を参照。
(29) もっとも、細かな語義の説明などは、『集注』にそのまま拠った場合が多い。
(30) しかし、無論それは、仁斎が、宋元明および清初の、特にいわゆる主気的な学者の影響を受けた可能性を当然に排除するものではない。但し、荻生徂徠の「嘉靖中、呉蘇原、甕記横記吉斎漫録を著はす。嘗て聞く、伊仁斎深く之を秘すと。是の歳、太宰純漫録を獲、懸孝孺二記を獲、咸なこれを予に致せり。予、始めて寓目するを得て、則ち知る、仁斎豪傑の士と雖も其の学も赤端を借りて以て発せし者有りと。」（『吉斎漫録跋』、享保七年。『徂徠集拾遺』所収）、太宰春台の「明ノ末ニ呉廷翰トイフ者、吉斎漫録・甕記・横記ナドイフ書ヲ著シテ、程朱ノ道ヲ闢キシハ、豪傑ナリ。日本ノ伊藤仁斎モ、呉廷翰ガ書ヲ読テ悟テ開タリト聞ケリ」（『聖学問答』、頼惟勤校注『日本思想大系37、徂徠学派』、一一八頁）といった言に始まるかと思われる、特に呉廷翰（号は蘇原）の影響があったとする説は、疑問である（春台以下の同様の議論が、井上哲次郎『日本古学派之哲学』、一九七―九頁に、五つ引かれている）。『吉斎漫録』等を見るに（容肇祖点校『呉

廷翰集』（北京中華書局、一九八四年）所収）、「気」と離れた「理」を認めず、従って「気質の性」と「本然の性」という区別の仕方を認めない点などを除けば、『大学』の八条目の教えを強調し、「敬」を重視するなど、その「学風」は異質である。羅欽順（一四六五─一五四七。『困知記』）、王廷相（一四七四─一五四四。『雅述』）等の様々な「気の哲学」者の中から、特にとり出して仁斎との関連を論う理由は、思想内容からはないのではないか。なお、山井湧氏に「呉廷翰の人性論」（『大東文化大学創立六十周年記念中国学論集』、一九八四年）がある。呉廷翰の歿年は一五五九年、生年は山井氏の推定によれば一四八九年である。

(31) 関儀一郎編『日本名家四書註釈全書』第三巻（東洋図書刊行会）一九七頁。
(32) 井上哲次郎他編『日本倫理彙編』巻之五、四九二、四九三頁。
(33) 吉川幸次郎他校注『日本思想大系 36、荻生徂徠』（一九七三年）四四八頁。
(34) 島田虔次編『荻生徂徠全集』第一巻（みすず書房、一九七三年）四七九頁。
(35) 石田一良他校注『日本思想大系 28、藤原惺窩・林羅山』（一九七五年）二八〇頁。
(36) 前掲書、四八〇頁。
(37) 前掲『日本思想大系 36、荻生徂徠』、三七六頁。
(38) 『日本教育文庫、家訓篇』（同文館、一九一〇年）二〇二頁。
(39) 『続々群書類従』第一〇（国書刊行会、一九〇七年）五頁。
(40) 前掲『日本教育文庫、家訓篇』、三八九頁。
(41) 前掲書、三四二頁。
(42) なお、尾藤正英氏は以下のように述べている。「わたくしは、封建から近代へという時間的な系列の線上だけに徂徠を位置づけるのは間違いではないか、と考えるようになりました。外来思想である中国の朱子

第三章　儒学史の一解釈

学は、当然そのままの形では日本に受け容れられるわけがありません。学者にはそのまま学ばれたとしても、実際の政治の担当者、あるいは一般の人々のものの考え方に矛盾なく受け容れられるはずがない。それは中国と日本との社会の性格が、いろいろな点でちがっていますから当然であります。それに対して、日本人の社会生活に適した思想をつくろうとする運動が現われてきた、と考えてはどうか。つまり徂徠が朱子学を批判し、自分独自の学問をつくろうとしたということは、むしろ中国の儒学に対して、日本の社会に適った学問、日本の社会に役立つ学問を、徂徠はつくろうとしたのではないかとみるわけです。従って封建から近代へということではなく、基本的には中国思想から日本思想へという変化の相で、徂徠の思想をとらえた方がよいのではないかと考えるようになりました。」中村幸彦他『近世の思想──大東急記念文庫公開講座講演録』（大東急記念文庫、一九七九年）四七─八頁。

(43) 室鳩巣は次のように述べている。「今世の学者、多くは軽俊にして実行を心とせず。たゞ文辞に馳騁して虚誉を求めざるはなし。然るに師儒たる者、たとひ痛く懲すとも猶たへざるべし。況や道は文雅風流にあるの説をもていざなはんには誰かあひ率してしたがはざるべき。」『駿台雑話』、『日本倫理彙編』巻之七、二九三頁。ここにいう「道は文雅風流にあるの説」が徂徠の説を指すことは、同書八九頁で徂徠を批判し、「己が曲学に合せて、道を文雅風流のものとし、己が俗情にこゝろみて、夫婦の外は五倫みな人の性にあらずとす。」と述べていることから明らかである。

(44) 大田錦城は、「徂徠以後の学者は天下の老中になるまでは、学問用なしなどと覚えたり。故に無道不善を所行とするも、尤の事なり。」と述べている。『梧窓漫筆』、三浦理編『名家随筆集』上（有朋堂、一九一三年）五四〇頁。

(45) 家永三郎他校注『日本古典文学大系97、近世思想家文集』（岩波書店、一九六六年）五四七─八、五四八、五五二─三頁。

補論1　伊藤仁斎・東涯
――宋学批判と「古義学」

一 はじめに

大坂夏の陣から一二年、「戦国の余習」なお盛んな寛永四年（一六二七）、里村紹巴・角倉了以とも縁続きの京の町家、鶴屋七右衛門家に長男が生れた。名は維貞。後維楨。通称は、源七、源吉、源佐。彼は、当時文化的経済的に日本の中心であった京に育ち、周囲の反対に抗して儒者を志し、青年期には、町中に居ながら長期間隠者のように孤立して暮し、三六歳に至って自宅に戻って塾を開き、やがて結婚した。最初の妻（死別）は、尾形光琳・乾山の従姉である。そして「元禄時代」に晩年をおくり、宝永二年（一七〇五）、大儒・伊藤仁斎として世を去った。七九歳。私諡を「古学先生」という(1)。

東の荻生徂徠とその学識を並び称された伊藤東涯（寛文十・一六七〇年―元文元・一七三六年。名は長胤、通称源蔵）は、その長男である。彼は今や儒学を家業とするようになった家を嗣ぎ、生前は補訂を続けて自分では公刊しなかった父の著作を、次々と整理・刊行して家学の内容を確定し(2)、それを講義し、同じく儒者となった四人の弟のいずれにも増して活潑に著作活動を続けた。「紹述先生」とはその私諡である。

周知のように、仁斎の思想は、宋学批判として成立した。仁斎が始め自ら敬斎――「居敬」の敬で

ある——と号するほど真剣に宋学を信奉しながら、次第に離れ、それとの対比・対抗においてその独自の思想体系を構成していったことは、古義堂文庫所蔵の多数の稿本が今も生々しく示す所であり、その諡(おくりな)も、『論語古義』『孟子古義』の書名も、何よりも宋学を新として排する自己主張の表れである。そこで本稿では、特にその点に留意しつつ、東涯によって公刊され確定した形でのいわゆる仁斎学の大要を探っていくこととしたい。但し、紙数の都合上、問題をその主領域たる倫理・政治思想の面に限定する。

二　批判の対象

批判の対象は無論宋学である。特に朱子学であり、広くは陽明学をも含む。但しここで問題にするのはその内容ではない。宋学、なかんずく朱子学が、そもそも社会的にいかなるものとしてあって仁斎の批判の対象となるに至ったのかという点に関連して、あらためて少し確認しておきたいのである(3)。

近世初頭、儒学が仏教と明確に区別された独自の思想体系として学ばれるようになった時、それは当然その母体である中国で、また更に朝鮮で、圧倒的地位を占める朱子学以外ではありえなかった。近世儒学史は表見的には、思想的正統を自称する朱子学の「盛行」から始まる。例えば、『論語』が

読まれる場合、通常それは朱熹の註に頼ってであった。しかし、それをもって、仁斎の前に、朱子学が、体制と一体化した正統教学、権力を支える支配的イデオロギーなどとして勢力を張っていたかのように解することはできない。それまでに幕府が特殊に朱子学を「官学」「正学」などとして広く奨励した事実はないし、徳川家の支配や幕藩体制が特にそれによって公式に正統化されていたわけでもない。また将軍家に仕える林羅山が幾つかの宋学的教訓書を和文で書いたといっても、農民町人においてはもちろん、武士身分内においても、少なくとも、服従の調達あるいは行為の型としての政治的社会的諸制度の維持が、それなくしては困難であるような役割を、宋学が果していたとはいえない。また、朱子学が、内容や形式において、特に初期徳川社会に適合ないし照応したとするのも難しい。科挙制度さえない徳川体制にとっての宋学と、旧中国あるいは李氏朝鮮にとってのそれ、あるいは——これらの間にも大きな差違はあるが——ヨーロッパ中世にとってのキリスト教との類推には、慎重な限定が必要である。

もちろん、戦国以来、「天道」の語は、中国では支配の正統性原理と表裏をなしている祭天儀礼が支配者の権利義務とされることはないままに、常用されていたし、永く文化的劣等感の対象である中国の「聖人の教へ」への畏敬も相当広範に抱かれてはいた。個々的には「好学の君」も——将軍綱吉を含めて——現れている。「偃武」によって武士内で役方の比重が増し、武士が文治官吏化する傾向のあったのも事実ではあろう。出版業が種々の分野で急進展を遂げる一方、仁義忠孝義理などの個々の一般的な儒教徳目や用語も、家族制度、君臣関係、社会構造などの中国との甚だしい相違（家族制

度の相違については、例えば、滋賀秀三『中国家族法の原理』（創文社、一九六七年）を参照）故の意識されざる内容のずれを伴いつつも、一定の共通性を基礎に、通用を広めてはいた。その限りで、自然や社会の見方にも、広い意味での儒教的なものの影響は確かに拡がりつつあった。

しかし、先ず、僅か数十年前まで、功名心と忠誠心と敵愾心に燃えつつ生死を賭して山野で戦闘をくり返し、しかもそのための規律と組織形態をそのまま固定して保持せんとし、いわばたまたま戦争の起きていない状態の永い持続の内に置かれている武士身分に、世襲ではなく、何次にもわたる煩瑣な筆記試験によって「民」から選抜されるマンダリン達の、あの高度にブッキッシュな教養と修養の体系が、そう容易に自分のものとして受容されたはずもない。例えば、中江藤樹は、寛永十七年頃、「世俗のとりさたに学問は物よみ坊主衆、あるひは出家などのわざにして、士のしわざにあらず、士のうちにがくもんする人あれば、却てくもんすきたる人はぬるくて武用の役に立がたしなど云て、そしり候ぬ」（『翁問答』、『日本思想大系29、中江藤樹』、八五頁。同一六七—九頁も参照）と述べている。彼自身、伊予大洲藩士だった頃は、「人ノ誹謗ヲ憚テ」深夜に読書したという（『藤樹先生年譜』、同上書、二八七頁）。そして、廃藩置県までには三〇〇近く設立された藩校も、仁斎開塾までには五校程、仁斎六〇歳の時点で僅か九校に過ぎない特異なものであった。そもそも一般の二本差し連中に、仁斎の頃までに、特殊に宋学的といえる教養や物の考え方の普及する基盤があったとは、考えにくいのである。しかも、剃髪を命ぜられていた羅山を含めて、お抱えの専門の「お儒者」達は――いたとしても――医者などと並ぶ単なる特殊技能者、「物識り」「物読み」として遇せられるのが通例であった。福山藩

に仕えた仁斎の次男梅宇も、「儒者」は「武人俗士」に「毛唐人と異名をつけられ、格外におかる」と嘆いている（『見聞談叢』岩波文庫）二三頁）。無論、後期に至っても儒者達の憤懣の種となっている(7)ように、往々軽侮の的でさえある彼等が、中国の士大夫のように実際に「治国平天下」の任に与るなど、全くの例外であった。

武士「以下」の身分においても、例えば仁斎と同時代の井原西鶴が、「音曲鳴物」「連歌」「俳諧」「立花」「鞠」「茶の湯」「碁」「楊弓」などに並べて「物読(よ)みは宇津宮（遯庵）に道を聞」き、と挙げている（『西鶴織留』、元禄七年刊、『日本古典文学大系48、西鶴集』下、三三三頁）(8)ように、稽古事の一つとしてであれ、儒書を誦み習うことは徐々に広まり、貝原益軒の和文の諸『訓』に限らず、より庶民的な教訓書にも時に宋学的議論が現れるようになっていったとはいえ、宋学は、武士身分における以上に、その日々の生活の現実からは浮き上ったものでしかなかった。例えば、西鶴の浮世草子、近松の浄瑠璃の、何処に、いわゆる「朱子学的」な「思惟」や教義の、民衆における一般的通用を窺わせるものがあろうか。

したがって、町家の少年が儒者という特殊な社会集団——こういう社会集団の存在すること自体、既に中国・朝鮮との相違を示しているわけだが——に加わろうと志すことは、決して普通ではなかったし、若き伊藤源七も当然周囲の猛反対を蒙ったのである。彼は述懐している。

今の俗、皆医を尊ぶことを知りて儒を尊ぶことを知らず。その学を為すことを知る者も亦皆医の計を為すのみ。吾嘗て十五六歳の時、学を好み、始めて古先聖賢の道に志あり。然ども親戚朋友、

儒の售れざるを以て皆曰はく医を為すこと利なりと。然れども吾、耳聞かざるが若くにして応ぜず。之を諫むる者止まず、之を攻むる者衰へず。親老し、家貧に、年長けて計違ふに至て、義を引き礼に拠り、益々其の養を顧みざるを責む。理屈し詞窮して俛り応ずること赤しばしばなりき。
（「送片岡宗純還柳川序」）[9]

以上の素描からしても、仁斎について、「その厳しい宋学批判にもかかわらず社会の現実に対しては受容的だった」などと性格づけるのは、見当違いだとはいえよう。宋学体系の批判が当然に政治や社会の批判を意味するような条件があったとは、まず考えられないのであるから。むしろ十七世紀日本での文化的諸方面の顕著な発展・普及傾向の中で、宋学もそこここで学ばれ、教えられるようになってはきたものの、既成の現実秩序や日常生活の内にはなお浸透しかねているという落差が、そこにはあったのである。そして、後述するように、仁斎はその落差の中に在って、むしろ自己を取りまく既成の秩序や日常生活の様相に対して大体は受容的であった故に、そこに浸透して来るかに見えた宋学に反撥したのだと考える方が、おそらくはより実情に近い。そして、多分ここに、現に統治の任に当る者は宋学を修めて皇帝主宰の科挙を通った知的人格的エリートであるという、制度的裏付けのある建前の下で、「理欲の弁、適に忍んで之（人）を残殺するの具」となり、「上は理を以て其の下を責め、而うして下に在りての罪は人人指もて数うるに勝えず。人、法に死するは、猶お之を憐む者有り。理に死するは、其れ誰か之を憐まん」（《孟子字義疏証》）[10]という、現実に「天理」「人欲」の思想が残酷に人を抑圧しているという痛烈な意識に立って宋学に反撥し、結果として仁斎との類似

少なからぬ主張に到達した清の戴震(雍正元・一七二三年―乾隆四十二・一七七七年)などとの一つの根本的な相違があるのである。

三 批判と主張

仁斎によれば、宋学は老荘・仏教と同様に、高遠に偏し、難きに失して、「道」を見失ったものである。仁斎学の要領を問答体で記した『童子問』の序は、「学者多く旧聞に狃らい、意見に牽かれ、卒に以て孔孟の正宗を得ること無し。高からざれば則ち楽しまず、奇ならざれば則ち悦ばず、常を厭うて新を喜び、邇きを舎てて遠きを取る。予深く憫しむ」とその執筆の動機を語っている。朱熹も老仏を批判して「異端の虚無寂滅の教へは、其高きこと大学に過ぐれども実なし」(『大学章句』序)とする。しかし、朱熹が、「老仏の徒出づるに至れば、則ち弥よ理に近くして大いに真を乱る」(『中庸章句』序)とすることにも窺えるように、それらを一面で包摂した「全体大用」(『大学章句』格物補伝)の学として自己を位置づけるのに対し、仁斎は、自己の立場を、一貫して、高に対する卑、遠に対する近、新奇に対する常、虚に対する実の側に置き、其処から、老仏および宋学を一括して拒絶・排斥するのである。〈仁斎の説は〉甚だ過ぎて卑きに非ざることを得んや」というみずから設定した問いへの答えは、「卑きときは則ち自ら実なり。高きときは則ち必ず虚なり。故に学問は卑近を厭うこ

補論1　伊藤仁斎・東涯

と無し。卑近を忽にする者は道を識る者に非ず」(『童』上、二四章)と明快である。では、その卑く近く常にして実である立場とはいかなるものなのであろうか。これは当然、宋学における以上に、仁斎学体系の重要な柱となっている「道」の観念の特質に関わっている。

一　「道」

仁斎によれば、「道」は「知り易く行い易く平正親切なる者」であり、しかも「万世不易」である(『童』上、五章)。そして、その「道」は「人倫」に在る(同、上、八章)。もちろん、朱熹も「道」を「事物当然の理、人の共に由る所の者」「人倫日用の間、当に行ふべき所の者」(『論語集注』学而・述而)などと説明しており、彼において「道」が「人倫」と離れて在るわけではない。ただ、朱熹などがそれをあくまで形而上的なるもの(「理」)で支え、基礎づけている点を把えて、結局「道」を「知り難く行い難く高遠及ぶべからざる者」(『童』上、五章)に変質させてしまい、日常的な現実の「徳行」を蔑にする結果になっていると、仁斎は見なすのである。そして彼は「人の外に道無く、道の外に人無し」「若し夫れ人倫を外にして道を求めんと欲する者は、猶風を捕り影を捉るがごとし。必ず得べからず」「人の当に修むべき所の者は、人倫のみ。人の当に務むべき所の者は、人事のみ」(同、上、八章、下、二八章)などとくり返す。これも、文の表面だけをとれば宋学者の賛同も得られるかもしれない。事実、右の「人外無道、道外無人」も、『論語集注』衛霊公の語をそのまま使用したものである(12)。

しかし、ここに含意されているのは老仏否定のみではない。むしろ何よりも、「道」を個々人に内在

する「理」即ち「性」と連結し、人間の奥部に潜む本性の外への放射・展開のごとくにそれを理解することの批判であり（例えば『童』上、一四章参照、同時に、「道」を森羅万象事々物々に遍在する「理」と同一視し、「一木一草の理」をも「窮め」ることによってそれを悟り知ることができるとすることの否定なのである（例えば『童』上、四〇、四一章参照）。仁斎は、右の人性論的・存在論的基礎付けの双方を相互に連関したものとして――事実、朱子学では「太極」を共通の根源として連関しているわけだが――有害無益の「議論」（同、上、一〇章）に過ぎぬとし、主観的知性の振り回し（同、上、二〇章）だとし、結果として地道な「徳行」を蔑にし、敢えて高論奇行を為して以て世に高ぶる」（同、上、二四章）ものだと、決めつける。そして一方仁斎は、経典に現れた「道」論が、こうした立場と対応していることはいうまでもない。彼のいわゆる気一元論的な「天道」を高遠深奥なるものとの整合化を図っている。例えば、「顔淵喟然として歎じて曰く、之を仰げば弥々高く、之を鑽れば弥々堅し。之を瞻て前に在るかとすれば、忽焉として後に在り」（『論語』子罕）とは、実は顔淵が「其の初め徒らに道を視ること高遠にして、未だ其の実を得ざ」りし時の有様をいったものであるという（『論』、一三四―五頁。『童』上、二六章も同趣旨）。また、『中庸』の「君子の道は費（広いの意）にして隠なり」の「隠」については、遥か後段の「君子の道は闇然として……」（『中』、四九頁）を援用して、「隠は闇也。即ち闇然としては闇然なるが如しと雖も、其徳は日に章か」の意、『中』、四九頁）を援用して、「隠は闇也。即ち闇然として日に章かの意」と、その意味を巧みに翻転して切り抜けている。彼にいわせれば、「先儒、隠の字の日に章かの意」と、その意味を巧みに翻転して切り抜けている。

義に詳からず、誤りて微妙にして見る可からずの意となせり」なのである（『中』、一八頁）。

それでは、宋学的な支え、裏打ちを持たないその平実なる「道」（東涯の、「道徳」とは「畢竟人に付合ふしかたの名なり」、『学問関鍵』という語に従えば）「人に付合ふしかた」とは、いかなるものとしてあるのであろうか。もちろん、それは、「聖人」の「制作」としても、個人間の契約としても、あるわけではない。仁斎は結局の所、「道」を何にも基礎づけず、端的に「道とは人有ると人無きとを待たず、本来自ら有るの物、天地に満ち、人倫に徹し、時として然らずということ無く、処として在らずということ無し」（『童』上、一四章）、「道とは、人倫日用当に行くべきの路、教えを待って後有るにあらず、亦矯揉して能く然るにあらず。みな自然にして然り。四方八隅、遐陬の陋、蛮貊の蠢たるに至るまで、おのずから君臣・父子・夫婦・昆弟・朋友の倫有らずということなく、亦親・義・別・叙・信の道有らずということなし」（『字』、二七—八頁）と述べる。つまり、「道」は、あくまで人の往来する通路という漢字本来のイメージをひきずりながら、個々人の間に、相互を媒介する具体的人間関係の在り方として、おのずから存在する。その在り方の美質を把えていえば「徳」である（『字』、三六—七頁）。人あれば遵わざるをえない、この世に実在する正しい役割関係の網、それが即ち「道（徳）」なのである。そして、それ自体は眼に見えないが、実際に人がそれに沿って言動をなすことによって「道」がありありと眼に見えるようになる。「皆、人に由って顕わる。人無きときは則ち以て道を見ること無し」（『童』上、九章）というわけである。東涯はこれを、「楽」における「人の声」と「音律の十二調子」の関係に譬えてい

る(『訓幼字義』、前掲書、三九七頁)。

しかも、仁斎によれば、人間は、僧侶のように出家脱俗してしまわない限り、この「道」を離れては生活していくことができない。逆に、この「道」に背いて、誰でもができることではないことを望ましいとする点に、仏老の紛い物であることの明証がある。(「仏老」が)「一身上に就いて道を求む」のに対し)「聖人は天下上より道を見る。故に天下の同じく然る所に就いて道を見、天下を離れて独り其の身を善くすることを欲せず」、また「天下の能わざる所を以て教と為ず」(『童』中、一三章)とは、仁斎の愛用句である。そして、朱熹・陸九淵(象山)も また、いずれも「天下同じく然る所の道徳に由ることを求めずして、専ら之を己れが心と事物の理とに求」めたことが、「其の孔孟に詭い無きこと能わざる所以」なのである(同、下、二一章)。

ここで注目すべきは、仁斎が「道」を先の実体性を帯びたイメージに依りつつ、単に普遍的に人の踏み行うべき当為・規範であるとするだけでなく、同時に、通常誰もが現に離れ得ず、現に則っている普遍的な事実だともしていることである。「夫子の教は、天地自然の道理、人心に根ざし、風俗に徹し、時として然らざること無く、処として在らざること無」(同、下、五三章)く、「東夷西戎南蛮北狄、声教の曁(およ)ばざる所、言語の通ぜざる所と雖ども、必ず当に君臣父子夫婦朋友昆弟の倫有るべく、又当に孝悌忠信を以て善と為すべし。大凡天下の家を出でて衣を緇(し)にせずして、君臣父子夫婦昆弟朋友の間に在る者、挙皆儒人(みなみなじゅじん)」(同、下、一九章)である。その意味でこれは「須臾(しゅゆ)も離るべからざる道」なのであり、これに対し「崇むときはすなわち存し、これを廃するときはすなわち滅ぶ」、

補論1　伊藤仁斎・東涯

「離」れ得る、という「事実」が、老仏の非真理性を示す決定的な証拠なのである（『字』、二八頁、また『童』上、二八章参照）。これに対して、前引の如く「四方八隅、遐陬の陋、蛮貊の蠢たるにまで」、「道」が厳存するばかりか、実に「父子の相親しみ、夫婦の相愛し、儕輩の相随う」ことは「物亦これ有り」、「有情の物」のみならず「竹木無知の物といえども、亦雌雄牝牡子母の別」が「有」るという「経験的事実」が、「聖人の道」にはおよそ「合わずというところ無」いことの論拠となる（『字』、三〇頁）。

これは一種の普遍主義ではあろう。その「道」の広がりは確かに時間的空間的に普遍である。これは、朱子学が、「性」（＝「理」）の普遍性を説きながら、他面、「理」「気」峻別の論理装置を備えているために、「従来西洋ノ夷蛮ノ民ハ。陰気凝厚ノ土地ニ生レテ。其質極メテ偏濁ナレバ。気質ノ為ニ蔽固セラレテ。其仁ノ発見セザルハ。大ニ禽獣ニ近キ所アリ。本心ノ仁ノナキニハアラネド。」（大橋訥菴『闢邪小言』）といった激しい差別の理論をも容易に生み出すことと対照的である。しかし、逆にいえば、この「普遍主義」は、その規範性を大幅に所与の現実の中に稀釈したことを代償としている。事実・現実を超えた形而上的なるものの支えを一切拒絶することの裏面として、ここには、事実上の一般性を普遍的妥当性と、事実上の孤立を主観的虚妄性と同一視する傾きがあり、「道」は種々の修辞をもってその尊厳さを称えられながら、同時に絶えず事実の中に引き戻されているのである。
そうであるとすれば、この「道」とは、他ならぬ現に経験される世の「人情」「風俗」に即したものであるとされていることも、決して意外ではありえまい。

二 「人情」「風俗」

仁斎は、『孟子』告子上が「理義」を悦ぶことを「人心之所ニ同然ニ」とするのを承けて、しかし「理義」の語は引かずに、頻りに「道」を「人心之所同然」「天下之所同然」と説明する(『童』上、二九、一三、七二章、『中』、四三頁等)。しかし、朱熹のように、それはいわば「人心」の本質であって現象としての「人心」はむしろ甚だ危っかしいものだとするわけではない。むしろ一般人に共通する現実の「人情」に、「道」が本来的に相即しているとするのである。彼によれば、「情」とは人に共通の「性」(生れつき)が「物に感じて動く」所を把えていう。例えば、誰もが善を好み、悪を悪むのも、好音を聴き、美味を食らい、四体が安逸であることを欲するのがそれであり、誰もが美色を視、それが「情」である。「父は必ずその子の善を欲し、子は必ずその父の寿考(じゅこう)を欲する」のが「情」である(『字』、五六—八頁)。「盗賊(とうぞく)の至不仁(しふじん)なるがごとしといえども、しかれどもこれを譽(は)むるときはすなわち悦び、これを毀(そし)るときはすなわち怒(いか)る」(『字』、五〇頁)。それが当り前の「人情」である。人の「性」が「善」であり「性に率ふ之を道と謂ふ」(『中庸』)とは、実はそのことによっている(『孟』、九五、一三九頁、『童』上、一六章および『中』、九—一〇頁、『童』上、一四章)。「人情とは、天下古今の同じく然る所。五常百行皆是」(『仁斎日札』『日本倫理彙編』巻之五、一七八頁)、「情とは天下の同じく然る所を以て言ふ」より出づ。豈人情を外にして所謂天理なる者有らんや。苟も人情に合はざるときは則ちたとひ能く天下の為し難き所を為すも、実は豺狼の心、行ふ可からず」(『論』、一九七頁)、「宜しく哀しむべ

補論1　伊藤仁斎・東涯

くして哀しみ、宜しく楽しむべくして楽しむは、皆人情の已む能はざる所。而して聖人と雖も以て人に異なること無し」（同、一六〇―一頁）。

これは、「四端の心」は「理の発」だが、「七情」は全て「気の発」だという説（李退渓）まで現れる、朱子学者の「情」への警戒的抑制的な態度と鮮やかな対照をなしている。山崎闇斎の弟子三宅尚斎が「近日の専ら人情を悦ぶの学は、人情の邪正有りて之を至正の公理に要めざる可からざるを知らず」（『黙識録』、『日本倫理彙編』巻之七、五四四頁）と非難するのも、朱子学者としては当然である。しかも、仁斎と一定の類似をもって、宋学的な「理」を権威的独断の託言として批判して「情・欲」の復権を図った戴震も、やはりそれらに公共性を確保するものとして「知」を挙げているのである。「惟れ欲有り情有り、而うして又知有り、然る後に欲遂ぐることを得る也、情達することを得る也」（『孟子字義疏証』、前掲『戴震集』、二五〇頁）。してみると、仁斎の所説は、欧米近代の先覚たるマキァヴェリ、ホッブズなどを引照せずとも、人間性に対する余りにおめでたい観察と見えるかもしれない。朱子学を内面的に突き崩すよりは、その性善説をいわば情善説に平面化したに過ぎないと評されるかもしれない。しかし我々はここで、仁斎の「人情」の持つ独特の意味合いに更に注目すべきであろう。

おそらくは、彼の「人情」は、少なくとも一面で、近世日本の日常語としての「なさけ」や、特に中期以降一般化した「人情」――例えば「義理と人情」という時の――に、意味の上で接近しているのである。宋学にいう「情」がそのまま「天理」と合体せしめられたのではなく、「人情」という語

に、「義理」と微妙に繋がりながらも時に衝突する、いわゆる「人のなさけ」に近い意味が込められたが故に、「其論は正し。而れども人情に非ず。従ふ可からず」とか、「公とは謂ふ可からず。然れども人情の至り、道の存する所也」(『論』、一九〇、二九三頁)などという屈折した議論もなされるのである。仁斎が、宋儒の理想たる「一毫人欲の私無き」境地など「形骸を具え人情有る者の能く為る所に非ず」(『童』中、九章)と反撥するのも、「人情を外にし、恩愛を離れて道を求むる者は、実に異端の尚ぶ所にして、天下の達道に非ず」(『論』、一九七頁)と、「人情」と「恩愛」を並列するのも、そうだとすれば極く自然であろう。現に東涯は、『語孟字義』の和文版ともいうべき『訓幼字義』で、「情は人の真実の心なり、善を好み悪を悪むは、人の真実の心なるによりて、是を情といふべし、それゆへに古人情欲情愛と云、多く男女の間のなさけをいふ、此こゝろはおほれやすきものなるゆへに、約レ情節レ情のをしへあり、然を嗜のたぐひも、人のまことなれば、もとより情といふべし、又色を好み食ふのまゝのこゝろ」でないが故に「情」ではなく、「後世のこと葉にも、非ニ人情一不レ近ニ人情一といふの類皆是なり、これにて情の善なることしるへし」(前掲書、四九二、四九三頁)という。おそらくは、仁斎の見事な古典漢文による先の諸命題も、実はある程度当時の日本の口語(京都弁?)に還元しつつ読まれるべきなのである。少なくとも、そうして読むとき、後述の「仁」と「道」「人情」との連関の意味、「詩」と「楽」が「人情」の表現として重視される所以などが一層明らかになり、更に、

補論1　伊藤仁斎・東涯

彼の一見余りに単純な理論構成が当時それなりの説得力を持ちえた事情も、了解し易くなるように思われる。

いうまでもなく、同じ上方で例えば近松門左衛門は、正に東涯のいう「男女父子の間のなさけ」を「人の真実の心」として謳い上げたあの作品群をもって、聴衆の涙と喝采を博していた。「やれ侍ならば情を知れ」とはそのある登場人物の台辞である（『丹波与作待夜の小室節』、『日本古典文学大系49、近松浄瑠璃集(上)』、一二三頁）。しかも仁斎自身、「少き時」としながらも「……里巷の歌謡を聆き、市上の戯場を観るに至るまで、機に触し事に随ひ、挙げて皆、吾が進学の地にあらずといふこと靡し」。(送浮屠道香師序」、『古学先生文集』巻之一）と告白している。また、近松の「虚実皮膜論」の紹介者（『難波土産』）であり、近松半二の父である有名な能改斎穂積以貫は、実は東涯の弟子である。

なお、東涯の晩年には既に本居宣長が生れていた。宣長が、偽飾なき「うまれつきたるまゝの心」（『玉勝間』[20]）、「事しあれば嬉し悲しと時々に動く心」（『玉鉾百首』[21]）を「真心」として称揚し、その「古道」論の軸としたことは周知の通りである。ところで仁斎は「情なる者は、人心の飾を致さず、損壊せざる者これを情と謂ふ」（『字』、五八頁[22]）と定義し、東涯は「情なる者は、およそ思慮するところ無くして動く、也。則ち以つてその性の実を見るべし」（『古学指要』、『日本儒林叢書』五、一六頁）と説明しているのである。宣長の「真心」と仁斎学の「情」が同じだというのではない。しかし、両者に共通性のあることは否定し難いであろう。

そして、仁斎は前の引用にもあるごとく、「人情」とともに「風俗に戻る」教えを「道」の敵と見

なす。本来風俗習慣を意味する「俗」の語は、中国では特に朱子学の生れた宋代以後、決定的に悪い意味、軽蔑的な含みを持つようになったという指摘があるが(吉川幸次郎『俗』の歴史」、『吉川幸次郎全集』第二巻所収)、仁斎によればむしろ「道」とは「耳目を駭かさず、時俗に拂らず、万世不易」であり(『論』、九一頁)、「衆心の帰する所」即ち「俗の成る所」であって、「先儒」(程伊川)の「事の義に害無き者は俗に従ひて可也」という説は「謬り」で、端的に「事苟も義に害無ければ、則ち俗即ち是れ道、俗を外にして更に所謂道なる者」は「無」い(同、一三〇頁)。もちろんここでは伊川を承けて一応「義に害無ければ」との留保が付されており、およそ一切の現にある「俗」をそのまま肯定するのでないことは示唆されている。しかし、それにもかかわらず、仁斎学における「道徳」論が、現実の「人情」の通用している現実の世の「俗」の側に身を置き、(例えば「天理」を足場にして)それを蔑視し、それを乱し、その外に背いていくものを批判していくという「姿勢」をとっていることは、既に紛れもあるまい。

しかもその「道」とは、現に遍在する父子君臣夫婦兄弟朋友等の人間関係の適切な在り方の謂であり、その内容からいえば仁義礼智に他ならない。そこで次に、我が思想家がその号に冠した、「道」の主内容、「仁」に注目するのが順序であろう。

三 「仁」

「仁」は朱熹においては、「心の徳、愛の理」というのが確定した定義である(『論語集注』学而、『孟

子集注」梁恵王上)。人に生れつき備わった「本心の全徳」であり、義礼智信に対比していえば「愛」の「理」である。したがって有名な「克己復礼為仁」(『論語』顔淵)も、「身の私欲」に打ち「勝」つ「天理の節文」たる「礼」に「反」るのが「仁」である、と読まれる(『集注』)。これに対し仁斎は、「己れとは人に対するの称。……己れに克つとは猶ほ己れを舎てて人に従ふ(『書経』大禹謨)の意のごとし。己れ有らざるを言ふ。己れに克つときは則ち汎く衆を愛す」と解している(『論』、一七二頁)。
そして「誠(実)」「忠信」とともに、「人の心を忖り度る」(『字』、六五頁)こと即ち「恕」(思いやり)を、「仁」を為すための「修為」として特に強調する。彼によれば、人の心を忖度して「その心をもつておのが心とし」、人の過誤にもそれなりの訳けのあることを了解できれば、「油然靄然として、毎事必ず寛宥を務めて、刻薄をもってこれを待するに至らず」「一件の恕を為すときは、則ち一件の仁を得」(同、六五—六頁)るのである。それ故、「慈愛の心、内外遠近、至らざる所無き、之を仁と謂ふ」(『孟』、一頁)、「慈愛の徳、中に充実して一毫も残忍刻薄の心無く、其の利沢恩恵、遠く天下後世に被る、而して後之を仁と謂ふ」(『論』、六一頁)などの一見壮大な定義にもかかわらず、これは、程明道・王陽明などにおけるあの「天地万物一体の仁」というごとき、「人を責任と行動へと駆りたてる」ような万物万民との差し迫った一体感とは異質である。彼自身、そのような「仁」の把え方を「口言うべくして、身行うべからざる者」と批判している(『童』中、七四章)。「温和慈愛、含弘物を容るる、これを仁と謂う」(『字』、七四頁)ともいうように、この「仁」は熱いというよりは温かい、共感的融和的なものである。そして、前記「道」観念からしても当然に、「拡充」がいかに強調

されようとも、何よりもまず各人の置かれた場での具体的な人間関係における相手への態度が、その主題なのである。「仁の徳為た る……天下に王たるときは則ち天下に及び、一国に君たるときは則ち一国に及び、一家に主たるときは則ち其の一家に及び、父為るときは則ち其の子に及び、夫為るときは則ち其の妻に及び、兄為るときは則ち其の弟に及び、弟為るときは則ち其の兄に及ぶ」という表現はそれをよく表している。しかも仁斎は続けて「此れを以て身を治むるときは則ち身修まり、此を以て事を処するときは則ち事成る。」(『童』上、四四章)という。平たくいえば、君王・家長・父・子・夫・兄・弟・友などとして相手に接する際に、独善的に相手を責めたり傷つけたりせず、真摯な思いやりに満ちた暖かい態度をもってする、そうすれば、その人間関係は全て良好に保たれ、したがって事もおのずからうまく運ぶ、というのが、彼の「仁」観念の主内容であり、想定なのである。それ故、「我能く人を愛すれば、人亦我を愛す。相親しみ相愛すること、父母の親しみの如く、兄弟の睦じきが如く、行うとして得ずということ無く、事として成らずということ無し」(『童』上、四四章)といっても、およそloveには「片思い」はありえないという超楽観論を吐いているわけではない。主に既成の具体的な個々の人間関係に関して、こちらが思いやりに満ちた「寛裕温柔」な態度で接すれば、相手もまず応じてくれるものだという程のことを意味しているのである。ちなみに、仁斎は、『論語』里仁篇の「苟志於仁矣無悪也」を、朱熹などが「持論過高」の故の誤読として批判し、「苟まこと も仁に志すときは悪しきこと無し」と読むことを、その「纔かに仁に志すときは則ち寛厚慈祥、物と忤ふこと無し。故に自おのずから人に悪まるること無」いから「苟いやしく も仁に志すときは悪まるること無し」と読み替えている。

である（『論』、四七―八頁）。

「仁」は以上の意味で「畢竟愛」であり、「苟しくも一毫残忍刻薄妓害の心有るときは、則ち仁為ることを得ず。……種種の善行、皆其の推」である（『童』上、四五章）。先に、「道」と「人情」の相即が力説され、しかも、その「人情」が、人間普通の「なさけ」「恩愛」の意味に接近しながら、同時に「善を好み悪を悪む」と規定されえた理由はここに明らかであろう。「道」―「人情」―「愛」―「仁」―「善」は、右のような「仁」観念の構成によって、確かにここでぐるりと環をなしたのである。

だとすれば、次のような批判の現れるのも、どこまで当っているかは別にして、不思議はあるまい。

彼仁斎ガ云ル孝悌忠信ハ、タダ殊勝ニ世間向ノイトシガリ、結構ヅクニテ、ウバカ、ノアイサツ云様ニ、柔和愛敬ヲボケ〳〵トスル事ヲシアフマデナリ、其故タダトガメズ、サカハズ、ドチラヘシテモ厚キ様ニスルナリノ上デ、取ツ置ツ云ヨリ外ノ事ナシ、（浅見絅斎『剳録』）

仁斎の徒は概して皆模胡調停、学に帰着あるなく、散漫自恣、道の精微有るを知らず。而してその己を行ふも亦多く庸凡鄙俗、峻異卓立の志に乏しく、脱塵超凡の操を闕く。（原双桂『桂館漫筆』、『日本儒林叢書』七、二九頁）

但し、仁斎学は、あくまで宋学に全面的に対抗せんとする儒学であって、決して単なる日常の処世術に尽きるものではない。既述の「道」「仁」の解釈は、当然に政治をもその適用範囲として、独特の「王道」論を生み出し、更に「革命」論にまで及んでいるのである。

四 「王　道」

仁斎は、くり返し、儒者にとって「王道」はその「専門の業」であり、「学問は王道を以て本と為す」(『童』中、一一章、『孟』一頁) などと述べている。蕃山・徂徠などと違って、仁斎・東涯とも具体的な経世論・時務論はしないにもかかわらず、仁斎学にとって理想統治論は決して単なる付けたりではない。

仁斎の「王道」とは、一言でいえば「天下」「国家」を「家」と同一視し、君王の「民」に対する関係を君王という個人と、一体としての「民」との人間関係と把え、そこに、先の、具体的人間関係の在り方としての「道」観念をそのまま拡大適用したものである。前引「仁の徳為る……天下に王たるときは則ち天下に及び、一国に君たるときは則ち一国に及び、一家に主たるときは則ち一家に及び、父為るときは則ち其の子に及び……」という列挙はその表れである。「王道」とは、あの「道」の「王」におけるものに過ぎない。

無論、政治体の長を「民の父母」とすることは儒生の常談ではある。しかし、例えば、宋学に色濃い、みずから身を厳しく修めた個人が、一朝起って万民統治の任を担うや、政教を励まし広範な道徳的人間的覚醒を促し、燦然たる名教秩序を護持し開展していく、といった理想統治のイメージと比べれば、この「王道」論は著しい特色を持っている。そもそも「性」に「道」が内在せず、人間関係においてのみ在るために、先ず自分で身を修めた個人が、次にその磨き上げられた徳を他に及ぼしてい

くというのではなく、ともかく、現にあるがままの「民」に対して君王の立場にある者が、その関係において、子に対する父母と同じ、思いやりに満ちた態度を執ること、それが即ち「王道」なのである。したがって仁斎は、『大学』の「民の好む所を好み、民の悪む所を悪む」や、その朱註の、「民の心を以て己が心となす」はしばしば援用するが、朱熹が、皇帝に対して、「治国平天下」を論ずるに当ってほとんど無視している。更に彼は、「修身斉家治国平天下」の方は「王道」の絶対的前提たる「修身」のために先ず「心を正し意を誠にする」よう勧めたことを非難している。「治道」では個人修養ではなく「民と好悪を同じゅうす」ればそれでよい、というのである（『童』中、一七章)。君王の義務は「民の欲する所は、之を与え之を聚め、悪む所は施すこと勿く、己れ立たんと欲すれば人を立て、己れ達せんと欲すれば人を達す」(同、中、一六章)というに尽きる。「父母は子の心を以て心と為。故に進退賞罰、必ず国人の心に因りて之を行ふ。則ちこれ民の父母」(『孟』、三四頁)なのである。しかも、ここで注目すべきはその効果である。彼によれば、「王者」が「天下の楽しみを楽しみ、天下の憂を憂いて、民を以て其の赤子と為」れば、「民」の方もまた「其の上を親戴して、其の父母の猶ごとく、響き応じ影従い、唯其欲する所のまま」となり、「子」が「其の身を捨てて、以て其の父母を保つ」のと同様となるに至る（『童』中、一八、二八章、『孟』、八頁)。即ち君が民心に従えば民もそれに応じて君に信従するのであり、相互に相互の心を以て心とする共感の循環が成立するのである。つまりは、思いやりをもって「我能く人を愛すれば、人亦我を愛す」に他ならない。

したがって「王道」が「人情」「風俗」に乖戻しないのはもちろんである（『童』下、五章、中、二〇

章等。また『字』、八四頁を参照)。「聖人は天下を変易することを欲せず。天下を変易することを欲する者は、是れ己れの道を以て天下に強うる也。天下を変易することを欲せざる者は、是れ天下を以て天下を治むる也」(『論』、二七三頁)。また当然「王道」は、井田封建などの特定の制度に関わるものではなく、具体的な制度論などは重要性を持たない。如何なる制度においてであれ、ともかく「民と好悪を同じゆうす」ることが問題なのであり、「若し聖人をして今の世に生れしめば、亦必ず今の俗に因り、今の法を用い」て「天下自ら治ま」るであろう(『孟』、一〇頁、『童』「政策」の例示も、税の軽減と刑罰の緩和などという消極的なものに止まるのである(『童』中、二三、二四、二五、三一、三三章)。

そして、こうした王道政治がなされるならば、遂には「上朝廷より海隅の遠きに及び、歓欣愉悦、合して一体と為り、百官上に都兪吁咈し、黎民下に相愛し相安んじ、融如溢如として自から王沢の中に涵濡せざるはなし」(『論』、一九四頁)という状態に至るという。興味深いことに、仁斎によれば、この王道楽土、理想社会の有様は、現実の正月のそれに似ている。換言すれば、彼の「王道」のユートピアは、毎日毎日が正月という状態にあるのである。

先王の世、家給り財阜（おお）いに、民安く俗醇（あつ）し。晨（あした）より夕（ゆうべ）に至り、春より冬に至るまで、民心和洽（ごう）すること、猶正月の吉、服を被り儀を具え、觶（さかずき）を挙げ寿を上（たてまつ）って、各（おのおの）万歳を祝し、一家熙熙（きき）として、頓（とみ）に窮歳の労を忘るるがごとし。(『童』中、二六章)

晴着を着、御供えをし、屠蘇を祝って、互いにおめでとうの挨拶を交す、あの正月の明るくゆったった

補論1　伊藤仁斎・東涯　239

りとした和気藹々たる有様、それこそが、仁斎の「王道」の極致なのである。朱子学者佐藤直方が、同じ正月の「俗」に接しながら、次のような見事に「道学」的な裁断を下していることと対照されたい。

　士農工商ともに、年の暮には、一夜明けたらば、どこもかもよからうと思ふて、行水して身の垢を落す様に思もの也。さる故に元日からむせうに目出度目出度春じや春じやと云。をかしきこと也。何が目出度やら、愚と云べし。学者は心得あるべきこと也。今年も去年の様であらふかと恐れ謹む筈也。《『学談雑録』、『日本倫理彙編』巻之七、四二九頁》

五　「革命」

　仁斎の「王道」論が以上のごとくであるとすれば、そこから、当時の政治体制への批判や、社会制度変革の志向などの導き出されるはずのないことはいうまでもない。しかし、仁斎がみずから権力に迎合して既成支配のそのままの温存を意図しているかのように見ることはできない。その「民心」の強調にあるいは当時の武家支配の在り方への批判を嗅ぎとることができるかもしれないというだけではない。彼は、近世日本の儒者の中でも、最も断定的に暴君の放伐を「道」として承認した一人だからである。しかも、それは一見逆説的にもその「王道」観のほとんど論理必然的な帰結なのである。
　仁斎によれば「事苟くも義に害無きときは則ち俗即ち是れ道。俗を外にして更に所謂る道なる者無」く、「故に、堯舜授禅は衆心に従ふ也。湯武放伐は衆心に従ふ也。衆心の帰する所、俗の成る所」

である（『論』、一三〇頁）。また「道なる者は天下の公共、人心の同じく然りとする所。衆心の帰する所、道の存する所也。……湯武の放伐は天下之を放伐するに非ず。天下の公共にして人心の同じく然りとする所、是に於て見るべし」（『孟』、三五頁）という。元来、「道」に超越的なものの裏打ちがなく、現実の「民心」に従い現実の「民心」に従うことが「王道」であるが故に、逆にそれらを蹂躙する暴君が現れて「民心」を失い、「衆心」がその放逐・誅伐を望むようになったならば、一転してその暴君の放伐こそが正しい「道」の実践となるのである。政治権力やその政策が、事実上の支持以上の、原理による正統化を受けないために、超越的に裁かれることは簡単に追認されてしまうわけである。それ故に、変革が事実において大勢となれば一転してそれはそれとして容認される（例えば『孟』、二〇二頁参照）。この放伐肯定論は、それをカズイスティカルにただ「権」(いわば方便)として容認した朱熹などに比べ、かえって単純にして明快である。ここには、本居宣長の、「すべて下たる者は、よくてもあしくても、その時々の上の掟のまゝに、従ひ行ふぞ、即古の道の意には有ける」（『宇比山踏』(35)）という、事実的支配への絶対的随順であるが故にかえって決してどの「掟」についても原理的正統化をしない「古道」論に、一脈通じるものがあろう。

明らかに、仁斎は、当時における放伐の現実的可能性を考えてはいない。その「民心」も原則的には静的なものであろう。しかし、仮定の上であれ、宋学の「高遠」を批判して、卑く近く常にして実なるものとして構成された仁斎学は、正にそれ故に、既述のごとく、事実上の一般性（「天下之所同

補論1　伊藤仁斎・東涯

然」「人心之所同然」）を普遍妥当なる「道」と同一視する不断の傾向を持ち、かえってここで、「臣」が「君」を誅戮するという逆に最も異常な行為の端的な是認に到達して、その思想的特質の一断面を鮮やかに示したのである。

四　主張の背景

仁斎の宋学批判には、国学者のするような、イデオロギー暴露や、「真心」の人間観からする偽善性の嘲笑はない。しかし、以上のような仁斎の宋学批判と主張の背後には、そもそも両者の想定している人間像、人間の生の様式のイメージの相違が一貫して潜在しているように思われる。

例えば朱熹は、人間の存在構造を分析してしばしば地方官に譬えている。無論、中央から派遣されて地着きの胥吏を使って府県などを統治する地方長官などは、彼自身も経験のある旧中国士大夫の最も普通の在り方である。

「天命、之を性と謂ふ」（『中庸』）という時の「命」とは、すなわち皇帝から下される辞令である。「性」とは、なすべき職務である。……「心」は、官人であり、「気質」は、官人の性質で寛大であったり厳格であったりする。「情」は役所で事件を処理することである。（『朱子語類』⁽³⁶⁾）

即ち、皇帝から直接「命」を受けて地位と職務を獲得し、それについての誇りと責任感を持って人民

に君臨し、個人的な気質に左右されずに、正しく仕事を処理していくというのが、官人のあるべき姿であり、しかもそれが人間一般の存在構造と重ね合わされているのである。自己の内なる「天命」即ち「天理」の存在を確信し、先ず自己の「心」をそれに沿って正しく確立し、「外物」に接するに際して、決してそれに蔽われず乱されず、逆にその「理」に即して正しく応接していく、それが即ちあるべき「情」の様態である。

これに対し仁斎のそれは明らかに趣きを異にしている。念のため、彼が前記の一般的な道徳論の実際生活への適用として、如何なる処世訓を述べているかを見てみよう。先ず「事に応じ物に接するの間に於て、最も要道」として先ずいうのは「朋友の間は、務めて相推譲し、人と争わず「譲る」ことである（『童』中、五三章）。我が「願い」として彼の挙げるのは「節倹」で、「倹は万善の本、奢は衆悪の基」とさえ主張する（同、中、四六章）。また、「身を守る法」とは「己を責むる者は、当に天下国家皆非なるの理無きことにさえ採録しうるとして選んだ「先儒」の語は、「己を責むる者は、当に天下国家皆非なるの理無きことを知るべし。故に学、人を尤めざるに至るは、学の至りなり」というものである（『童』中、七六章）。しかも、これらに対応して彼は、『論語』学而の「和」（礼之用和為貴）に、朱註の「従容不迫之意」に対して「無乖戻之謂」と註し（『論』、一〇頁）、同曾子三省章「伝不習乎」を、「古人」は「外誘を絶ちて思慮を屏くるを以て省身の要と為」さず、人への「愛」を本とするから、省のも対人関係についてであるとして「伝、習はざるの要と為」でなく、「習はざるを伝ふるか」と読む（『論』、四頁）。更に同里仁

補論1　伊藤仁斎・東涯

「子曰く、人の過つや各々其の党に於てす。過ちを観て斯に仁を知る」については、朱熹が、過ちを観れば仁か不仁かが判ると解するのに対し、「党」を「朋類」即ち「親戚僚友」であると解する新説を打ち出し、人の過ちは必ず「親戚僚友」の影響なのだから深く咎めるべきではない、過ちにもなお称すべき面があるのだ、と読む（『論』、五〇頁）。同様の例はもちろん以上に限られない。

ここでは、人間は、先ず「内」において自己を確立し、その「外」への展開として広く他者との正しい関係をとり結んでいくというよりは、むしろ当初から緊密な人間関係の網に組みこまれており、その中で、とげとげしい対立なく四方八方と和気に溢れた良好な関係を地道に継続していくはずのもの、と考えられているようである。敢えていえば、少なくとも、宋以降の中国の士大夫よりは、近世日本の、それも武士よりは、仁斎の「親戚僚友」たる町家の主人などに、より近い像であろう。

事実、そうした人々の人間像を比較的生まに窺わせる商家の家訓や通俗教訓書には、仁斎を想起させる議論が少なくない。「家内和合」を強調し、過度の「信心」による脱世俗化を警戒し、「倹約」「始末」を単なる経済上の方針というよりは人生の指針のように勧めるというばかりではない。例えば、「孝」について仁斎は、無論「愛」を「本」とし、「父母の心に逆わざる」ことを本旨として、「平生身を慎じ業を勤め、亡頼の友無く、博突し飲酒を好まず、勇を好み闘狠して以て其の父母を危」くせず、その上「学を好み善に志し、身を立て家を起して、以て其の祖業を張り、其の門楣を耀か」して「父母の心を悦ばしむる」ように、と論ずる（『童』中、三六、三七章）。これもまた（無論、部分的には『孟子』離婁下の「世俗にいはゆる不孝」の例を承けているわけだが）、悪友と付き合わず、博奕

大酒をせず、喧嘩せず、親のいうことを聞いて家業に励めという、親が子孫に遺した家訓などに頻出する教戒に近似しており、裏返して西鶴『本朝二十不孝』(貞享四年自序) の諸例を思わせよう。他面、「孟懿子孝を問ふ。子曰く違ふ無かれ。」(『論語』為政) について、「親の令に従ふを以て孝と為す」のではなく、「違ふ無かれとは理に背かざるを謂ふ」のだと解し (『集注』)、親への親密なというよりは厳粛な恭敬を、何よりも「天理の節文」たる「礼」において具象化しようとする朱熹などの「孝」観念には、少なくとも相対的には遠かろう。また、博多の豪商島井宗室は「生中いかにも貞心りちぎ候はんの事不〻及〻申、親両人、宗怡両人、兄弟親類、いかにもかうぐ〻むつまじく、其外知音の衆、しぜん外方の寄合にも、人をうやまいへりくだり、いんぎん可〻仕候」(『日本思想大系』59、近世町人思想」、三七八頁) と遺言し (慶長十五年)、近江商人市田清兵衛 (正徳四年没) による「家則」は、「店中の傍輩は、和順謙遜を旨として、諸事倹約を心掛け、出入の者は老若男女を問はず、叮嚀に取扱ひ申すべき事」と定めている。更に、関東を舌耕して回った常磐潭北の「教訓の第一」は、「理屈を止、物事堪忍し、万和らかに諍 (あらそひ) なきがよし」ということである (『百姓分量記』、前掲『近世町人思想』、二七九頁も参照)。

仁斎は、「君」への「忠」の問題はあまり論じないものの、やはり石田梅岩などと違って町人として発言しているわけではない。そのことの評価はここではともあれ、彼が論じているのは、あくまで「天下の大道」「君子の徳」である。しかしそれにもかかわらず、彼が中国古典から「発見」したあるべき「人倫」の様相が、自分も一員である近世日本の町家の主人達、また、庶民的教訓家達の考える

補論1　伊藤仁斎・東涯　245

それに相当の共通性のあることは否定し難いように思われる。

但し、町人意識を全面的に反映しているなどとはいえないし、それがどこまで、上層商人的、特殊京都町衆的、あるいは広く「民衆」的、武士にも共通して徳川時代的、更には日本的などであるかについては大いに議論の余地がある。ここではそれをする余裕はないが、この問題との関連で一つ注目しておきたいのは、「学問」「禅」などが独善的な「理屈」を振り回す世間鼻つまみの発生源になっているとの指摘は、徳川期に相当一般的であることである。三井総領家三代目高房は「それ多奢の心より気高ぶり、ゑては禅法を聞、其人柄もますますあしく成り申もの、前々より見聞および所也」（『町人考見録』、前掲『近世町人思想』、二〇一頁）といい、尾張七代藩主徳川宗春は、「学問」によってかえって「邪智さかんに口かしこくなりて万の事に理屈はり、人を譏りあしなどり、上々の不出来者と成り、つき合れもせぬ様にて、学問せざる以前大に増なる者かならず有事也」（『温知政要』、『日本思想大系』38、近世政道論』、一五九頁）と述べている。その「実例」は江島其磧のベストセラー小説『世間子息気質』（正徳五年自序）にも活き活きと描かれている（二之巻第一話）。また、儒者の方でも、「世間のがくもんする人を見るに、さして学問のしるしといふべき益なし、かへつて形気あしく、異風になる人ありとみえたり。所詮がくもんはせぬがましかとぞんじ候はいかゞ」（中江藤樹『翁問答』、『日本思想大系』29、中江藤樹、四八頁）、「今の世にては、学問なき人は、却てよく国家をも治めて、人よく服す。学問せる人は、多くは理屈ばかりで、人と中悪く、人の服せざる類、見及びたり。……」（三輪執斎『四言教講義』、『日本倫理彙編』巻之二、四一三頁）などと自問しているのである。

このような相当一般的な反応も、仁斎が、宋学(および老仏)の道徳説を、「理」の裏打ちの故に結局この世間を蔑にし、そこから叛いていくものとして世間の側から批判し、事実としての「人情」「風俗」に即した共感的な人間関係として「道」観念を再構成したことと無関係ではあるまい。彼自身、若い頃宋学(更には禅)に没入して家族親類との衝突と世間からの孤立を経験し、後にその隠者のような生活から回帰して家との和解を果たし、その過程で自己の思想体系を次第に作り上げ、広く世人とも交ったという人生を歩んだ人なのである。彼は回想を込めて、「蓋し学者の道に進む、其の初め学問と日用と扞格齟齬して、相入ること能わず。真積み力むること久しゅうして、自ら得る所有るに及ぶときは、則ち向に之を視て以て遠しと為る者、今始めて近きことを得、向に之を視て以て難しと為る者、今始めて易きことを得、……(そうした「上達」の境地になれば) 俗の外に道無く、道の外俗無し」(『童』中、六一章)と語っている。そうだとすれば、仁斎学とは、既述のように少なからぬ抵抗感を与えつつも当時日本に定着化を図りつつあった宋学的の儒学を、宋学者と同じく儒教経典に自己の生に直接関わるべき教えの全てがあると信じながら、それらを体系的に読み替えることによって批判し、そうして京の町家への帰還者たる自己にとってしっくりとくるものに改鋳し、結果として儒学の一つの日本化を成し遂げたものといってよいのではないだろうか。そしてその体系性・方法性・影響力などからして、山鹿素行の「聖学」などよりも仁斎(および、仁斎生前の稿本を整理し、手を入れて公刊して「仁斎学」を仕上げた東涯)の、いわゆる「古義学」こそが、近世日本における儒学を真に自己のものとして受容する企てのこの方法による最初の成功例と見るべきであろう。逆にいえば、

補論1　伊藤仁斎・東涯

ここで日本における思想の儒教化が一歩進んだのである。

但し、儒学の当時の社会での在り方からして、その内容が右の意味で「通俗」化を進めれば、一方で、それをわざわざ外国の古代文献を経由して学ぶ意義が薄れるというディレンマは生じよう。仁斎学が一時の流行にかかわらず、徂徠学以後勢力を弱め、他方、儒学の枠を外して直截に「俗」に即いた石門心学のごとき広範な聴衆を持たなかったことの一因を、そこに求めることができるかもしれない。しかし、周知のようにその徂徠学自体、仁斎学から多くを学び、多くを共にしているのである。しかも、仁斎学・徂徠学の多面的な影響を無視して、十八世紀以降の、国学をも含む多彩な思想・文化諸潮流を語り得ないことは明らかである。

おそらくは、京堀川の鶴屋七右衛門家の息子は、その過程において一旦は深い傷を負いながらも、断えず、真率に普遍的な「道」を求め、更に誠実に中国古典の「古義」を探求することを通じて、近世日本思想の新しい地平の意図せざる開拓者となったのである。

(1) 以上の経歴については、主として石田一良『伊藤仁斎』（吉川弘文館、一九六〇年）に依る。
(2) 仁斎生前の稿本と東涯によって出版された刊本との差違に関しては三宅正彦氏の研究がある。例えば、「仁斎学の展開──意味血脈論的方法の発展と転化」（木村英一博士頌寿記念会編『中国哲学史の展望と摸索』〔創文社、一九七六年〕所収）を参照。
(3) 以下については、特に尾藤正英『日本封建思想史研究』（序章、青木書店、一九六一年）、田原嗣郎『徳川思想史研究』（序章、未来社、一九六七年）、丸山眞男 *Studies in the Intellectual History of Tokugawa Japan* ('Author's Introduction to English Edition,' University of Tokyo Press, 1974) を参照。

(4) 更に「近世中期までの武士の間」の「儒学に対する無関心と無理解」の「風潮」に関する尾藤前掲書、三三一—三頁の例証を参照。引用は三三頁。

(5) 笠井助治『近世藩校の綜合的研究』(吉川弘文館、一九六〇年) 二七四—九一頁による。

(6) 堀勇雄『林羅山』(吉川弘文館、一九六四年) 参照。

(7) 例えば、明和七年自序南川維遷『閑散余録』『日本随筆大成』二期一〇巻、五六六頁、安永四年筆井上金峨『匡正録』『日本倫理彙編』巻之九、三六九—七〇頁、安永四年筆家田大峯『解慍』『日本儒林叢書』一、安永七年刊蟹養斎『弁復古』『日本儒林叢書』八、七頁、猪飼敬所(弘化二年没) 宛書簡『日本儒林叢書』三、一五—六頁参照。

(8) 一部ルビを省いた。以下も同じ場合がある。また、カッコ内は渡辺による註、以下も同じ。なお貞享五年刊『日本永代蔵』巻二第三話では、同様に列挙して「伊藤源吉」の名を挙げている。

(9) 『古学先生文集』巻之一。傍点渡辺、以下も同じ。原漢文。なお、以下、漢文の著作は原則として読み下しで引用し、一々註記しない。

(10) 安田二郎・近藤光男『戴震集』(朝日新聞社、一九七一年) 三三八、九一頁。戴震の『文集』巻八「与某書」には「後儒……其の所謂理は酷吏の所謂法に同じ。酷吏は法を以て人を殺し、後儒は理を以て人を殺す」とある。「……」は省略を意味する。以下も全て同じ。

(11) 読み下しは、清水茂校注岩波文庫一九七〇年による。以下同じ。同様に、『語孟字義』については、吉川幸次郎・清水茂校注『日本思想大系33、伊藤仁斎・伊藤東涯』(岩波書店、一九七一年) により、その頁を示す。また仁斎の『童子問』『語孟字義』『中庸発揮』はそれぞれ、『童』『字』『論』『孟』『中』と略記し、後の三書については各々『日本名家四書註釈全書』第三、第九、第一巻の頁を示す。

(12) なお、大槻信良『朱子四書集註典拠考』(中文出版社、一九七六年) によれば、これは朱熹の語だが、

補論1　伊藤仁斎・東涯

（13）東涯『訓幼字義』（『日本倫理彙編』巻之五、四六〇頁）は、「程子」の語としている。『叢書』八、五八頁も同様。

（14）『日本倫理彙編』巻之五、一八四頁。東涯『間居筆録』『日本儒林叢書』一、五頁、同『経史博論』同

山崎闇斎の弟子、浅見絅斎の次の批判を参照。「凡後世の儒者本躰を知ざる皆然り。さあれば論孟に仁義礼智を日用を主とは日用道徳の名で人の性でないと云。加様なる疎妄なことはないぞ。さあれば論孟に仁義礼智を日用を主として説を見て、道徳は聖人が見立て編出して日用の法と為し、古より生民の中間に総もちに持ていて、何にゝ根ざすともなく、中にぶらりと浮あると云ものぞ。」『聖学図講義』『日本倫理彙編』巻之七、四三四頁。一部仮名を常用のものに改めた。以下も同じ場合がある。

（15）前掲東涯『訓幼字義』、三四九─五〇頁も参照。

（16）平泉澄・寺田剛編『大橋訥菴全集』上巻（至文堂、一九三八年）一〇六─七頁。これに対し仁斎は厳しい華夷の弁に否定的である。『論』、三二頁参照。

（17）「答寄明彦　論四端七情書」（『退溪先生文集内集』巻一六）『天命図説』（同『続集』巻八）など参照。

（18）また『童』中、一〇章には「苟しくも礼義以て之を裁すること有るときは、則ち情即ち是れ義、何んの悪むことか之れ有らん。苟しくも礼義以て之を裁すること無うして、特に愛を断ち欲を滅ぼさんと欲するときは……藹然たる至情、一斉に絶滅して……」という表現もある。

（19）『論』、一〇四、一一一、一二五三頁。『童』下、五章、及び『論』、四一頁など参照。

（20）大野晋・大久保正編『本居宣長全集』第一巻（筑摩書房、一九六八年）四七頁。

（21）同、第一八巻、三三二六頁。但し表記は改めてある。

（22）これに対し、「わずかに思慮に渉るときは、すなわちこれを心と謂う。」同頁。

（23）「蓋し徳は仁を以て主と為す。而して仁は誠を以て本と為す。」『論』、四頁。

(24) 「道徳を語れば則ち仁を以て宗と為し、修為を論ずれば必ず忠信を以て要と為す」『論』、一五頁。
(25) 島田虔次「中国近世の主観唯心論について――万物一体の仁の思想――」、『東方学報』28冊、一九五八年参照。引用は同一五頁より。
(26) なお、「我能く人を愛すれば、人亦我を愛す。」は、『孟子』離婁下「愛人者人恆愛之」を踏まえていようが、一方例えば常盤潭北『百姓分量記』の嫁に対する次の訓戒を参照。「夫と舅姑は一生添ふ物なれば、誠の親よりは心を盡し、縦真逆の事あり共、詞返しすな。何事もよく順ふべし。手前のよきに人のあしきはなき物ぞ。」
(27) 倉本長治編『浅見絅斎集』(誠文堂新光社、一九三七年)四五七―八頁。
(28) なお仁斎はそもそも『大学』を真正の経典と認めない。『大学非孔氏之遺書弁』及び『大学定本』参照。
(29) また「孟子の人君と政を論ずる、千条万緒、皆之を民と楽みを同じうするに帰す。」『孟』、二二―三頁。
(30) 前引の如く「父母は子の心を以て心と為」るが、同時に「子能く父母の心を以て心と為れば則ち孝」である。『論』、五五頁。
(31) なお『孟子』梁恵王下に「君仁政を行なははば、斯ち民其の上に親しみ、其の長に死せん」とあり、朱熹も「君仁政を行なははば則ち有司皆其の民を愛し、而して民亦之を愛す」と註している。以上の仁斎の仁政の「効果」に関する説もこれを承けていよう。しかし、その単なる援用ではなく、それが、あくまで彼固有の「道」「仁」「愛」理解に即して、独特の「王道」論の一環をなしているのである。
(32) 『論語』微子篇の「天下有道、丘不与易也」の前段を、朱熹のように仮定文としてではなく、平叙文として読むのである。
(33) 『古学先生文集』巻三「詩説」にもほぼ同様の一節がある。例えば「元日」と題して「ひとゝせをみなけふの日の心地して長閑に世をば過してし月を好んだらしい。『詩集』『歌集』等から見ても仁斎は元来正

（34）例えば『朱子語類』巻三七「可与共学章」の諸条。また『字』、七八―九頁参照。
（35）前掲『本居宣長全集』第一巻、一〇頁。
（36）巻四、四〇条。荒木見悟『朱子王陽明』（中央公論社、一九七四年）一八六頁および三浦国雄『朱子集』（朝日新聞社、一九七六年）三一八頁の訳を参照した。同様の例は、巻四の三八、九一条、巻五の三条など。
（37）また『童』下、一二章の、韓愈・朱熹・方孝孺などの士大夫的な、「学問を主張」して「一木を以て大廈の倒るるを支」えんとした行動への非難を参照。また同、下、一三、一四章も参照。これを例えば浅見絅斎『靖献遺言』の論調と対照されたい。
（38）『渡世肝要記』「家法書」参照。宮本又次『近世商人意識の研究――家訓及店則と日本商人道』（有斐閣、一九四一年）一五〇頁。
（39）例えば島井宗室遺言（前掲『日本思想大系59、近世町人思想』所収）三井高房『町人考見録』（同書、二〇一、二一七、二二八頁）。
（40）なお、近世日本の「孝」観念では、中国とは違って、往々、代々承継される「家業」の観念が軸となっているが、「祖業を張り……」などの表現は、仁斎の「孝」論がやはり「家業」意識を前提していることを示唆しているように思われる。
（41）『論語集注』為政「問孝」章、『朱子語類』巻二三、一一三条以下、『家礼』『小学』など参照。
（42）宮本前掲書、二二五頁。宝暦四年の近江国中村治兵衛家訓（同書、二二一頁）も同様。また正徳三年刊北条団水『日本新永代蔵』には「兎角停傢ぢみちにかゝりて、得意を外さぬ調義、取分利巧だてをいふ商人は、相手次第になくなりて身上を持事難し」とある。『校訂西鶴全集』下巻（博文館、一八九三年）八四一頁。

(43) それだけに仁斎には、特に後期心学に見られる、みずから「我なし」「あなた任せ」になってひたすら恭順なる勤勉と節倹に埋没し、それによって精神の安定を確保しようとするような所はない。「士為る者は「毀誉」に動かされて「時に徇い世に阿ね」ぬようにというような戒めも、仁斎は時に述べている。『童』中、五四章。

(44) なお、把え方には差異があるが、仁斎学の「町人性」については既にいくつも指摘がある。例えば石田一良『伊藤仁斎』(新潮社、一九五九年)、同名書(吉川弘文館、一九六〇年)、三宅正彦「仁斎学の原像──京都町衆における惣町結合の思想形態」『史林』五七巻四号、一九七四年を参照。

(45) なお前掲『百姓分量記』、二七二頁も似た例を挙げている。

(46) 仁斎は「専ら理の字を主張する」と「己を持すること甚だ堅く、人を責むること甚だ深うして、肺腑に浸淫し、骨髄に透浹して、卒に刻薄の流と為る」とする。『童』中、六五章。「刻薄」が仁斎において「仁」の反対語であることは言うまでもない。

(47) 経歴については註(1)前掲石田一良『伊藤仁斎』を参照。なお類似の回帰を仁斎が誉め称えている例として『仁斎日札』の三河の農民の逸話を参照。『日本倫理彙編』巻之五、一七一─二頁。

(48) ちなみに、宣長の嗣子となった本居大平が、宣長学の淵源を図示した「恩頼」の図には、「ソライ」等とともに「東カイ」(東涯)の名が挙げられている。村岡典嗣『本居宣長』(岩波書店、一九二八年)五八八頁所収。また、宣長学との思想の内面的な連続については若干本文でも指摘した。

増補にあたって

本書初版が刊行された頃には、「儒学が徳川体制を支えるイデオロギーであった」「朱子学が官学として家康以来君臨していた」などという見方が、なお広く抱かれていた。

無論、本書にも引いたように、つとに和島芳男氏や尾藤正英氏の批判もあり、丸山眞男氏もその『日本政治思想史研究』の英訳版序文において、「朱子学思惟様式」が徳川初期には社会的に「普遍化」していたという同書の前提について、重大な修正を示唆していた。さらに、津田左右吉氏は、既に一九一八年に、儒学がそのような存在ではなかったことを強く主張し、「我が国の儒者の思想の歴史は、或る意味に於いて、儒教のドグマと実際の状態との衝突及び妥協の経過である。」と明確に述べていた（『文学に現はれたる我が国民思想の研究』「平民文学の時代」上、第二十章「知識生活」上）。にもかかわらず、儒学・朱子学の位置についての通念は容易に揺らがなかったのである。そこで、儒学、特に朱子学を主とするいわゆる宋学と「近世日本社会」との関係について、網羅的に検証してみようとしたのが本書である。

幸い、現在では、本書で示したような理解が、少なくとも日本思想史研究者においては、大筋で受け入れられているようである。

ただ、本書のように儒学・朱子学の存在条件を理解した時、徳川日本の儒学史、さらには思想史全体が、具体的にどのように解釈できるかについて、（「補論」はあったものの）説明は不十分だった。そこで、この再版を期に「補論2」を加えた。伊藤仁斎・東涯とはまったく異なる形での、儒学の徳川体制への食い込みの試みの概観である。本書の新しい読者において、この補論が、儒学や日本思想史への関心を深められる助けに少しでもなれば、幸いである。（著者）

補論2 「礼」「御武威」「雅び」
―― 徳川政権の儀礼と儒学

一 儒学の「礼」

「礼」は、儒学における特徴的な概念である。例えば英語ではritual, rites, manners, proprie-ty, rules of proper conduct等と訳されるが、どれもその意味を十分には伝えていない。おそらく西洋語には翻訳困難なのである。「礼」は、当人の立場とその関係する相手との関係とに応じて定められた、適切な行為の型である。政治制度・朝廷や民間の儀式・年中行事・個々人のライフサイクルに応じた通過儀礼（「冠婚葬祭」等）から、挨拶や食事の作法等を、すべて含む。

適切な行為であるか否かは、個々人がそれぞれの価値観によって判断することだ、などとは儒学者は考えない。誕生から死に至るまで、あらゆる場合に応じた正しい行為の型があり、それにみずから進んで従って生きることが、「礼」を知らない禽獣とは異なる、人間らしいことだと考えるのである。

「礼」は、古代に実在したとされる理想的な王朝の時代の王たちによって制定され（従って、儒学の経典に詳述され）、その後の帝王等によって時代に応じて必要な修正を施したものである。但し、それも恣意的に制定・修正されたものではない。「礼」は、「道」、すなわち正しいこの世の秩序のありよう、正しい人間関係のありようの具体化・表現なのである。そして、その「道」は、およそ人たる者は誰もが、従って行くべき、生きるべき「道」なのである。

この「道」に従って生きれば、褒美として来世における幸福が約束されるなどとは、儒学者は考えない。儒学者は、来世の存在を信じないから。また、この「礼」に従わないと、統治者から刑罰が下るとも、儒学者は考えない。「礼」は「法」のような規範ではなく、模範に倣ってなされる自主的な規律であるから。「礼」への違反は、罪というよりは恥なのであり、それ故、およそ人らしく生きようという最低の自尊心のある人は、誰もが、みずから「礼」に沿って生きるはずなのである。

そして、統治者は、この「礼」に従って生きる人類の模範であるはずであった。彼が「礼」に沿って、正しく振る舞うとき、人々はそれに憧れ、自分もそのように生きようとするはずだ、というのである。確かに現在でも、優勢な文化の伝播はそのような影響力によって実現する。強制ではなく、魅力によるのである。そして、儒学では、そのような影響力による感化こそが、統治の本来的な在り方だと考える。従って、法と刑罰による強制は、できれば無いことが望ましい。せいぜい副次的な手段に過ぎないのである。

以上のような儒学の「礼」の観念は、後での議論の関係で特に注目すべき、次のような特質を有している。

第一に、「礼」は統治の基本手段であるため、特に朝廷における儀式や儀礼が、重要な意味を持っている。孔子は、ある重要な儀式（＝禘）について、それを正しく行うことができるようであれば「天下」を治めることも容易だとさえ述べている（『論語』八佾）。

第二に、「礼」には意味がある。それは、「単なる形式」ではない。それは、「道」のありようを具

体的な型として表現したものであり、宋代以後の主流の儒学（「朱子学」）の用語で言えば（ほぼ「道」と同義の）「理」の現れなのである（「礼者、天理之節文、人事之儀則也」、朱熹『論語集注』学而）。もっとも、特に清代には、主観的な判断の正当化に利用される「理」概念への反撥から、専ら客観的な「礼」の重要性を強調する儒学者もいた（参照、Kai-wing Chow, *The Rise of Confucian Ritualism in Late Imperial China: Ethics, Classics, and Lineage Discourse*, Stanford University Press, 1994. 張寿安『以礼代理：凌廷堪与清中葉儒学思想之転変』河北教育出版社、二〇〇一年）。しかし、彼等も、「礼」の根底に普遍的な道理のあることは否定しない。例えば、亡くなった自分の先祖を深い敬意をもって祭る儀式は、各人にとって、その存在の源である親・先祖ほどに尊いものは無いという明確な道理に支えられているのである。また、親を親と、子を子と、君主を君主と、夫を夫と、妻を妻と呼んで誤らないこと、すなわち「名を正す」（「正名」）ことは、「礼」の前提として重大な意味を有している。一般に、名付けとは、区別し、区分することである。「名」が正確であれば、その人の立場、「分」が明確となり、従って、どのような「礼」が適用されるべきかが確定する。

第三に、「礼」は単に正しいのではなく、美しい。「礼」が人々を「観感而興起」せしめる（朱熹『論語集注』為政）魅力は、その「文ᵃʸ」が、それを見る人々の心を動かすことにもよる。それは単に、練達の茶人の所作のような、流れるがごとき行動の美をいうわけではない。朝廷における儀式ともなれば、参与する者がそれぞれの立場（「名」「分」）に相応しい、「文ᵃʸ」ある姿をすることも、当然に要求される。そこでは、衣装・冠等が身分象徴となって、統治階級内部で、そして外部に対して、それ

259　補論2　「礼」「御武威」「雅び」

それの身分を相互確認せしめることになる。社会学的に言えば、それらの絶対に肉体労働ができないような服装は、肉体労働者との隔絶した距離を示唆し、確認する顕示的消費（conspicuous consumption）として、統治の安定化に機能する。さらに、統治階級内部での序列化にも機能する。

上記の三点は、例えば明朝の朝廷における正式の儀式にも、よく示されている。そこでは、高位高官が序列通りに皇帝の御殿の前庭に整列する。美しい文官の衣装の胸には、鳥の模様が刺繡されている。最高位の者にはそれにふさわしく鶴のそれが、そして下位の者では、例えば、シャコ（鷓鴣）のそれが。一方、武官の衣装の胸には、獣の模様である。最高位の者には虎のそれが、そして下位に行くと例えば熊のそれが。では、皇帝の胸には？　無論、龍の模様である。龍は鱗を持つが、鋭いかぎ爪の付いた四本の脚をも持つ。そして、水に住み、地に潜るが、空をも飛ぶ。龍は、あらゆる動物の範疇を超越する。それと同様に、天子は文官・武官の別を超越して、百官有司と天下の万民に君臨するのである。

二　徳川将軍をめぐる儀礼と儀式

徳川時代（一六〇〇〜一八六七）の日本の事実上の国王、徳川将軍も、多種多様の儀式・儀礼に従事した。将軍の一年は、次々と行われるこれらの儀式に参加することに追われ、その合間を縫って、よ

補論2 「礼」「御武威」「雅び」　260

うやく今日いう政務に携わったようにさえ見える。実際、一一代将軍、徳川家斉は、全ての儀式に出席した一年を振り返り、「我も今年は皆勤せり」と語ったという（『文恭院殿御実紀』附録巻三）。しかし、将軍は、中国の皇帝、即ち天子と異なり、「天」から万民を統治する「命」を受けていると称して「祭天」の儀式を挙行することはしない。儒学の経典に則って、儀式・儀礼が制定されたわけでもない。

それらは、ただ先例に則って正確に再演され、再現され続けた。朝鮮国王の使いとして江戸を訪れた朝鮮通信使一行のある人は、日本では「先例」という語ばかり聞くと述べたという（南川維遷『金渓夜話』）。事実であろう。その意味で、文化人類学者のいう orthopraxy は、明確だった。

しかし、将軍が行っている無数の儀式の意味は、不明確だった。そもそも、彼の統治の正統性を説明する orthodoxy さえ曖昧だったのである。彼は、「天命」を受けた「天子」だとは称さない。「教会」などの宗教組織による聖別が行われるわけでもない。徳川家康の子孫であることは、特定の将軍がその地位にあることの説明にはなったが、「血統カリスマ」は、何故そもそもその「血統」が正統な統治権を保証するのかの説明はできない。無論、当時の国制を説明する成文憲法も無かった。法学者もいなかった。その一方、多様な解釈を許す様々な儀式が真剣に行われ続け、確かにその実行が最高権力者の「勤め」の主要部分をなしていたのである。

代表的なものを見てみよう。

第一は、初代将軍徳川家康を始めとする先祖たちの、霊廟や墓所への参詣である。とりわけ、日光

東照宮への「御社参」は、膨大な人数と費用を要する「かぎりなき大礼」(『有徳院殿御実紀』附録巻三)だった。それらは、庶民もした先祖の墓参りの大がかりなものにすぎないようにも見える。儒学的な「孝」の「礼」の実践とも見える。また、現在の将軍が、家康と歴代の将軍との子孫にして後継者であることを確認し、誇示する機会とも見える。

第二は、大名・旗本、高位の僧侶等の接見(「御目見」)である。「御目見」をする者は、往々、遥かな距離を隔てて平伏するだけであり、実際に「謁見」するわけではない。意味のある対話がなされるのも、稀である。これは、君臣関係の存在を確認する儀式のようだが、「御目見」するからといって、僧侶を「家来」と見るのは無理があろう。それ故、「御目見」自体は、ただ将軍の権威への畏敬の態度を示す機会に過ぎないとも見える。現に、将軍の政治の顧問に与ったある学者も、「天下ノ諸大名皆々御家来ナレドモ、……下心ニハ禁裏ヲ誠ノ君ト存ズル輩モ可レ有。当分唯御威勢ニ恐テ御家来ニ成タルト云迄ノコトナド、ノ不レ失ニ心根ニバ、世ノ末ニ成タラントキ、安心難レ成筋モ有也」(荻生徂徠『政談』巻之三)などと指摘している。事実、江戸時代末期になると、自分の真の主君は将軍ではなく、禁裏様だと公然と主張する大名が現れたのである。

第三は、京都の禁裏の使いを迎えての「将軍宣下」の儀式、及び年中行事としての、禁裏との、使節と贈り物の交換である。但し、「将軍宣下」は、禁裏がそれによって「大政」を「委任」したことを必ずしも意味しない。そのような解釈は、徳川時代の中途で広まったものである。京の禁裏が徳川宗家の当主を「征夷大将軍」に形式上任命するとは、つまり何を意味するのか。文字による規定は、

第四は、朝鮮国王・琉球国王からの使節の接遇である。また、それよりはるかに非公式の扱いではあるが、オランダ東インド会社の長崎商館長を毎年「御覧」になる行事もあった。それらは、確かに将軍の権威を誇示する機会であったろう。しかし、朝鮮国王と禁裏様・将軍様がいかなる関係にあるのか、琉球国王とはどうなのか、それも曖昧だった。

第五に、本来の目的はともかく、実際上儀式化した多種多様な行為があった。例えば、将軍の代替わり後間もなく全国各地に派遣される「巡見使」は、実際に各地の統治状況をどこまで調査しえたかは疑わしい。しかし、大名の領地にも、広く将軍の支配が及んでいることを再確認する意味はあろう。将軍の外出の際の行列も、沿道に念入りな準備と敬意の表示を強いることによって、統治者の重々しい示威行進とも見えた。一方、江戸の内郭にある二つの大きな神社、神田明神と山王権現の、町人たちによる祭りの行列も、将軍と無関係に行われれば、町人の勢力を誇示する示威行進になったかもしれない。しかし、逆に将軍の統治を寿ぐ意味を持ったようにも見える。

また、将軍の住まいを「奥」に持ち、「表」に将軍との関係に対応した距離と位置に彼の臣下の控えの間を配置した江戸城本丸御殿は、それ自体、政府組織の比喩となっていた。さらに、巨大な城を彼の臣下の屋敷が囲み、その周囲に町人の居住地と農村が拡がる江戸という都市は、それ自体、全国の統治構造の比喩となっていた。儀式の舞台装置自体が、象徴的意味を結果として持ち、曖

補論2 「礼」「御武威」「雅び」

欧州のいわゆる絶対王権は、常備軍と官僚制が支えたと言われる。しかし、徳川日本では、常備軍が官僚組織であり、官僚組織が常備軍であった。超長期安定軍事政権だったのである。そして、この軍事政権は、その圧倒的な武力によって戦国状況を封じ込め、現に「泰平」を維持しているという事実以外に、特にその存在を正統化する理論的根拠を持たない。「天下泰平」を有難く思え、というだけであり、事実として「天下泰平」でなくなれば正統性自体が直ちに動揺するという性質を持っている。しかし、大多数の人が、「戦国の世」に戻ることを恐れ、武家政権の「御武威」「御威光」に畏れ入っている限り、それで支配は安定的に持続するのである。

それ故に、理論ではなく、行為それ自体が、重要だったのであろう。行為を支える「道」や「理」が不明確でも、儀式は機能する。David I. Kertzer 氏の言うように、「儀式は、人びとがおなじ価値を共有することなしに、儀式のおなじ解釈さえ共有することなしに、社会的連帯を促進できるのである」(*Ritual, Politics, and Power*, 1988. 『儀式・政治・権力』勁草書房、一九八九年、九三頁)。Edward Muir 氏の表現を借りれば(*Ritual in Early Modern Europe*, Cambridge University Press, 1997, p. 230)、いわば国家儀式それ自体が、constitution(国制・憲法)だったのである。そうだとすれば、国家儀式の改革は、「憲法改正」の意味を持ちうることになろう。

その観点からして注目されるのが、朱子学者、新井白石が主導した、将軍にかかわる儀式の諸改革である。確かにそれは一種の「憲法改正」の試みであったと思われる。

三　新井白石の改革

新井白石が徳川政権即ち御公儀の政治に強い影響力を有していた正徳四年（一七一四）二月、御公儀は、全国の二六の地名について、「中古より誤り来りしを改むべし」という触れを発した。漢字の誤りを訂正せよというのである。更に正徳六年（一七一六）四月には、全国の主要道路の正しい呼び方と書き方を指示する触れが出された。海沿いではないのに「海道」と書くのはおかしいから、「日光海道」「甲州海道」でなく、「日光道中」「甲州道中」と呼べ、中山道の「せん」ににんべんをつけるな、山陽道・山陰道と漢音呉音を混ぜるのでなく、「センヨウダウ」「センヲンダウ」と呉音で揃えて読めなどという内容である。

瑣末で愚劣な命令と見えるかもしれない。しかし、後に、徳川政権自身が編纂した歴史書（『文昭院殿御実紀』附録上）が、白石を用いた将軍を評して、「すべて名の正しからぬをきらはせたまひ。物ごとに典故を正し給ひ……」と評する通り、それはあの「正名」の一環に他ならない。江戸と全国を結ぶ主要街道の名称が妄りであるようで、どうして正しい秩序が実現するであろうか。白石は、そう考えたのであろう。

更に、白石の発案によって、最も重要な街道、東海道が江戸の中心部に入る地点に、新たに南向き

補論 2 「礼」「御武威」「雅び」　265

の門が建設された（芝日御門）。儒学的君主は、北に座し、南に面するのが、鉄則である。それ故、首都自体も、中国都市に倣って作られた京都がそうであったように、王宮は北に、そして南の入り口に立派な門（ソウルの南大門も同じ）というのが当然であるからであろう。また、江戸城本丸御殿の入り口にも、南向きの華麗な門（中の門）が建設された。同様の意識からであろう。

ついで、上記の重要な儀式についても、次々と改革が実行された。

まず、歴代将軍を祭った場所の名称は「御仏殿」「御堂」から「御霊座」へ、墓は「御廟」から「御宝塔」へと改められた。そこに参詣する際の将軍の服装も、白石の考えでは古代中国の「礼」に合致する直衣という様式に改められた。また、将軍が孔子を祭る際の儀式も、新たに考案された。実際に将軍が、諸大名を引き連れて、白石の指定した服装と作法に従って、孔子廟に参ったのである。湯島聖堂で柏手こそがかえって中華の古えの作法に適っているとして、孔子廟で柏手を打ったという。白石の指定した服装と作法に従って、白石の考えでは、将軍が儒学的な君主であることの証しであった。

大名・旗本の「御目見」の際の式服も、改められた。身分毎に、色・形の指定もされた。それは新たな出費を伴ったであろう。しかし、白石の改正した武家諸法度も、「衣服居室の制幷宴饗の供、贈遺之物、或は僭侈に及び、或は節倹に過ぎ、皆是礼文の節にあらず」と宣言している。「其礼あれば。おのづから其の文あり。」で、分限に過ぎて立派でもいけないが、「分限に及ばざる所あれば。節限に過」ぎる（新井白石『新令句解』）のであって、それも正しくないのである。白石は、「礼」にかなった

「御目見」の実現によって、正しい秩序が示され、確保されるべきだと信じたのであろう。

当然、将軍の即位式のような意味を持っていた将軍宣下の儀式も改正されるべきであった。白石の考えでは、関ヶ原の合戦によって天命が改まったのであるから。朝鮮通信使に与えられた正式の書簡も、「天厭喪乱、眷顧有道、我神祖受命、奄有万国」と明確に述べている（「奉命教諭朝鮮使客」）。そこで、宝永六年（一七〇九）、宣下の際、白石はそれを間近で見学した。「もし其礼を議し申すべき事あらむには（註：将軍が）聞召さるべき御為」（『折たく柴の記』）であった。翌年には、京都に出張し、中御門院の即位の儀を見学している。当時の禁裏の即位の礼は、明治になって慌ただしく改められたものと違い、同様の意図であったろう。禁裏様の服には龍の文様もあった。大いに参考になったはずである。しかし、中国の模倣の色が濃い。

この改正は実現しなかった。

その代わりであるかのように白石が力を入れ、朝鮮・日本国内双方での抵抗を排してようやく実現したのが、朝鮮通信使を迎えた際の儀式の大改正である。服装・儀式の内容は無論、音楽も、能楽から雅楽に改められた。無論、音楽の感化力は、「礼楽」と併称するように、儒学では重要視する。かつ、雅楽はその由来からして中華の正しい音楽に近いからである。朝鮮国王の将軍宛書簡の宛先も「日本国王」と改められた。白石からすれば、実態に即した正しい「名」の実現であった。

上記の朝鮮通信使への書簡は「当今嗣徳百年、礼楽可由起」と宣言している。白石は「万代ノ礼式ヲ議定アルベキハ、マコトニ百年ノ今日ヲ以テ、其期也」（「武家官位装束考」）とも書いている。彼は、

本気だった。建国以来一〇〇年、この徳川王朝の永続のため、それにふさわしい「礼」を制定すべき歴史的転換点にあると信じていたのである。そこで、首都の門、中央の宮殿の門、先祖祭り・孔子の祭り、臣下との謁見、即位の儀式、最大の外交的儀式——この朱子学者は、確かにその立場からして、これらの最も重要な「礼」について、次々と改革を試みたのである。

四　吉宗による逆転

　しかし、白石は孤独だった。理解者は少なかった。高位の武家たちは彼にあだ名を付けて嫌った。あだ名は「鬼」であった。著名な儒学者、服部南郭は「白石ハトカク江戸ヲ禁裏ノ如クスルツモリノヤウニ見ユ。武士ト云フ事キライナリ。武備ユルミタラバ乱起ルベシ。然バ唯正名ト云フハカリニテ経済（註：政治を意味する）ハ次ナルベシ」と評した《文会雑記》。後に徳川政権自身が編纂した歴史書も、単に「この御代何事もうるはしく〳〵のひし事掟させ給ひし」（『文昭院殿御実紀』附録巻上）とのみ評し、改革の思想的意味を論じていない。そして、近代の歴史家たちも、白石の他の改革は評価しても、その儀式改革の深い思想的意味を論じてはこなかった（政治的陰謀としての意味を見いだそうとする説はあった）。

　一般に、個別の権力者の個人的信頼によって得た権力や影響力は、その権力者が不在となればただ

ちに失墜する。白石においてもそうだった。八代将軍、吉宗の世に代わった瞬間、白石の力は、まったく失われた。しかも、吉宗は、白石の改革を次々と覆した。

中の門は、直ちに破壊された。芝口門は火事で焼け、その後再建されなかった。服装の改革は、すべて旧に戻された。朝鮮通信使を迎えての儀式もすべて旧に戻された。無論、将軍宣下の儀式には何の改革もなされなかった。白石の行った武家諸法度という最も重要な将軍の法の全面改正も、すべて取り消された。儀式にかかわる白石改革は、全面的に否定され、まるで何事もなかったかのようにそれ以前の状態に復帰したのである。

吉宗は、代替り直後、大名たちに対し、「天下治平の後年久しき事ゆへ。今よりは奢りを去り。節倹を守り。国政の事に。専ら心を用ゆべし」とみずから大声で命じたという『有徳院殿御実紀』附録巻二)。近世華美の風俗となれり。白石を「文飾過しもの」とも、評したという(同附録巻二)。中の門の破壊も、「皆近世華奢の風を、祖宗質素の俗にかへし給はんとの御心」(同附録巻二)によったという。白石の改革を単なる贅沢好みとの将軍になる以前から白石の改革を苦々しく眺めていたのであろう。白石の改革を単なる贅沢好みとみ解して、その「礼」の制作としての意味を理解しなかった彼は、その逆に、「簡易」に「倹素」たらんとしたのである。

また、朝鮮通信使に関する儀式等の改革について、吉宗は、「其の事はことはりにかなへるにもあらめど。隣国に対し少しき礼教をあらそひ。かならず名を正し。礼を厳かにせんとするは。遠を柔する道ともなしがたし」と述べたという(同附録巻三)。「正名」よりも、「礼」の実現よりも、ともかく

隣国と争わないことが重要だというのである。

五　むすび

近代の多くの歴史家は、「享保の改革」は成功と評し、いわゆる「正徳の治」は「改革」とすら呼ばない。実質と実用のみが人を動かすという浅薄な実用主義からは、吉宗はある程度理解できても、白石は不可解となる。

しかし、儒学者の少なくとも一部は理解していたように、美もときに力である。一八世紀、僅か九〇〇〇家族、一四〇〇〇人しかいなかったフランスの貴族たち (François Bluche, *La noblesses française au XVIIIe siècle*, Hachette, 1995) が、あれほどの文化的支配力をもった一因は、明らかにその美にあろう。その点では、同時期の日本の公家も同じである。禁裏は美しかった。あるいは、少なくとも美しいと思い描かれた。それは力であった。

現に、京都には「礼」があるが、武家の支配は「文」の無いむき出しの暴力の支配であるとして反感を募らせ、その打倒さえ仄めかす人も、その後、現れた（山県大弐『柳子新論』）。「雲上」での行事の「優美」さに憧れ、「我等如き武夫」は、せめて「御垣の外の衛」がしたいと書く大名の隠居もいた（松浦静山『甲子夜話』巻四五）。そして、「古昔ノ王代ノ名目、風儀ハ……尤モ美シク、閑麗ニシテ、

補論2 「礼」「御武威」「雅び」　270

今トテモ公家ニハソノ風儀ヲ守ルユヘニ、雅ナル事ノミ多シ」（本居宣長『随筆』第一一巻）と信じ、文献研究を通じての天皇への接近に生涯を費やした人さえ出現した。結局、吉宗が立て直したとされる武家の支配は、美的憧憬の対象たりえなかった。逆に、一世紀あまり後、何の実力も実用もないはずの「雅やかな」美を誇る存在のもとに結集した人々によって、それは打倒されたのである。

だとすれば、一八世紀末に、白石の改革の挫折を「誠ニイカメシキ千戈ノ気ヲ去テ、郁々タル文国トモナルベキヲ、文廟（註：白石を信頼した六代将軍、家宣）ノ薨去ニ因テ、一朝ニソノ功ヲ廃セシハ、大ナル遺憾」と嘆いたある文人（南川維遷『閑散余録』）の言は、一面の真実を衝いていたのではないだろうか。

＊　本「補論」は、もと、二〇〇三年三月に国際日本文化研究センターで開催された歴史学国際集会「公家と武家——その比較文明史的研究」における報告である。その後、笠谷和比古（編）『国際シンポジウム公家と武家の比較文明史』（思文閣出版、二〇〇五年）に収載された。本書に転載するに当り、ごく一部語句を修正した。

＊＊　本「補論」は、元来口頭での短時間の報告であるため、先行研究についてほとんど言及していない。ただ、新井白石に関する伝記的事実については、主に、宮崎道生『新井白石』（吉川弘文館、一九八九年）に依ったことを付記しておきたい。

孟子集注　82, 88, 232
孟子或問　141
最上家掟　128
黙識録　105, 125, 229

や 行

夜会記　12
山鹿語類　199, 200
大和小学　124, 165, 166
大和俗訓　169
有徳院殿御実紀　261, 268
有斐録　130
夢ノ代　132, 186
颺言録　87
養子鄙断　131
養子弁証（氏族弁証）　132
養子弁弁　134

ら 行

礼記　124, 125, 131, 179, 195

羅山林先生詩集　194
羅山林先生文集　50, 53, 54
六韜　72, 194
六諭　95, 117
柳子新論　185, 193, 269
林氏剃髪受位辦　195
驢鞍橋　62
老人雑話　9
論語　9, 10, 12, 50, 61, 81, 82, 167, 201, 217, 224, 233, 234, 242, 244, 257
論語古義　51, 202, 217, 224, 228, 230, 232, 233, 235, 238, 240, 242, 243
論語集注　81, 141, 161, 167, 179, 223, 232, 233, 243, 244, 258
論語徴　103, 168

藤樹先生年譜　7, 195, 219
東照宮御遺訓　156
唐津疏議　117
徳川実紀（東照宮御実紀）　25, 87
渡世肝要記　152
渡世身持談義　143
都鄙問答　153

　な　行

直毘霊　26, 156
長沢聞書　10
梨本書　71
難波土産　203, 231
日用心法　134
日本書紀　51
日本養子説　131, 145
農業横座案内　143
野槌　14

　は　行

配所残筆　199
葉隠　12, 79, 156, 198
土津霊神言行録　66, 72, 87
藩翰譜　37, 266
番衆狂歌　105, 142
万民徳用　152
日暮硯　152
非徴　192
百姓分量記　46, 124, 244
福翁自伝　44
武家官位装束考　180, 266
武家諸法度　10, 79, 117, 128, 156, 162, 268
武家諸法度之奥書　127

武将感状記　78
不尽言　23, 73, 108
服忌令　167
不亡鈔　167, 168
文会雑記　162, 168, 185, 267
文会筆録　7
文恭院殿御実紀　260
文昭院殿御実紀　264, 267
文明論之概略　151
米恩録　152
闘異　13
闘邪小言　227
弁道　155, 172
弁湯武非放伐論　89
弁名　172
封建論　34
奉命教諭朝鮮使客　266
牧民心鑑　100, 105
牧民忠告　100
本佐録　204
本佐録考　15, 17
本多平八郎聞書　14, 70, 143
本朝孝子伝　166
本朝通鑑　37
本朝二十不孝　244
本阿弥行状記　63, 88, 124, 168, 195

　ま　行

三河物語　11, 67, 78
三輪物語　50, 54
明君家訓　166
孟子　9, 14, 81, 153, 201, 228, 243
孟子古義　217, 228, 233, 236-8, 240
孟子字義疏証　221, 229

春秋　88
小学　85, 124, 125
称呼弁　35
書経　172, 233
諸士法度　128
神祇訓　167
信玄家法　9
新五代史　156
仁斎日札　108, 228
神代巻講義　54
信長公記　9, 67
進呈の案　11
神道大義　54
神道伝授　54
新野問答　183
新論　132, 157
垂加草　195
正学指掌　192
聖教要録　109
靖献遺言　85
靖献遺言講義　52, 85
西山公随筆　87
政談　17, 37, 69, 134, 154, 182, 204, 206, 261
性理大全　7, 201
世間子息気質　245
善悪種蒔鏡和讃　155
早雲寺殿二十一ヶ条　200
喪儀略　165-7
葬祭小記　166
草茅危言　132, 170
宋名臣言行録　8, 62, 101
葬礼私説　167
葬礼略　166

徂徠集　206
徂徠先生答問書　70, 105, 109, 154, 155, 204
孫子　9

た　行

大学　117, 237
大学章句　222
大学垂加先生講義　15
太平策　183, 204
多胡辰敬家訓　205
たはれぐさ　51, 61, 79, 109, 125, 171
玉勝間　231
玉籤集　55
玉鉾百首　231
丹波与作侍夜の小室節　231
治邦要旨　132
忠経　153
中国論集　49
忠臣伊呂波実記　79
中朝事実　51, 200
中庸　171, 172, 224, 228
中庸章句　81, 182, 222
中庸発揮　172, 224, 225, 228
町人考見録　146, 152, 172, 245
町人常の道　143
町人嚢　38, 46
枕塊記　166, 168
徒然草　13, 14, 195
迪彝篇　132
伝国の詞　72, 143
土井利勝遺訓　205
童子問　146, 222-8, 230, 233-8, 242, 243, 246

儀礼経伝通解　162
金渓夜話　260
近思録　7, 101, 201
禁中並公家諸法度　12, 35, 37
錦里先生文集　50
公卿補任　37
公事方御定書　117
訓幼字義　202, 226, 230
慶安御触書　70
経学要字箋　203
桂館漫筆　235
絅斎先生敬斎箴講義　105
経済録　39, 134, 165, 169, 184, 207
献可録　132
言志四録　131
源氏物語　195
現代支那に於ける孔子様　96
見聞談叢　198, 220
鈐録　45, 68
鈐録外書　10
孝経　35, 36, 140, 145, 153, 156
孝経小解　145
拘幽操　198
拘幽操師説　84
甲陽軍鑑　11, 13, 66-8, 77
古学指要　231
古学先生文集　7, 191, 201, 231
後漢書　156
五経　62, 196
国体の本義　157
古事記伝　26
梧窓漫筆　171, 185
古文真宝前集　63
語孟字義　171, 191, 225, 227, 228, 230, 231, 233, 238

さ 行

西鶴織留　14, 220
坐臥記　131
劄録　38, 166, 235
三教論　45
三略　9, 72, 194
史記　9, 50, 179, 180
字義（性理字義）　126
詩経　153
四言教講義　245
時事小言　171
子嗣の弁　131
四十六士論　85
四書　13, 14, 16, 62
四書大全　7
四書或問　7, 201
自然真営道　193
子孫鑑　152
七書　13
資治通鑑綱目　8
斯文源流　195
社会契約論　173
集義外書　50, 166
集義和書　68, 125, 129, 163, 184
集義和書顕非　197
儒学思問録　194
朱子行状　83
朱子語類　7, 34, 82, 97, 100, 141, 164, 241
朱子文集　88, 100, 121, 127, 144, 145
主従心得書　143
儒林評　186, 192

書名索引

* 本文中に現れた書名および法令等の名を，五十音順に並べた．
* 現代の研究書は省略した．

あ 行

哀敬編　165, 167
会津孝子伝　144
朝倉宗滴話記　62, 205
朝倉敏景十七ヶ条　200
吾妻鏡　14
闇斎先生年譜　55
井伊直孝遺状　156
伊洛淵源録　8
彛倫抄　13
宇比山踏　240
迂言　132, 179
鸚鵡籠中記　106
大坂物語　10
翁の文　207
翁問答　12, 35, 45, 50, 64, 78, 108,
　146, 196, 219, 245
落穂集　70
小野寺家家法　128
折たく柴の記　38, 39, 62, 180, 183,
　200, 266
温知政要　245

か 行

海游録　61
学談雑録　23, 132, 239
学問関鍵　225
学問源流　186, 191, 193
家訓　145
花月草紙　74
下谷集　89, 125, 132, 179
可笑記　11, 13
甲子夜話　269
家道訓　102, 132, 146, 169
家内諭示記　143
仮名世説　193
鵞峰先生林学士文集　50
家礼（文公家礼）　162, 164, 166
家礼儀節　166
勧学　108
間居筆録　132
閑際筆記　130
閑散余録　102, 270
管子　45
漢書　179
寛政重修諸家譜　25, 26
勧農或問　46
鬼神論　172
義府　125, 168
鳩巣小説　183
強斎先生雑話筆記　80, 81, 133, 169
匡正録　23
匡正論　63

伏羲　163
福沢諭吉　44, 151, 171
藤井懶斎　130, 166
藤田幽谷　46
藤原惺窩　192
文王　50, 51, 87, 88
保科正之　15, 66, 69, 72, 87, 129, 132
細井平州　72
堀田正俊　87
ホッブズ（Thomas Hobbes）　229
穂積以貫　203, 231
堀景山　23, 73, 108
本多忠籌　63
本多正信　204
本阿弥光悦　123

　ま 行

マキアヴェリ（Niccolò Machiavelli）　229
松平清康　67
松平定信　73, 170
松平信綱　15, 72, 129
松永尺五　13, 191
松浦静山　269
三浦梅園　130, 193
三井高房　146, 152, 172, 245
皆川淇園　193
南川維遷　102, 260, 270
源頼朝　86
三村永忠　130
三宅尚斎　88, 105, 125, 132, 133, 229
三輪執斎　133, 144, 245
向井長好　143
村士宗章　165

室鳩巣　24, 26, 132, 183, 192
孟子（軻）　14, 73, 88, 153, 222, 226
本居宣長　26, 156, 193, 231, 240, 270
桃西河　131
森雪翁　144
森守命　144

　や 行

山鹿素行　3, 6, 24, 51, 52, 109, 166, 168, 191, 199, 246
山県大弐　185, 193, 269
山片蟠桃　132, 186, 193
山口春水　80
山崎闇斎　3, 7, 13, 15, 51, 54, 55, 88, 124, 132, 165, 166, 191, 192, 195, 197-9, 229
山路愛山　37
山本常朝　156
湯浅常山　162, 167, 185

　ら 行

李延平　97
陸象山（九淵）　226
李退溪（滉）　229
柳宗元　34
梁啓超　43
ルソー（Jean=Jacques Rousseau）　173
魯迅　96

　わ 行

若林強斎　14, 81, 88, 133, 169, 198
渡辺崋山　151
渡会延佳　53

鈴木正三　62, 152
角倉了以　216
曾子　61
孫文　43

た　行

戴震　222, 229
大道寺友山　70
泰伯　50, 54
武田信玄　67, 68
多胡辰敬　205
太宰春台　39, 84, 134, 165, 169, 183-5, 207
近松門左衛門　203, 220, 231
紂　88, 89
張横渠（載）　100, 101, 171
張養浩　100
陳北溪（淳）　126
冢田大峯　193
程伊川（頤）　101, 141, 161, 171, 232
程明道（顥）　100, 101, 233
土井利勝　14, 205
湯　51, 87-9, 239, 240
藤堂高虎　14
常盤潭北　46, 124, 244
徳川家継　181
徳川家斉　260
徳川家宣　37, 180, 181, 192, 270
徳川家康　14, 24, 36, 37, 47, 67, 69, 70, 87, 142, 180, 206, 260
徳川綱吉　15, 17, 24, 25, 27, 87, 181, 191, 192, 203, 218
徳川光圀　15, 87
徳川宗春　245
徳川吉宗　25, 26, 37, 181, 192, 206, 268, 270
豊島豊州　193
戸田茂睡　71
富永仲基　207
豊臣秀吉　47

な　行

中井竹山　69, 132, 170, 192
中江藤樹　3, 6, 7, 12, 35, 36, 45, 50, 53, 64, 72, 78, 108, 145, 191, 192, 195, 197, 199, 201, 219, 245
那波魯堂　186, 191, 193
西川季格　197
西川如見　38, 46
野中兼山　165, 191
野々宮定基　183

は　行

伯夷　87
服部南郭　185, 267
林鵞峰　50
林述斎　129
林鳳岡　25
林羅山　6, 14, 24, 27, 50, 53, 54, 63, 191, 192, 194, 195, 218, 219
原双桂　235
伴蒿蹊　143
范仲淹　101
尾藤二洲　170, 192
平賀源内　3, 79, 193
広瀬淡窓　125, 131, 168, 179, 186, 192
武王　50, 51, 87-9, 239, 240

261

か 行

貝原益軒　17, 28, 102, 132, 145, 146, 167, 169, 192, 220
海保青陵　193
荷田春満　3
片山兼山　193
加藤清正　200
蟹養斎　108, 132
亀井南冥　193
賀茂真淵　3, 193
河口静斎　195
川路聖謨　24, 64
顔淵　224
韓愈　198
箕子　50
吉川惟足　53
木下順庵　50, 191, 192
丘濬　166
堯　54, 88, 131, 172, 239
久世広之　127
国常立尊　54
熊沢淡庵　78
熊沢蕃山　3, 12, 23, 24, 50, 54, 68, 69, 72, 74, 102, 124, 129, 130, 145, 163, 166, 183, 191, 192, 197, 236
黒田長政　14
桀　88, 89
黄榦　83
孔子　14, 25, 49, 51, 88, 89, 96, 131, 161, 167, 171, 222, 226
后稷　89
黄帝　179
鴻池善右衛門　124, 143
康有為　43
古賀精里　170
後光明天皇　183

さ 行

宰我　167, 168
酒井忠勝　16
佐久間象山　167
佐善雪溪　89, 125, 132, 179
佐藤一斎　131, 165, 166
佐藤直方　23, 49, 84, 88, 132, 170, 239
里村紹巴　216
寒河正親　152
柴野栗山　170
島井宗室　244
周公　51, 179
周濂溪（敦頤）　100
朱熹（晦庵）　7, 34, 81-5, 88, 96-8, 100, 101, 104, 106, 107, 121, 124, 126, 127, 141, 144, 145, 161, 164, 166, 171, 172, 182, 195, 197, 201, 218, 222, 223, 226, 228, 232, 234, 237, 240, 241, 243, 244, 258
朱舜水　44
朱逢吉　100
舜　54, 88, 89, 131, 172, 239
葉適　99
章炳麟　43
申維翰　61
真宗（宋）　63
陶晴賢　77
杉田玄白　193

人名索引

* 本文中に現れた人名（伝説上のそれを含む）を五十音順に並べた．但し，「朱子」と書かれている場合も「朱熹」の項にまとめるなど，参照の便のための操作を若干加えてある．
* 現代の研究者名は省略した．

あ 行

会沢正志斎　132, 157
朝日重章　106
浅見絅斎　35, 38, 51, 84-6, 88, 105, 132-4, 166, 198, 235
跡部良賢（顕）　108, 131, 145
天照皇太神　54
雨森芳洲　50, 61, 79, 109, 125, 171
新井白石　3, 11, 15, 17, 37-9, 62, 102, 172, 180, 181, 183, 184, 192, 200, 203, 263-270
安藤昌益　3, 104, 193
井伊直孝　156
伊尹　81
猪飼敬所　102
池田光政　15, 16, 23, 70, 130, 197
石田梅岩　3, 152, 244
板倉重矩　14
市田清兵衛　244
伊藤仁斎　3, 6-8, 26, 51, 52, 104, 108, 109, 146, 171, 173, 191, 192, 198, 199, 201, 203, 216-47
伊藤東涯　51, 132, 202, 216, 225, 230, 231, 236
伊藤梅宇　198, 220
伊東藍田　89
井上金峨　23, 193
井原西鶴　11, 14, 220, 244
尹焞　81
禹　51, 54, 88
植木枝盛　151
上杉鷹山　72, 129, 143
宇都（津）宮遯庵　14, 220
江島其磧　143, 245
江村専斎　8
欧陽修　156
王陽明　62, 233
大久保（彦左衛門）忠教　11, 67, 78
大蔵永綏　165
大塩中斎　134
大田錦城　171, 184
大田南畝　193
大橋訥菴　131, 227
尾形乾山　216
尾形光琳　216
荻生徂徠　3, 6, 8, 10, 17, 25, 35, 37, 45, 55, 68, 69, 74, 103, 105, 109, 134, 154, 166, 168, 172, 173, 181, 182, 184, 185, 192, 203-6, 216, 236,

著者略歴
1946 年　横浜市に生れる
1969 年　東京大学法学部卒業・同助手，同助教授を経て，
1983 年　東京大学法学部教授（～2010 年）．
2010 年　法政大学法学部教授（～2017 年）．
現　在　東京大学名誉教授，法政大学名誉教授，日本学士院会員．

主要著書
『東アジアの王権と思想』（東京大学出版会，1997 年，増補新装版 2016 年）
『トクヴィルとデモクラシーの現在』（共著，東京大学出版会，2009 年）
『日本政治思想史――十七～十九世紀』（東京大学出版会，2010 年）

近世日本社会と宋学　増補新装版

　　　　　　1985 年 10 月 1 日　　初　　版
　　　　　　2010 年 2 月 25 日　　増補新装版第 1 刷
　　　　　　2021 年 6 月 15 日　　増補新装版第 2 刷

〔検印廃止〕

著　者　渡辺　浩

発行所　一般財団法人　東京大学出版会

代表者　吉見俊哉

153-0041 東京都目黒区駒場 4-5-29
電話 03(6407)1069　振替 00160-6-59964

印刷所　大日本法令印刷株式会社
製本所　牧製本印刷株式会社

© 2010 Hiroshi Watanabe
ISBN 978-4-13-030152-7　Printed in Japan

JCOPY〈出版者著作権管理機構　委託出版物〉
本書の無断複写は著作権法上での例外を除き禁じられています．複写される場合は，そのつど事前に，出版者著作権管理機構（電話 03-5244-5088，FAX 03-5244-5089，e-mail:info@jcopy.or.jp）の許諾を得てください．

渡辺浩	日本政治思想史	A5判・三六〇〇円
渡辺浩	東アジアの王権と思想 増補新装版	四六判・三五〇〇円
渡辺浩	明治革命・性・文明	四六判・四五〇〇円
松本ほか編	トクヴィルとデモクラシーの現在	A5判・六四〇〇円
丸山眞男	日本政治思想史研究	A5判・三六〇〇円
関口すみ子	御一新とジェンダー	A5判・六二〇〇円
河野有理	明六雑誌の政治思想	A5判・七三〇〇円
高山大毅	近世日本の「礼楽」と「修辞」	A5判・六四〇〇円

ここに表示された価格は本体価格です．ご購入の際には消費税が加算されますので御了承下さい．